去产能财政政策研究
——以钢铁产业为例

辛灵 著

Quchanneng Caizheng Zhengce Yanjiu
Yi Gangtie Chanye Weili

中国社会科学出版社

图书在版编目（CIP）数据

去产能财政政策研究：以钢铁产业为例/辛灵著．—北京：中国社会科学出版社，2019.9
ISBN 978-7-5203-5209-3

Ⅰ.①去… Ⅱ.①辛… Ⅲ.①钢铁工业—财政政策—研究—中国 Ⅳ.①F426.31

中国版本图书馆CIP数据核字（2019）第209261号

出 版 人	赵剑英
责任编辑	卢小生
责任校对	周晓东
责任印制	王 超

出　　版	中国社会科学出版社
社　　址	北京鼓楼西大街甲158号
邮　　编	100720
网　　址	http://www.csspw.cn
发 行 部	010-84083685
门 市 部	010-84029450
经　　销	新华书店及其他书店
印　　刷	北京明恒达印务有限公司
装　　订	廊坊市广阳区广增装订厂
版　　次	2019年9月第1版
印　　次	2019年9月第1次印刷
开　　本	710×1000 1/16
印　　张	19
插　　页	2
字　　数	285千字
定　　价	98.00元

凡购买中国社会科学出版社图书，如有质量问题请与本社营销中心联系调换
电话：010-84083683
版权所有　侵权必究

前　言

去产能是一个老话题，也是一个新话题，是一个有明确时限要求的阶段性任务，也是一个需要持之以恒推进的长期任务。

去产能是一个老话题。改革开放40年来，我国国民经济实现了持续快速发展，取得了令世人瞩目的成就。但与此同时，也多次出现产能过剩问题。自20世纪90年代至今，我国大致经历了四次较大规模的产能过剩，党中央国务院也一直将治理产能过剩作为国民经济宏观调控的重要内容，不断出台各种政策措施，对过剩产能实施治理。多年的努力虽有明显成果，但产能过剩问题在我国一直存在，甚至在钢铁等行业出现了连续十几年的产能越控越增长的奇特现象。去产能作为我国自改革开放以来持续了近40年的老话题，只不过是在不同的经济与社会发展阶段，产能过剩出现在不同的行业，有不同的表现形式而已。

去产能是一个新话题。近年来，我国的产能过剩成因日趋复杂，表现形态也更加多样化。当前，我国不仅存在供过于求的总量上产能过剩，而且存在反映科技进步要求和市场需求变化的结构性产能过剩，特别是随着绿色发展理念的贯彻实施和生态环境保护治理的全面深化，钢铁、煤炭等重化工产业的生态性产能过剩更加成为备受关注的热点。去产能已经被党中央国务院确定为"十三五"期间供给侧结构性改革的首要任务。

去产能是一个有明确时限要求的阶段性任务。以2013年国务院下发《关于化解产能严重过剩矛盾的指导意见》为标志，我国开始实施了新一轮去产能。在这一时期，国务院及相关部委制订了一系列去产能的具体方案，分年度、分行业、分地区下达具体的去产能目标任务。按照国务院的阶段性任务安排，2013—2017年年底，全国已完成压减钢铁产能5000万吨，煤炭产能2.5亿万吨，淘汰、停建、缓建煤电产能6500万千瓦。2018年3月，李克强总理在人代会上作的《政府工作报告》中提出的2018年要再压减钢铁产能3000万吨、退出煤炭产能1.5亿吨的任务也已经超额完成。很显然，由于国务院分年度目标任务的下达，这一时期的去产能表现出了鲜明的时限性和阶段性，各行业、各地区也均以是否完成国务院下达的任务为标准来判断是否按时按量完成了去产能任务。

去产能是一个需要持之以恒推进的长期任务。产能过剩是市场供求关系失衡的表现，只要存在市场经济，某些行业的产能过剩就不可避免。在市场经济条件下，随着科技进步和生产力水平的提高，随着市场需求结构和消费结构的变化，总会有某些行业的产品由供不应求变为供过于求，总会有某些行业的产能由不足变为过剩，特别是随着科技进步和消费需求结构的变化，某些行业甚至会彻底丧失市场需求而退出市场。在某种意义上说，过剩产能的出现是经济结构优化的市场动因，是科技进步和生产力水平提升的直接结果，化解过剩产能的过程必然是结构优化的过程，必然是产业升级的过程，必然是经济发展质量提高的过程，必然是国民经济实力增强的过程。只要市场经济存在，只要科技进步存在，只要市场需求质量的提升存在，就会有产能过剩现象，就需要持之以恒地去产能。所不同的是，在不同的发展阶段，过剩产能出现的行业会有所不同，判断产能过剩的标准会有所不同，过剩产能的危害状况会有所不同，去产能的方法必会有所不同。

在市场经济条件下，市场以"无形之手"对社会资源实施配置。由于市场机制特定条件下的失灵和信息不对称等方面的原因，某些行业的产能过剩必然要相应发生。既然产能过剩是市场经济条件下的一种经济现象，化解过剩产能也自然应该按照市场化的原则去实施。但在现实中，我国现行的经济管理体制和政府各部门的思维惯性使当前的去产能工作还没有能够真正按市场化原则去操作，甚至在某些方面还呈现出较浓的行政色彩。现实迫切需要通过改革创新来尽快落实党中央国务院提出的按市场化原则实施去产能的工作要求。

在市场经济条件下，市场是一种资源配置系统，并且在资源配置中起决定性作用。但与此同时，政府也是一种资源配置系统，政府可以通过行政、法律和经济的手段对社会资源实施有效配置。在政府的资源配置手段中，财政政策居于重要的地位，发挥着重要的作用。政府对经济走向的不同目标追求，在很多方面可以用制定和实施不同的财政政策，并根据现实情况的变化不断调整而体现出来，财政政策的这种特殊功效对于去产能的顺畅和高质量实施是至关重要的。

回顾我国改革开放 40 年来四次治理产能过剩的实践，财政政策一直在去产能的全过程中发挥着重要的作用。从最初的财政补偿到后来的向职工安置补助倾斜，再到当前的引导产业结构优化、推进供给侧结构性改革、防范去产能过程中可能出现的系统性风险，财政政策的作用趋向全面，目的越发明确，相关措施也日趋具体。但是，如同我国社会主义市场经济体制有一个逐步建立完善的过程一样，我国的财政政策如何按市场化原则在去产能过程中发挥应有的作用；如何将财政政策的传导机制与市场经济的运行机制有机地融合；如何使财政政策在去产能中体现优化供给侧结构的宏观长远意图对市场的未来走向实现有效引导；如何使去产能过程中国家层面的全局长远利益与各地区的局部当前利益实现较好的兼顾；如何使去产能的相关财政政策在导向上更敏捷、在操作上更便捷、在落实上使企业更易于获得等方面，还需要加快推进探索与创新。

正是基于上述考虑，本书以当前去产能中资产总量最大、去产能任务最重、涉及职工安置人数最多、生态环境治理任务最艰巨、财政政策落地实施最具典型意义的钢铁产业为例，在对财政政策对去产能的作用机理和传导机制进行研究的基础上，从近几年去产能实践中反映出来的对财政政策创新的现实需求出发，把握去产能实际操作中的工作要点，对完善去产能的财政政策提出了一些创新性思考和建议。由于笔者水平有限，不妥之处敬请批评指正。

目　录

第一章　绪论 …………………………………………………… 1

　　第一节　研究背景和意义 ……………………………………… 1
　　第二节　研究目的和研究思路 ………………………………… 5
　　第三节　研究内容和框架结构 ………………………………… 6
　　第四节　研究方法 ……………………………………………… 8

第二章　产能过剩研究文献综述 ……………………………… 10

　　第一节　国外产能过剩相关研究概述 ………………………… 10
　　第二节　国内产能过剩相关研究概述 ………………………… 25
　　第三节　产能过剩研究述评 …………………………………… 51

第三章　去产能财政政策的理论基础 ………………………… 54

　　第一节　去产能的相关概念 …………………………………… 54
　　第二节　财政政策的内涵及工具选择 ………………………… 63
　　第三节　基于财政视角去产能的理论基础 …………………… 69
　　第四节　去产能财政政策的传导机制及作用机理 …………… 95

第四章　我国产能过剩的历史沿革与政策调控轨迹 ………… 103

　　第一节　我国产能过剩的宏观经济背景 ……………………… 103
　　第二节　我国产能过剩的历史沿革和特征 …………………… 106
　　第三节　我国治理产能过剩的政策轨迹 ……………………… 117
　　第四节　去产能宏观调控政策评述 …………………………… 138

第五章　钢铁产业产能利用现状与实证分析 ………… 145

第一节　我国钢铁产业产能利用现状及特征 ………… 145
第二节　钢铁产业产能利用状况宏观影响因素量化分析 …… 154

第六章　产能过剩成因的财政因素分析 ………… 170

第一节　财政体制对地方政府的利益诱导因素 ………… 170
第二节　财政利益诱导下地方政府对过剩产能的
　　　　助推因素 ………… 174
第三节　财政政策的宏观刺激因素 ………… 178

第七章　财政政策助力去产能的国际经验及借鉴 ………… 183

第一节　美国的产能过剩及应对的财政政策 ………… 183
第二节　德国的产能过剩及应对的财政政策 ………… 191
第三节　日本的产能过剩及应对的财政政策 ………… 197
第四节　国际经验借鉴与启示 ………… 204

第八章　唐山市钢铁产业去产能实践及政策效应 ………… 210

第一节　唐山市钢铁产业概况 ………… 210
第二节　唐山市钢铁产业去产能的操作方式 ………… 215
第三节　唐山市去产能实践对完善财政政策的启示 ………… 223

第九章　完善去产能财政政策的建议 ………… 233

第一节　完善财税体制，建立遏制产能过剩发生的
　　　　长效机制 ………… 233
第二节　组合运用财政杠杆，建立提高资源使用成本的
　　　　倒逼机制 ………… 236
第三节　调整财税政策，促进产业转型升级 ………… 241
第四节　发挥财政政策稳控作用，妥善安置职工与
　　　　处置债务 ………… 250

第五节　多策并举，实现财政政策与相关政策的
　　　　　　协调联动 ·· 260

第十章　研究结论与展望 ·· 263
　　第一节　研究结论 ·· 263
　　第二节　研究展望 ·· 266

参考文献 ·· 271

第一章 绪论

第一节 研究背景和意义

一 问题的提出

本书选题主要基于以下五个方面的思考。

（一）基于建设现代化经济体系的战略目标

党的十九大报告指出："我国经济已由高速增长阶段转向高质量发展阶段，正处在转变发展方式、优化经济结构和转换增长动力的攻关期，建设现代化经济体系是跨越关口的迫切要求和我国发展的战略目标。"① 中国经济自改革开放以来，取得了令世人瞩目的成绩，成为世界第二大经济体。但从2012年开始，中国经济的增速趋缓，当年的增速为7.7%，2013—2017年分别为7.7%、7.4%、6.9%、6.7%和6.9%，而此前30年的年平均增速为10%以上。这种经济增长速度的变化直接折射的是中国经济发展的路径和方式要发生变化。2014年10月，"新常态"被正式写入了党的十八届四中全会公报。"新常态"的提出不仅意味着我国经济有了新的表现，也标志着我国经济进入了一种新的发展阶段，需要全力推进发展方式的转变、经济结构的优化和增长动力的转换。从经济发展进入新常态到经济转向高质量发展阶段，再到以建设现代化经济体系为战略目标的清晰脉络反映了对

---

① 习近平：《决胜全面建成小康社会 夺取新时代中国特色社会主义伟大胜利——在中国共产党第十九次全国代表大会上的报告》，人民出版社2017年版，第30页。

我国经济发展实质的准确认识，更是对我国经济发展的理念、路径、规则和方式的确定。为实现建设现代化经济体系的战略目标，党的十九大报告明确提出，要"以供给侧结构性改革为主线"推动一系列发展方式、发展体制、发展动力的变革。建设现代经济体系的核心是推动高质量发展，主线是供给侧结构性改革。[①] 因此，围绕供给侧结构性改革的相关研究需要强力深化，相关实践需要扎实推进。

（二）基于供给侧结构性改革的系统性任务

在 2015 年 11 月 10 日召开的中央财经领导小组第十一次会议上，习近平总书记强调要着力推进供给侧结构性改革。两年多来，相关改革扎实推进，"三去一降一补"（去产能、去库存、去杠杆、降成本、补短板）五大任务取得阶段性成果。党的十九大报告对深化供给侧结构性改革做了全面系统的阐述，提出了主攻方向和相关内容。明确提出，在深化供给侧结构性改革中要坚持去产能，优化存量资源配置，扩大优质增量供给，实现供需动态平衡。去产能作为供给侧结构性改革五大任务的首要任务，其完成状况的好坏对供给侧结构性改革的效果将会产生重要影响。产能过剩是市场经济条件下要周期性出现的经济现象，不是阶段性任务，只要市场经济存在，就会有供需矛盾发生，去产能则是实现供需动态平衡的基本路径之一。为此，对作为供给侧结构性改革"五大任务"之首的去产能进行研究具有强烈的现实意义。

（三）基于去产能的实际需要

在多个产业存在产能过剩的情况下，供给侧结构自然不是理想状态。改革开放以来，我国出现过四次较大规模的产能过剩，其中自 2009 年发生到目前仍未完成化解任务的第四次产能过剩，是规模最大、持续时间最长、涉及产业最多的一次。在过去去产能的实践中，有成功的经验，现在可以借鉴；也有失败的教训，现在应该汲取。但是，目前的产能过剩不同于以往的产能过剩，可采取的去产能的方法

---

① 刘伟：《以供给侧结构性改革为主线建设现代化经济体系》，《人民日报》2018 年 1 月 26 日第 7 版。

有别于以往的方法，现阶段去产能所要面临的问题与以往的问题也有本质的不同。去产能的实践需要人们对产能过剩产生的原因有更深刻的认识，对去产能的操作探索更有效的方法，对去产能过程中可能出现的风险有更稳妥有效的防范措施。为此，从操作实务角度研究去产能有非常必要的现实意义。

（四）基于财政政策效用的充分发挥

目前，我国实施的去产能是在市场化规则下由政府主导的供给侧结构性优化行为。在这一过程中，政府可以在多个角度发力，如产业政策、货币政策，等等。但无论从哪个角度发力，财政政策作为政府调控引导经济走势的重要手段，作为主导社会财富再分配的措施与工具，都是其他任何政策所不能替代的。特别是在当前去产能强调要坚持市场化运作的背景下，财政政策作为经济手段的实施依据、作为机制创新的基本要素，其重要性更是越发凸显。现实中，无论是地方政府还是企业都对进一步完善去产能相关财政政策有着强烈的期待。因此，完善去产能的财政政策是去产能实践的现实需要，是构建供给侧结构性改革配套机制的必要条件。由于我国的供给侧结构性改革刚刚起步，按市场化原则实施去产能尚在探索完善阶段，深入研究去产能的财政政策就更具有重要的理论意义和实践意义。

（五）基于钢铁产业去产能的典型意义

目前，我国多个产业存在产能过剩。这其中既有钢铁、水泥等传统原材料产业，也有风力发电、光伏材料等新兴产业。在这些处于产能过剩状态的产业中，钢铁产业的产能过剩状态和去产能的实际运作最具有典型意义，其原因如下：一是钢铁产业的产能过剩存续时间最长。从1996年开始，国家就提出严控钢铁产能增长，到现在已有20多年时间，产能过剩状态不但没有消除，产能总量反而增长。二是钢铁产业资产规模大，就业人员多。目前，我国钢铁产业总资产和就业人员总量在产能过剩的各个行业中，数量是最大的。三是钢铁产业在世界经济格局中的影响最大。我国的粗钢产量自1996年超过1亿吨并居世界首位之后，产量继续保持高速增长；2016年粗钢产量达到8.08亿吨，占当年世界粗钢总产量的49.6%，我国钢铁产业的产品出口和未来走势为世界所关注。在2018年开始发生的中美贸易摩擦中首先涉及的就是我国出口的钢铁产品。上述状况决定了相对于其他产业而言，钢铁产业的去产能必然是需要考虑的因素最多、涉及的利益主体最广、对社会经济发展的影响最大。因此，研究钢铁产业去产能的实际运作，特别是研究去产能财政政策的进一步完善和创新，相对于其他行业而言更具典型意义。聚焦钢铁产业去产能财政政策的完善和创新可以使研究更有针对性、研究成果更有适用性，更有利于举一反三推广到其他产业。

基于上述考虑，本书以钢铁产业为例研究去产能的财政政策，并对钢铁产业去产能任务最重的河北省唐山市在去产能实践中的政策实施效果和遇到的问题进行实证分析，以期使研究结果更务实、更能满足去产能的现实需要、更能为其他行业去产能所借鉴。

二 研究意义

（一）理论意义

本书以钢铁产业为例研究财政政策对去产能的传导机制和作用机理，探索去产能应进一步完善的财政政策。从国内外相关文献来看，国外的研究是基于相对成熟的市场经济体制和各国不同的经济发展阶段展开的。国内的研究主要集中在产能过剩的内涵、形成原因和相关对策等方面。虽然研究成果很多，但对去产能的财政政策的专项研究还相对较少，从理论上对财政政策在过剩产能形成与过剩产能化解中的作用机理阐述还不够系统深入。本书以去产能实践中财政政策的作用机理和创新策略为研究目的，以产能过剩最具典型性的钢铁产业为例，以基于财政视角的去产能相关理论为依据，阐明产能过剩、中国式产能过剩和去产能的内涵界定及特征，分析财政政策作用于去产能的传导机制和作用机理；通过对我国产能过剩的历史沿革和治理政策的梳理回顾，找出我国产能过剩形成的原因；在对国外治理产能过剩的政策经验梳理和借鉴的基础上，提出我国完善去产能的财政政策构想。本书致力于丰富基于财政视角去产能的理论研究，拓宽其研究视野。

（二）实践意义

去产能作为供给侧结构性改革的首要任务，不仅需要理论指导，更要有务实操作。自改革开放以来，我国较大规模的产能过剩发生过四次，但将去产能明确作为供给侧结构性改革的首要任务，明确提出要坚持市场化、法制化原则操作，还是近几年的事情。其具体的路径和方法还都在探索之中，特别是在坚持市场化运作的前提下，财政政策如何作用于去产能的工作实践，还有很多新领域需要研究，现实工作已经对此产生了强烈的需求。基于此，研究去产能的财政政策具有非常现实的实践意义。

第二节　研究目的和研究思路

一　研究目的

本书立足于建设现代化经济体系及供给侧结构性改革的宏观背景，从财政视角分析我国出现产能过剩的体制性及政策性原因，阐明财政政策对去产能的作用机理，提出具有务实性和可操作性的完善去产能财政政策的构想。

在市场经济条件下，某些产业出现产能过剩是一种不可避免的经济现象。但是，我国不同产业在不同时期出现的产能过剩会有不同的原因、不同的背景及不同的表现形式。去产能需要立足于不同的经济发展阶段，依据不同的现实条件，采取不同的措施与方法。本书的研究从我国的经济已由高速增长转为高质量发展阶段的背景出发，遵循建设现代化经济体系的要求，在坚持市场化、法制化去产能原则的前提下，注重去产能财政政策的完善与创新要体现务实性，要具有现实可操作性。

二　研究思路

本书的研究主要遵循"理论—历史沿革—成因—实证—治理"这一逻辑线索展开。首先，从财政视角出发，以去产能和促进产业结构优化升级为目的，在对国内外相关文献进行归纳、提炼和总结的基础上，阐明产能过剩、中国式产能过剩和去产能的相关概念、特征和度量方法；以基于财政视角的去产能的相关理论为依据，分析去产能财政政策效应的传导机制和作用机理。其次，对我国产能过剩的历史沿革和政策治理轨迹进行梳理，剖析我国产能过剩形成的原因，对既往去产能的政策效应与相关措施的利弊得失作出评析。再次，以钢铁产业为例，利用VAR模型对影响钢铁产业产能利用的宏观经济因素进行分析和评价。并对我国钢铁产业去产能最具典型意义的河北省唐山市钢铁产业去产能的运作方式进行实证研究，分析现有去产能财政政策的实施效应，提出去产能实践对完善去产能财政政策的现实需求。最后，在综合理论研究与实践研究结论的基础上，提出我国完善去产能财政政策的构想。

第三节　研究内容和框架结构

一　研究内容

本书具体章节安排如下：

第一章　绪论。内容主要包括：问题的提出，研究意义、目的和思路，研究内容和本书框架结构，采用的研究方法，并归纳了本书研究的创新点和可能存在的不足。

第二章　产能过剩研究文献综述。围绕产能过剩的内涵、产生原因、产能过剩的测度方法和治理措施等问题，对国内外相关文献研究成果进行汇总、整理、分析、提炼和总结，并作出相关评述。

第三章　去产能财政政策的理论基础。首先，从理论上阐明产能过剩的内涵、特征和测度，分析中国式产能过剩的内涵和特征、去产能的内涵和特征、去产能与供给侧结构性改革的关系，提出去产能实践对财政政策的需求和选择财政政策工具的思路；其次，从财政视角对去产能的相关理论进行分析，为本书后续章节的研究提供理论支撑；最后，阐释了去产能财政政策效应的传导机制及作用机理。

第四章　我国产能过剩的历史沿革与政策调控轨迹。在对我国产能过剩宏观经济背景分析的基础上，阐述了我国四次产能过剩的发生背景和表现特征，对政府治理四次产能过剩的政策进行回顾和梳理，对治理政策的利弊得失进行评析。

第五章 钢铁产业产能利用现状与实证分析。对去产能最具典型意义的钢铁产业的产能利用现状和特征进行剖析；在此基础上，收集影响钢铁产能的宏观经济相关数据，建立 VAR 模型，定量分析相关因素对钢铁产能利用率的影响。依据模型分析结论，归纳提出对于去产能政策治理的相关启示。

第六章 产能过剩成因的财政因素分析。本章皆在探寻产能过剩形成的体制性原因。为此，从现行财政体制对地方政府的利益诱导、财政利益诱导下地方政府对过剩产能的助推和财政政策的宏观刺激效应三个方面对产能过剩成因的财政因素做出了分析。

第七章 财政政策助力去产能的国际经验及借鉴。市场经济体制建立早、经济发展水平高的美国、德国和日本三国较早出现了产能过剩现象，也较早对产能过剩采取了治理措施，特别是实施了一系列针对产能过剩治理的财政政策和相关对策。本章对美国、德国和日本三个国家产能过剩的形成原因、治理产能过剩的财政政策和相关措施进行了分析，并总结了可供我国去产能借鉴的经验和启示。

第八章 唐山市钢铁产业去产能实践及政策效应。本章作为钢铁产业去产能的实证分析，在客观、准确认识河北省唐山市钢铁产业现状的基础上，通过对唐山市钢铁产业去产能操作实践的解剖，分析了去产能现有相关政策在唐山市的实施效果，提出了去产能实践对进一步完善财政政策的启示。

第九章 完善去产能财政政策的建议。本章针对我国治理产能过剩的现实情况，在前面各章理论与实证研究的基础上，从五个方面提出了完善去产能财政政策的建议。包括完善财税体制，建立遏制过剩产能发生的长效机制；组合运用财政杠杆，建立提高资源使用成本的倒逼机制；调整财税政策，促进产业转型升级；发挥财政政策的稳控作用，妥善安置职工与处置债务；多策并举，实现财政政策与相关政策的协调联动。

第十章　研究结论与展望。主要对全书的研究结论进行总结，并对今后需要进一步深入研究的问题做了展望。

二　研究框架

本书研究的技术路线如图1-1所示。

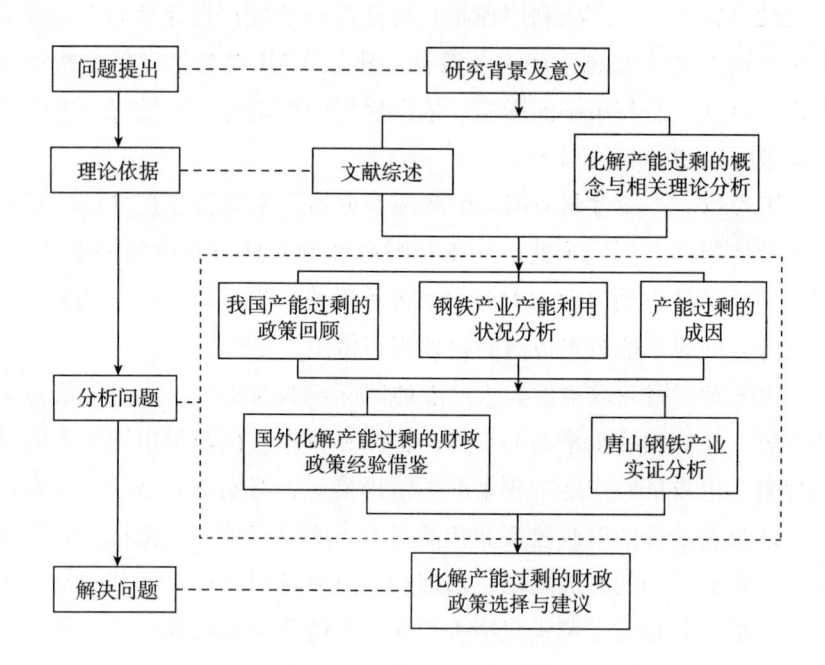

图1-1　研究的技术路线

第四节　研究方法

本书在研究过程中，遵循演绎、抽象、实证和综合等经济学研究的一般准则，注重从理论到实践、从个别到一般的逻辑思维方式。在此基础上，为了达到研究目的，主要采用了以下研究方法。

一　规范分析与实证分析相结合

在规范分析方面，本书以经济学相关理论为依据，在对国内外相关文献梳理和总结的基础上，阐明了产能过剩、中国式产能过剩、去产能的相关概念和特征；通过对我国产能过剩历史沿革和治理政策的梳理及述评，借鉴国外财政政策助力去产能的经验，提出我国完善去产能财政政策的构想。在实证研究方面，本书以产能过剩相对严重的钢铁产业为例，研究影响产能过剩的体制和政策性因素，并对钢铁产业去产能任务最重的河北省唐山市在去产能实践中财政政策实施效果进行实证分析，在此基础上提出完善去产能财政政策的建议。

二 定性分析与定量分析相结合

在定性分析方面，本书以去产能和促进产业结构优化升级为目的，在对产能过剩相关概念和理论分析的基础上，剖析产能过剩形成的主要因素，阐明去产能财政政策效应的传导机制和作用机理。以钢铁产业特别是河北省唐山市钢铁产业去产能实践为例，提出完善去产能财政政策的构想。

在定量分析方面，收集影响钢铁产能的宏观经济相关数据，构建指标体系，通过 VAR 模型对产能利用影响因素进行量化分析，并根据数学模型找出内在的规律性，得出相关定量结论。

三 突出重点与把握全局相结合

本书的研究视角是去产能的财政政策，全书围绕去产能中的财政体制和财政政策的相关内容展开研究。但是，产能过剩的发生与治理绝不是仅与财政体制和财政政策有关，导致产能过剩发生的原因是多方面的，去产能也要在市场化和法制化运作的前提下发挥好政府各专项政策的作用。因此，本书在重点对财政体制和财政政策作用于去产能进行研究的同时，对导致产能过剩的其他原因和政府有关去产能的其他政策也做了分析。突出重点是为了使财政政策作用于去产能的研究更有针对性，把握全局是为了使财政政策创新的研究与市场规则和政府的其他政策体系相衔接，两者的有机结合更有利于研究的深入。

第二章　产能过剩研究文献综述

产能过剩最早发生在市场经济体制下的西方国家，因此，国外学者很早就开始了对产能过剩的研究。我国的产能过剩最早发生在20世纪80年代中后期，理论界对产能过剩的研究大致从20世纪90年代开始。国内外的研究成果对于我们今天研究产能过剩问题可以发挥非常重要的指导和借鉴作用，梳理和分析这些研究成果并吸收其有益成分，可以使当前对去产能的研究更全面、准确和深入。

第一节　国外产能过剩相关研究概述

一　关于产能过剩内涵的研究

对产能过剩内涵的研究在国外已有很长的时间，但对产能过剩内涵的观点并不统一，归纳起来，学者主要从微观、中观和宏观三个视角来阐明各自的观点。

从微观视角来看，学术界普遍认为，国外最早出现的"产能过剩"概念来自张伯林（Chamberlin，1933）的《垄断竞争优势》一书。张伯伦在书中指出，在垄断竞争的市场条件下，企业对最大利润追求的生产活动会在平均成本线高于边际成本线处进行，因而使生产企业向市场提供产品的能力超过均衡价格下的市场需求能力，进而导致长期的产能过剩。垄断竞争市场与完全竞争市场相比，前者的资源配置效果更差，但是，由于产能过剩，使消费者对产品可以做更多的选择。① 之后，张伯林（1947）从微观经济学视角阐述了产能过剩的内涵：完全产能是完全竞争条件下的产出水平，产能过剩是不完全竞争所引起的经济组织无效率的状态。随后诸多学者纷纷对这个概念进行研究和探讨，卡斯尔斯（1937）提出，产能过剩是生产者能够生产的产出与实际生产的产出之间的差异。② 罗斯（1959）从产能利用率的角度提出，如果企业产能利用率明显偏低，则表明企业存在相对意义上的产能过剩。③ 卡米恩和施瓦茨（1972）认为，从理论层面来看，产能过剩是处在垄断竞争或不完全竞争行业的企业生产设备的利用率小于或低于最小平均成本的情况。④ 麦迪逊（1998）提出，企业在比其实际设计所能达到的更低的产量上进行生产即出现产能过剩。⑤ 柯克利、保罗和斯夸尔斯（2002）也认为，企业在固定成本方面投入的存量和可变成本方面投入的状况共同决定了产能产出水平，如果由此决定的产能水平高于企业的实际产出水平，就会导致产能过剩。⑥ 在微观视角的研究中，产能过剩一般被解释为企业实际产出水平大于市场中对产品的需求水平，即出现了"供大于求"的状态。

各个定义表述的差别主要体现在对"产能"的认识上。张伯林（1947）认为，完全竞争市场结构下的产出水平就是产能；卡米恩和施瓦茨（1972）认为，产能就是平均成本（AC）最小时的产出水平；柯克利（2002）等则认为，使用全部固定投入量和无节制使用可变投

---

① Chamberlin, E. H., *The Theory of Monopolistic Competition*, Cambridge: Harvard University Press, 1933, pp. 33 – 40.
② Cassels, J. M., "Excess Capacity and Monopolistic Competition", *Quarterly Journal of Economics*, Vol. 51, No. 3, 1937, pp. 426 – 443.
③ Ross, M. H., "A Study in Excess Capacity", *Land Economics*, Vol. 35, No. 3, 1959, pp. 284 – 288.
④ Kamien, M. I. and Schwartz, N. L., "Uncertain Entry and Excess Capacity", *American Economic Review*, Vol. 62, No. 5, 1972, pp. 918 – 927.
⑤ Maddison, A., "Chinese Economic Performance in the Long Run", *OECD*, Vol. 68, No. 100, 1998, pp. 279 – 311.
⑥ Kirkley, J., Paul, C. J. M. and Squires, D., "Capacity and Capacity Utilization in Common – pool Resource Industries", *Environmental and Resource Economics*, Vol. 22, No. 1 – 2, 2002, pp. 71 – 97.

入量带来的产出水平就是产能。

从中观视角来看,产能过剩就是行业产品供给过度或生产能力过剩的一种现象。贝恩(1959)在《产业组织》一文中提出了"过度竞争"概念,即在部分低集中度的产业中所存在的持续性过度供给或过剩生产能力且经济效益比较差的状况。但同时还提出原子型的市场结构不应该为生产能力过剩负责,当出现企业生产能力不能正常退出和劳动力资源不可有效流动时,将会导致生产能力的过剩和劳动力的富余。鹤田俊正(1988)采纳了贝恩的观点,认为企业较高的退出障碍、劳动力等生产要素的不可流动性是造成过度竞争、产能过剩的根本原因。

从宏观视角来看,斯彭斯(1977)、迪克西特和斯蒂格利茨(1977)等认为,产能过剩是宏观经济政策刺激下企业的"过度进入"导致产品生产量大于整个市场需求的情形。[1]

从国外相关文献对产能内涵的分析看,目前可见的文献将产能划分为工程学意义上的产能和经济学意义上的产能。史密塞斯(1957)从工程学角度出发,提出产能是现有设备在正常运行状态下,配合轮班制度所实现的产出。[2] 克莱因(1973)认为,产能是在不延长额外工作时间,在常规工作条件下所能完成的最大产出量。Shaikh 和 Moudud(2004)认为,非常有必要区分工程学意义上的产能和经济学意义上的产能,并举例说明了工程学意义上的产能就是一定时期内最大可持续生产的产出;[3] 而经济学意义上的产能是在给定固定资产(设备和厂房)数量的基础上所希望达到的产出水平。经济学意义上的产能只有工程学意义上产能的 1/3。

二 关于产能过剩形成原因的研究

国外产能过剩现象出现较早,对产能过剩的形成原因,国外学者

---

[1] Dixit, A. K. and Stiglitz, J. E., "Monopolistic Competition and Optimum Product Diversity", *The American Economic Review*, Vol. 67, No. 3, 1977, pp. 297 – 308.

[2] Smithies, A., "Economic Fluctuation and Growth", *Econometrica*, Vol. 25, No. 1, 1957, pp. 1 – 52.

[3] Shaikh, A. M. and Moudud, J. K., "Measuring Capacity Utilization in OECD Countries: A Cointegration Method", *Economics Working Paper Archive*, No. 415, 2004.

做了长时间和多方面的研究,主要观点集中在两个方面。

(一) 市场因素影响

1. 基于不完全竞争或垄断竞争的市场结构

国外学者在提出产能过剩概念的同时,就将其与不完全竞争或垄断竞争的市场结构密切联系起来。张伯林(1933)提出,垄断竞争的市场结构造成了产能过剩,这种市场结构使产能过剩长期存在。迪克西特和斯蒂格利茨(1977)、威茨萨克(1980)等运用博弈论方法论证了寡头市场结构下自由进入的企业数目可能要大于社会福利最大化情况下的企业数目,这就表明存在"过度进入定理"。[1] 迪克西特(1980)又提出,企业在潜在进入者进入之前,建立大量的产能设备,以此威慑潜在进入者的进入,这使在位企业生产存在不经济行为。[2]

2. 基于企业竞争策略

温德斯(1971)把产能过剩看作垄断寡头的一种竞争策略,一旦发现新的进入者和竞争者,已进入者就采取扩大产量和降低价格的策略对新进入者进行打击,以阻止新进入者进入。[3] 斯彭斯(1977)认为,为阻止潜在竞争企业进入,维持其相对垄断地位,在位企业会保有过剩产能来构建进入壁垒,使潜在竞争企业放弃进入该行业,企业的策略性竞争行为导致产能过剩。[4] Barham和Ware(1993)也提出了同样的看法,过剩产能是处于垄断地位的垄断寡头的一种策略,通过"制造"过剩产能来实现自己的经营策略。[5] 卡米恩和施瓦茨(1972)认为,产能过剩是企业面对潜在竞争对手所采取的一种占优策略结果。平迪克(1987)等认为,产能过剩是企业处于不确定环境

---

[1] Dixit, A. K. and Stiglitz, J. E., "Monopolistic Competition and Optimum Product Diversity", *The American Economic Review*, Vol. 67, No. 3, 1977, pp. 297–308.

[2] Dixit, A. K., "The Role of Investment in Entry – Deterrence", *The Economic Journal*, Vol. 90, No. 357, 1980, pp. 95–106.

[3] Wenders, J. T., "Excess Capacity as a Barrier to Entry", *The Journal of Industrial Economics*, Vol. 20, No. 1, 1971, pp. 14–19.

[4] Spence, A. M., "Entry, Capacity, Investment and Oligopolistic Pricing", *The Bell Journal of Economic*, Vol. 8, No. 2, 1977, pp. 534–544.

[5] Barham, B. and Ware, R., "A Sequential Entry Model with Strategic Use of Excess Capacity", *Canadian Journal of Economics*, Vol. 26, No. 2, 1993, pp. 286–298.

下的"运营期权"。科林（1983）研究了产能过剩阻止进入的价格机制，提出产能过剩会导致在位企业进行价格合谋，通过降低价格威慑阻挠新企业进入本行业。[①] Davidson 和 Deneckere（1990）实证分析验证了这个观点，通过企业重复价格博弈前进行生产规模投资的动态均衡分析，发现企业进行价格串谋，会带来扩大产能成本的下降，进而导致产能过剩。[②] Knittel 和 Lepore（2010）通过对周期性需求分析，提出在产能边际成本低的情况下，如果预期需求扩大，价格上升，则企业会提前扩大生产规模，而引发产能过剩。[③] 植草益（2000）在《日本产业组织》一书中建立了一个同质化企业长期重复博弈模型，该模型阐明了拥有更多的生产能力可以推进企业间形成合谋，这样更容易形成垄断的市场地位，由此进行过多的产能投资，造成产能过剩。Kirman 和 Masson（1986）、Benoit 和 Krishna（1987）、Conrad 和 Veall（1991）等通过理论分析和实证研究也提出或支持这一观点。

3. 基于市场需求的不确定性

市场需求不确定性主要体现在产品市场价格和企业生产成本等市场条件的波动导致企业收益的不确定性，从而影响产能的建立。由于未来市场的需求具有不确定性，企业往往要采取生产要素的窖藏行为来应对市场需求的波动性。[④] 通过窖藏行为使生产能力在企业预先储备起来，一旦市场出现需求，这些窖藏的生产能力就会转化为现实生产能力，进而提高企业对市场需求的应对能力。但是，如果市场变化未能出现增长性波动，实际需求低于预期需求时，则窖藏生产要素就可能成为无效市场要素，其相应的生产能力则表现为产能过剩。Fair（1985）提出，在市场周期需求波动中，企业保持产能过剩状态以形

[①] Cowling, K., "Excess Capacity and Degree of Collusion: Oligopoly Behaviour in the Slump", *The Manchester School*, Vol. 51, No. 4, 1983, pp. 341–359.

[②] Davidson, C., Deneckere, R., "Excess Capacity and Collusion", *International Economic Review*, Vol. 31, No. 3, 1990, pp. 521–541.

[③] Knittel, C. R. and Lepore, J. J., "Tacit Collusion in the Presence of Cyclical Demand and Endogenous Capacity Leves", *International Journal of Industrial Organization*, Vol. 28, No. 2, 2010, pp. 131–144.

[④] 生产要素的窖藏行为，即预留一部分生产要素以应对未来经济的波动。

成生产的弹性，以防止在需求波动中增减生产规模，调整生产要素而形成的调整成本。① 克拉克（1973）研究了耐用品产业窖藏劳动力生产要素的行为策略，发现企业在产出下降时雇用相对多的劳动力可以减少雇佣成本。② 埃布尔（1983）也对企业窖藏劳动力生产要素进行了研究，提出在经济周期过程中的衰退阶段，企业由于调整劳动力要素所付出的成本要大于储存劳动力要素的成本，为此，企业会选择窖藏行为。③ 还有学者不用窖藏的概念，但其研究结论是相似的，如平迪克和罗滕伯克（1987）在深入分析产能过剩原因时，提出企业应对未来市场需求不确定性会导致产能过剩，同时，投资的不可逆成本④和机会成本也很有可能引发产能过剩。⑤

4. 基于信息不对称

一些学者认为，市场自身调节机制的缺陷导致了产能过剩。Banerjce（1992）认为，作为市场微观主体的企业，其经营是以外部信息不完全为前提的。由于大多数企业对市场真实发展趋势并不真正了解，存在盲目跟风现象，看到别的企业热衷于哪个领域，自己企业也跟从哪个领域，产生"羊群效应"，这种效应最终导致产能过剩。⑥ 还有一些学者认为，由于信息不完备，导致企业过度投资。如 Erturk（2001）认为，20 世纪 90 年代，东南亚地区出现的产能过剩现象主要是由于大量的投资浪潮导致的。⑦ 萨克尔（2009）提出，生产过程

---

① Fair, R., "Excess Labor and the Business Cycle", *The American Economic Reviews*, Vol. 75, No. 1, 1985, pp. 239–245.

② Clark, C. S., "Labor Hoarding in Durable Goods Industries", *The American Economic Review*, Vol. 63, No. 5, 1973, pp. 811–824.

③ Abel, A. B., "Optimal Investment under Uncertainty", *The American Economic Review*, Vol. 73, No. 1, 1983, pp. 228–233.

④ 不可逆成本也叫沉没成本，即由过去的决策已经发生的，不能由现在或将来的任何决策更改的成本。

⑤ Pindyck, R. S. and Rotemberg, J. J., "The Excess Co–Movement of Commodity Prices", *Working Papers*, Vol. 100, No. 403, 1987, pp. 1173–1189.

⑥ Banerjce, A. V., "A Simple Model of Herd Behavior", *Quarterly Journal of Economics*, Vol. 107, No. 3, 1992, pp. 797–817.

⑦ Erturk, K. A., "Overcapacity and the East Asian Crisis", *Journal of Post Keynesian Economics*, Vol. 24, No. 2, 2001, pp. 253–275.

中投入的要素其产出能力是具有弹性的,这种弹性在信息不对称因素的作用下与产能过剩发生了紧密联系。①

(二) 政策体制因素影响

这方面研究的主要观点集中在政府通过制定产业政策、财政政策、价格政策和贸易政策等行政手段干预企业或行业的生产运营。

1. 财税政策和产业政策影响

Ghemawat 和 Nalebuff (1990) 研究了产能过剩行业中政府干预对效率的影响。认为在行业竞争中,不同竞争者的成本是有差别的,市场的自发调节会带来技术的无效率,而政府采取的关税、补贴和税收等行政干预的结果使关税对技术效率影响具有负面效应,有针对性的补贴只有给予最有效率的企业才能产生效果,没有针对性的财政补贴只会使技术效率更低,税收对技术效率的影响是负面的。② Janeba (2000) 运用数理模型进行实证分析发现,降低税率带来的税收竞争会导致产能过剩。③ Wilson 和 Wildasin (2004) 提出,地方税收竞争引发资本无效或低效配置,进而导致产能过剩。Kim (1997) 认为,政府可以通过规制行为阻止新企业的介入,进而使原有企业为阻止新企业进入所花费的成本大大降低,原有企业剩余产能得以继续保留。反过来又促使政府继续设立阻止新企业进入的相关规制。④ Shaikh 和 Moudud (2004) 也提出,长期投资于单一行业会带来经济结构失衡,从而造成这一行业产出过剩。Terada (2002) 认为,地方政府制定的预算制度和收入分配制度影响了资源的合理分配,是导致日本集装箱

---

① Sarkar, S., "A Real-Option Rationale for Investing in Excess Capacity", *Managerial and Decision Economics*, Vol. 30, No. 2, 2009, pp. 119–133.

② Ghemawat, P. and Nalebuff, B., "The Devolution of Declining Industries", *Quarterly Journal of Ecnomics*, Vol. 105, No. 1, 1990, pp. 167–186.

③ Janeba, E., "Tax Competition When Governments Lack Commitment: Excess Capacity as a Countervailing Threat", *American Economic Review*, Vol. 90, No. 5, 2000, pp. 1508–1519.

④ Kim, J., "Inefficiency of Subgame Optimal Entry Regulation", *Social Science Electronic Publishing*, Vol. 28, No. 1, 1997, pp. 25–36.

港口发生产能过剩的重要因素。①

2. 贸易政策影响

斯蒂尔（1972）、布鲁塞德（2010）对政府在出口贸易中的补贴行为与产能过剩的关系进行了研究。他们的研究结论是，政府在出口贸易中的过度补贴是导致产能过剩现象发生的重要原因。② 萨海（1990）提出，发展中国家政府对投入品的进口配额政策是导致制造行业产能过剩的重要原因，这种政策的影响效果与进口替代基本相同。③ 同时，无论是完全竞争市场结构还是不完全竞争市场结构，采用关税来代替进口配额虽然能够提高产能利用率，但在这种配额制度下也能把寡头垄断企业的战略优势消除掉。Blonigen 和 Wilson（2010）以美国钢铁出口企业为研究对象，发现对出口企业的过度补贴是造成钢铁行业过剩产能形成的重要因素。④

3. 体制与经济发展阶段因素影响

体制因素对产能过剩的形成与发展中国家和社会主义特征关系更密切。匈牙利经济学家科尔奈对这个观点的分析具有一定的代表性。科尔奈（1986）在对经典社会主义体制与转轨体制的研究中指出，在经典社会主义体制中存在很强的扩张冲动和投资饥渴症，但中央政府是通过严格的计划管理和配额限制，来约束扩张的冲动和投资饥渴。科尔奈（2007）又提出，在社会主义经济体制向市场经济体制转轨过程中仍然存在扩张冲动和投资饥渴症。由于投资决策分散化，政府放松了对企业投资的外部控制，但企业自身并未建立自我控制机制去追求利润或应对财务危机，这种改革加快了经典社会主义国家体制固有的对投资领域

---

① Terada, H., "An Analysis of the Overcapacity Problem under the Decentralized Management System of Container Ports in Japan", *Maritime Policy and Management*, Vol. 29, No. 1, 2002, pp. 3 – 15.

② Steel, W. F., "Import Substitution and Excess Capacity in Ghana", *Oxford Economic Papers*, Vol. 2, No. 2, 1972, pp. 212 – 240.

③ Sahay, R., "Trade Policy and Excess Capacity in Developing Countries", *Staff Papers*, Vol. 37, No. 3, 1990, pp. 486 – 508.

④ Blonigen, B. A. and Wilson, W., "Foreign Subsidization and Excess Capacity", *Journal of International Economics*, Vol. 80, No. 2, 2010, pp. 200 – 211.

过热的追求。这个分析很符合中国转轨过程中出现的实际情况。柯克利（1999）等以马来西亚围网捕鱼产业为例进行研究，发现许多发展中国家的捕鱼产业都存在着产能过剩现象。发展中国家为了尽快提高国民的健康水平、增加收入、实现充分就业和吸引更多的外资进入，大都实施经济追赶战略。通过开放市场准入刺激产能不断扩张，其结果是产能的持续扩张虽然促进了发展，但监管者与捕鱼者之间的委托—代理关系也带来了信息不对称问题，由此增加了管理上的难度。①

Bossche 和 Gujar（2010）认为，正是由于政府对微观经济的过多干预，才导致出现产能过剩问题，而解决这种产能过剩最有效的办法就是政府不再对私人投资做过多的干预，也不再对微观经济活动做过多的干预。② 斯夸尔斯等（2010）提出，如果在生产过程中所投入的生产要素有一部分具有公共产权性质，则会导致对这部分生产要素的过度消耗，因而引发产能过剩。③

三　关于产能过剩测度方法的研究

关于产能过剩的测算方法，国外研究人员从不同的理论出发，从不同的视角提出了许多测算或度量方法。一般来说，测算产能过剩，应该先对产能进行测算。德姆塞茨（1959）运用成本函数来测算产能；④ 克莱因（1960）采用成本函数与生产函数来测算产能，同时提出一个企业的产能比一个行业或一个国家的产能容易计算。⑤ 虽然对产能过剩的定义在理论上基本有了一致的认识，但对产能过剩的测算却难度很

---

① Kirkley, J., Paul, C. J. M. and Squires, D., "Capacity and Capacity Utilization in Common-pool Resource Industries", *Environmental and Resource Economics*, Vol. 22, No, 1-2, 2002, pp. 71-97.

② Bossche, M. V. and Gujar, G., "Competition, Excess Capacity and Pricing of Dry Ports in India: Some Policy Implications", *International Journal of Shipping and Transport Logistics*, Vol. 2, No. 2, 2010, pp. 151-167.

③ Squires, D., Jeon, Y. and Grafton, R. Q. et al., "Controlling Excess Capacity in Common-Pool Resource Industries: The Transition from Input to Output Controls", *Australian Journal of Agricultural and Resource Economics*, Vol. 54, No. 3, 2010, pp. 361-377.

④ Demsetz, H., "The Nature of Equilibrium in Monopolistic Competition", *The Journal of Political Economy*, Vol. 67, No. 1, 1959, pp. 21-30.

⑤ Klein, L. R., "Some Theoretical Issues in the Measurement of Capacity", *Econometrica*, Vol. 28, No. 2, 1960, pp. 272-286.

大，而且认识不尽相同。为此，对产能过剩的测算，难以从理论上进行整理和计算，一般是找到一个具有代表性和容易度量的指标来实现。这个具有代表性和容易度量的指标，就是大家公认的产能利用率。

产能利用率的基本含义是指现存生产能力得到利用的程度，是生产过程中被利用的生产能力与现实存在生产能力的比值。计算产能利用率可以达到两个目的：一是掌握企业或行业生产能力的状况，使决策层做出采取紧缩或扩张的财政和货币政策；二是把握经济的运行状况，据此调整生产力的增长或减少策略。综合相关文献，对产能利用率测算的方法主要分为直接度量法和间接度量法两种。直接度量法是通过企业调查直接得到产能利用率指标。如美联储及沃顿商学院等机构曾采用直接度量法测度产能利用率。间接度量法是先估算产能规模，之后运用 Y/Y^*（被利用的生产能力/可利用的生产能力）进行测算。目前估算产能规模主要有以下六种方法。

（一）峰值法

峰值法是以一定时期和一定条件下现存生产能力提供的最大产量（峰值）为依据来确定产能规模。它是以产量达到最大时的产能利用率是100%为假设，其余时间段的产能利用率按峰值时的产出进行推算的一种方法。克莱因（1960）认为，产能规模就是一段时间内产出所达到的峰值。依据这种认识，产生了把历史上某一年的最高实际产量作为潜在产能的计算方法。美国著名的沃顿商学院公布的沃顿指数就是运用峰值法计算出来的，但沃顿商学院确定的"峰"是利用产出/资本和累计净投资前一期的峰值对产能产出进行的测度，峰值法适用于单投入和单产出的情况。Ballard 和 Roberts（1997）、Hsu（2003）分别应用峰值法对美国渔业生产的产能利用状况进行了实证分析。Fare、Grosskopf 和 Kokkelenverg（1989）采用这种方法测量行业产能利用状况。[1] 峰值法的优点是：数据获取便捷，计算过程简单，只要

---

[1] Fare, R., Grosskopf, S. and Kokkelenberg, E. C., "Measuring Plant Capacity, Utilization and Technical Change: A Nonparametric Approach", *International Economic Review*, Vol. 30, No. 3, 1989, pp. 655–666.

获得生产过程的要素投入数据和产品产出数据即可进行测算，因此，适用范围比较广泛。这种方法的缺点是：对经济结构、资本变化及其他因素的影响未做考虑，把产出量的变动单纯归因于技术进步一个因素的作用，因而降低了分析结果的全面性。

（二）生产函数法

生产函数法是利用具体设定的生产函数，采用可知的投入数据和产出数据拟合为待估计参数，据此通过计算测定在一定的投入量和技术水平下的最大产出量，从而得到产能利用率的测定结果。霍根（1969）运用要素投入相关数据估计与之相关的具体参数，计算出潜在产出，再进一步计算出产能利用率。[①] Fare 和 Svensson（1980）运用这种方法对一些行业的产能利用率进行了计算，他认为，这一度量方法可以估算生产效率和产能利用率。[②] 国际上许多著名机构也都运用这种方法来计算产能利用率，如国际货币基金组织、欧盟等。生产函数法的优点是：具有充分的理论依据，计算结果更为精确，计算过程全面考虑了生产特征、技术进步、资本因素、劳动因素等相关参数变化对产出结果的影响。同时，在计算过程中对样本数据不断拟合，对函数形式反复修复，使分析过程具有较强的现实基础。但其缺点是：生产函数形式的确定较为复杂，投入要素的类型区分难度较大。

（三）成本函数法

成本函数法是利用成本函数对产能利用状况进行测度。成本函数是指在技术水平和要素价格不变的条件下成本与产出之间的数量关系。与生产函数法是从企业生产的角度度量生产能力不同，成本函数法能综合考虑各种要素投入对产出所带来的影响。从微观视角理解的产能过剩就是企业的实际产出小于成本函数测定的最佳规模产出，即平均成本最低时的产出量。成本函数有短期成本函数与长期成本函数两种表达方式。伯恩特和莫里森（1981）提出，运用短期成本函数来

[①] Hogan, W. P., "Some New Results in the Measurement of Capacity Utilization", *The American Economic Review*, Vol. 59, No. 1, 1969, pp. 183 – 184.

[②] Fare, R. and Suensson, L., "Congestion of Production Factors", *Econometrica*, Vol. 48, No. 7, 1980, pp. 1745 – 1753.

估算产能利用率,在生产规模稳定的条件下,短期平均成本曲线的最低点所对应的产出水平可以确定为产能利用水平。① 莫里森(1985)运用成本函数法对美国汽车产业的产能利用率做了测算。② Garofalo 和 Malhotra(1997)采用这种方法对 1983—1990 年美国各州的制造业产能利用率做了估算,通过估算得出了美国不同地区产能利用率的区别,即太平洋区域、南大西洋区域和西北中心的产能利用率高于全国平均水平,而东北和西北中心的产能利用率则低于全国平均水平。③ 成本函数法的优点是:从成本最低角度分析生产过程中相关要素的投入与产出的关系,分析的结果相对真实和可靠。这种方法的缺点是:推导和计算较为复杂,对测度所需数据的质量要求较高,而现实收集难度较大,测度结果容易出现偏差。

(四) 数据包络分析法

数据包络分析法,简称 DEA,这种方法是一种非参数估计的方法,预先不需要设定函数的具体表达方式,而是以一定数量的实际生产点确定生产的边界。由于 DEA 不需要预先估计参数和确定具体函数形式,而是直接利用数据分析得出生产前沿面,这可以避免主观性,有效降低误差。这种方法的缺点是不能把数据的随机变动因素加以考虑。Fare 等(1989)将 DEA 应用在产能利用率计算上。④ 此后,许多学者纷纷运用 DEA 进行各种实证分析。Dupont(2002)采用这种方法分析了美国渔业改革产权制度对渔业自身及相关产品的产能利

---

① Berndt, E. R. and Morrison, C. J., "Capacity Utilization Measures: Underlying Economic Theory and An Alternative Approach", *American Economic Review*, Vol. 71, No. 2, 1981, pp. 48 – 52.

② Morrison, C. J., "Primal and Dual Capacity Utilization: An Application to Productivity Measurement in the U. S. Automobile Industry", *Journal of Business and Economic Statistics*, Vol. 3, No. 4, 1985, pp. 312 – 324.

③ Garofalo, G. and Malgotra, D. M., "Regional Measures of Capacity Utilization in the 1980s", *Review of Economics and Statitcs*, Vol. 79, No. 3, 1997, pp. 415 – 421.

④ Fare, R., Grosskopf, S. and Kokkelenberg, E. C., "Measuring Plan Capacity, Utilization and Technical Change: A Nonparametric Approach", *International Economic Review*, Vol. 30, No. 3, 1989, pp. 655 – 666.

用水平的影响。①

（五）结构向量自回归法

结构向量自回归法，简称 SVAR，这种方法作为建模分析方法，是将结构信息分为供给冲击和需求冲击两个方面，通过 VAR 模型的计算来估计相关自变量因素对产能利用率的影响程度。SVAR 模型依据的假设较为简单，适用于对宏观产能过剩的测量。Blanchard 和 Quah（1989）、King（1991）对利用 SVAR 估算潜在产能做出大量基础性贡献。Dergiades 和 Tsoulfidis（2007）使用结构向量自回归法测算了欧盟国家相关产业的产能利用状况，并对该模型的估计结果进行了定量检验。②

（六）协整分析法

协整分析法假设产能产出同资本存量之间存在长期的平稳关系，据此来测算产能利用率。Shaikh 和 Moudud（2004）提出协整分析法，并采用这种方法测算了经济合作与发展组织国家的产能利用率。③ 测算方法为：$Y(t) = (Y/Y^*) \cdot (Y^*/K) \cdot K$（式中：$Y$ 为实际产出，Y^* 为潜在产出，K 为资本存量），根据定义的资本产出比，$v = K/Y^*$，得到产能利用率为 $u = Y/Y^*$。这种方法尽管避免了具体函数形式设定时可能产生的主观性，但相对于生产函数法和成本函数法却忽略了一定的微观经济学基础，因此，在使用上存在一定的争论。

综上所述，这六种产能利用率的测算方法是利弊均有，学术界一直也没有公认哪种方法为最好。具体采用何种方法进行实证研究，都要考虑具体样本的特征、数据的可得到性和历史背景等多种因素，从中选择相对合理的测算方法进行研究。

---

① Dupont, D. P., Grafton, R. Q., Kirkley, J. and Squires, D., "Capacity Utilization Measures and Excess Capacity in Multi - Product Privatized Fisheries", *Resource and Energy Economics*, Vol. 24, No. 3, 2002, pp. 193 – 210.

② Dergiades, T. and Tsoulfidis, L., "A New Method for the Estimation of Capacity Utilization: Theory and Empirical Evidence from 14 EU Countries", *Bulletin of Economic Research*, Vol. 59, No. 4, 2007, pp. 361 – 381.

③ Shaikh, A. M. and Moudud, J. K., "Measuring Capacity Utilization in OECD Countries: A Cointegration Method", *The Levy Economics Institute of Bard College*, No. 415, 2004.

国外虽然有多种估算产能利用率的方法，但是，对于正常或者合意的产能利用率还没有统一的标准。美国总体工业产能利用率的"合意"区间为79%—82%（钟春平、潘黎，2014）。实践中，很多国家或国际组织都开展了对产能利用状况的监测，并定期发布不同行业的产能利用率数据。

四 关于产能过剩治理对策的研究

产能过剩治理对策主要是针对产能过剩的成因不同提出的，主要基于以下两个方面。

（一）针对市场因素影响的对策

西方发达国家一般认为，产能过剩是市场经济运行中的正常现象，可以通过市场机制的作用自行修复。认为产能过剩是由于市场因素影响造成的学者提出，企业间的并购重组、扩大出口和对外投资、建立科学有效的管理机制和适当的政府干预等方式，对于化解产能过剩可以起到有效的作用。伯格等（1999）指出，企业间并购重组是化解过剩产能的有效方式。一般来说，出现产能过剩的状况，可能是某些企业的生产规模小于行业的有效规模，也可能是拥有了无效率或相对较落后的生产设施配置。[1] 通过并购重组活动，可以解决这些效率不足问题，而且并购重组方式比破产或其他方式对过剩产能的化解更有效率。Gregoriou（2009）也认为，企业并购重组是扩大企业规模、提高产业集中度、化解过剩产能的低成本和高效率方式。[2] 萨克尔（2009）提出，由于市场在资源配置中的决定性作用，使通过市场自发调节机制来解决产能过剩问题是关键所在。[3] 为此，通过增加有效需求，包括扩大内需、开拓国际市场等途径来化解产能过剩。Blonigen（2010）通过实证研究提出，促进本国企业"走出去"、到海外投

---

[1] Berger, A. N., Demsetz, R. S. and Strahan, P. E., "The Consolidation of the Financial Services Industry: Causes, Consequences, and Implications for the Future", *Journal of Banking and Finance*, Vol. 23, No. 2–4, 1999, pp. 135–194.

[2] Gregoriou, G. N., *Operational Risk Toward Basel III*, New Jersey: Wiley Finance, 2009.

[3] Sarkar, S., "A Real-Option Rationale for Investing in Excess Capacity", *Managerial and Decision Economics*, Vol. 30, No. 2, 2009, pp. 119–133.

资建厂和扩大出口等，可以有效化解本国的产能过剩。① 在构建有效的管理制度方面，部分学者认为，市场准入的行政管理与配额管理也是治理产能过剩的有效政策。如 Ward 等（2005）研究配额在化解渔业产能过剩中的作用时指出，如果渔业处于完全垄断的市场结构，出现产能过剩现象只是短期问题，但因为独立的生产者实际上长期不能对渔业资源享有排他权，使他们削减产能的收益会由其他捕鱼者获得，因而他们没有动力自我削减产能，如果确定的管理制度给予了他们相应的产权，诸如配额制，就有利于过剩产能的削减。② 还有一些学者提出，适当的政府干预有助于去产能。如颁布行业市场准入条件及技术标准、严控土地及信贷政策、深化财政和税收制度改革、提高准备金率、再贴现率和存贷款率等（Harman，1972；Abel，1983；Hassett and Metcalf，1999；Bartetal，2003）。

（二）针对体制政策因素影响的对策

麦克法伦（1973）提出，如果政府希望生产消费品的部门在减少投资的同时不减少消费，也不增加产能过剩的程度，可以选择的政策是降低企业的税负、对企业的固定资产征税、增加过剩产能税和降低产品价格，等等。③ 平迪克（2005）提出，应该深化市场改革、减少政策干预、彻底取消各种降低行业准入门槛的相关政策，采取多种方式将行业进入的沉没成本提高。Sumaila（2008）等提出市场的价格走势可以自动调节过剩产能，但是，这种自动调节的前提是政府的补贴行为不能对产能的化解产生反方向的激励作用。④ 因为渔业捕捞中的主要成本是燃料成本，如果燃料价格上涨，过度捕捞就会减少，一

---

① Blonigen, B. A. and Wilson, W. W., "Foreign Subsidization and Excess Capacity", *Journal of International Economics*, Vol. 80, No. 2, 2010, pp. 200 – 211.

② Ward, J. M., Mace, P. and Thunberg, E. M., "The Relationship of Fish Harvesting Capacity to Excess Capacity and Overcapacity", *Marine Resource Economics*, Vol. 19, No. 4, 2005, pp. 525 – 529.

③ McFarlane, B., "Price Rigidity and Excess Capacity in Socialist Economies", *Australian Economic Paper*, Vol. 12, No. 20, 1973, pp. 36 – 41.

④ Sumaila, U. R., Teh, L., Watson, R., Tyedmers, P. and Pauly, D., "Fuel Price Increase, Subsidies, Overcapacity, and Resource Sustainability", *Ices Journal of Marine Science*, Vol. 65, No. 6, 2008, pp. 832 – 840.

部分过剩产能得到化解。但是，如果政府对燃料价格给予一定补贴，就会破坏市场价格对产能调节机制的作用发挥。

西方国家出现的产能过剩主要是市场竞争的结果，去产能自然也应该充分利用市场机制的作用，而不需要政府的过多干预，政府的主要职责就是不断地创新宏观经济管理方式，提高政策的透明度，在市场机制失灵的领域适当采用行政干预的方式，以矫正市场的失灵。

第二节　国内产能过剩相关研究概述

国内关于产能过剩相关问题的研究虽然起步较晚，但相关研究文献却非常多，这是由我国的国情决定的。下面从四个方面对学者提出的观点进行概述。

一　关于产能过剩内涵的研究

在我国改革开放初期，人们对产能过剩常用"重复建设""过度投资""恶性竞争"和"过度竞争"等词汇来表述（曹建海、江飞涛，2010）。[①] 对产能过剩引起重视，并且作为国民经济宏观问题进行研究仅有十多年的历史。目前，对产能过剩的定义，人们的研究结论还不尽相同，相关学者从不同角度或不同层面对其内涵做出了不同的界定。按时间可以将产能过剩分为即期过剩和预期过剩（王岳平，2006）；[②] 按形成机理可以将产能过剩分为需求萎缩型产能过剩和投资过度型产能过剩（张新海，2010）；[③] 按与经济周期的关系可以分为周期性产能过剩和非周期性产能过剩（周劲、付保宗，2011）等；[④] 本书从微观、中观和宏观三个角度或层面来梳理产能过剩内涵

[①] 曹建海、江飞涛：《中国工业投资中的重复建设与产能过剩问题研究》，经济管理出版社2010年版。

[②] 王岳平：《我国产能过剩行业的特征分析及对策》，《宏观经济管理》2006年第6期。

[③] 张新海：《产能过剩的定量测度与分类治理》，《宏观经济管理》2010年第1期。

[④] 周劲、付保宗：《产能过剩的内涵、评价体系及在我国工业领域的表现特征》，《经济学动态》2011年第10期。

的代表性观点。

（一）微观层面

微观层面就是从生产企业的层面分析，产能过剩是指企业在一定时期内实际生产能力小于企业装备所具有的生产能力达到一定程度时的状态。张晓晶（2006）提出，企业层面的产能过剩是指当企业在生产经营活动中使资本边际收益保持在边际成本水平之上时出现的一种状况。[①] 何彬（2008）提出，微观产能过剩就是等产量线发生后弯的转折点连接而成的脊线以外非经济区域内所反映的要素同时增减的配置状态。[②] 卢锋（2010）提出，发生在微观层面的产能过剩是指闲置富余的生产能力超过某种合理界限时的现象。[③] 现实中，企业的实际产量与企业拥有的生产能力两者总是存在着一定的差异的，只有企业的实际产量小于企业拥有的生产能力达到一定程度时才出现产能过剩。曹建海（2014）认为，产能过剩就是实际生产能力小于最佳生产能力而形成的过剩。[④] 钟春平、潘黎（2014）认为，产能过剩是企业实际产能大于市场需求的程度超过了正常期望水平的状态。[⑤] 夏晓华等（2016）认为，产能过剩是指企业在正常的生产条件下潜在的最大产出与实际产出的差额。[⑥] 徐滇庆和刘颖（2016）提出，产能过剩是企业总产能大于本期的市场需求。[⑦] 在市场经济条件下，产能过剩表现为产品或服务的供给能力大于市场需求。产能过剩也可以用设备的利用程度来度量，其投入的生产设备高于市场所需水平，这些机器设备由于具有资产专用性特征无法或难以转为他用，以过剩的状态存在，成为沉没成本。

---

① 张晓晶：《产能过剩并非"洪水猛兽"》，《学习时报》2006年4月10日第4版。
② 何彬：《基于窖藏行为的产能过剩形成机理及其波动性特征研究》，博士学位论文，吉林大学，2008年，第2页。
③ 卢锋：《什么是产能过剩?》，《财经·金融实务》2010年第1期。
④ 曹建海：《标本兼治化解产能过剩》，《经济日报》2014年4月17日第14版。
⑤ 钟春平、潘黎：《产能过剩误区——产能利用率及产能过剩进展、争议及现实判断》，《经济学动态》2014年第3期。
⑥ 夏晓华、史宇鹏、尹志锋：《产能过剩与企业多维创新能力》，《经济管理》2016年第10期。
⑦ 徐滇庆、刘颖：《看懂中国产能过剩》，北京大学出版社2016年版，第20页。

（二）中观层面

中观层面就是行业的层面分析，产能过剩是指在一定的时期和一定技术的条件下，行业实际产出的产品数量和行业能够产出的产品数量的差距达到一定程度时的状态。王兴艳（2007）提出，产能过剩存在于一定的时期和一定的技术条件下，具体表现是行业的生产能力明显大于市场需求。① 周业樑和盛文军（2007）认为，产能过剩就是生产能力的过剩，也就是现存的生产能力不能被充分利用，由于不同行业具有不同的技术特点和不同的市场需求状况，因此，不同行业的产能最佳利用状况也是不尽相同的。② 窦斌和汤国生（2009）提出，产能过剩是指某行业在一定时期内实际产出数量低于该行业实际拥有生产能力达到一定程度时的状况。③ 周劲（2007）认为，行业的实际产出在一定时期内低于产能产出的程度超过了行业正常水平范围时就出现了产能过剩。④ 周劲和付保宗（2014）提出，产能过剩是一定时期内某行业的实际产出量低于该行业生产能力达到一定程度，并通过行业相关经济指标反映出来的这种程度超过了行业正常水平时的状态。⑤ 胡荣涛（2016）认为，产能过剩是指某些行业按照既定技术水平和现有生产能力提供的供给量超出了市场需求量，导致部分生产能力闲置的现象。表现形式为：一是因需求不足而导致的供给相对过剩；二是需求基本正常但供给过多而形成的产能过剩。⑥ 付钦太（2016）从整个行业的角度认为，产能过剩就是工业经济领域产能利用程度比较低

---

① 王兴艳：《产能过剩评价指标体系初探》，《技术经济与管理研究》2007年第9期。
② 周业樑、盛文军：《转轨时期我国产能过剩的成因解析及政策选择》，《金融研究》2007年第2期。
③ 窦斌、汤国生：《钢铁行业投资过度、产能过剩原因及对策》，经济管理出版社2009年版。
④ 周劲：《产能过剩的概念、判断指标及其在部分行业测算中的应用》，《宏观经济研究》2007年第9期。
⑤ 周劲、付保宗：《我国工业领域的产能过剩问题研究》，中国计划出版社2014年版，第4—5页。
⑥ 胡荣涛：《产能过剩形成原因与化解的供给侧因素分析》，《现代经济探讨》2016年第2期。

的一种状态。①

(三) 宏观层面

宏观层面就是从国民经济整体的层面分析,产能过剩是指现存的生产资源要素没有被充分利用,潜在的生产能力没有充分发挥,市场需求能力明显低于生产供给能力时的一种状况。张晓晶(2006)提出,宏观层面的产能过剩是指国民经济活动没有使潜在的生产能力充分发挥作用,进而使存量资源没有被充分利用。王岳平(2006)认为,良性的市场竞争需要一定量的供过于求,但当供过于求的产能数量超过良性竞争所允许的限度时,超出的生产能力就是过剩的生产能力。② 李江涛(2006)也认为,从市场经济运行的基本特征看,依据市场供求关系来阐释产能过剩更合理。产能过剩的含义就是在经济活动周期性变化中,向市场提供产品的现有生产能力明显超过了市场对这种产品的有效需求能力。张保全(2006)认为,产能过剩是社会有效需求小于社会实际有效供给而引发的竞争加剧、价格下降的状态。③ 王立国和张日旭(2010)认为,周期性、结构性和体制性三个方面的原因造成了产能过剩,产能过剩导致了一定技术水平下全要素投入的最佳产出量与实际产出量及消费量明显背离现象的发生。④ 周劲(2011)认为,当生产能力的富余达到一定限度,并对经济社会的发展产生了负面效应时,则表明出现了产能过剩。⑤ 韩国高等(2011)认为,产能过剩是因为社会总需求能力的减少使正常产出能力不能充分发挥、资源要素不能得到充分利用,从而造成生产能力出现一定程度闲置时的状态。⑥ 刘航等(2014)认为,产能过剩是指预先投入的

---

① 付钦太:《我国产能过剩的特点、成因及其治理之道》,《学习论坛》2016 年第 9 期。
② 王岳平:《我国产能过剩行业的特征分析及对策》,《宏观经济管理》2006 年第 6 期。
③ 张保全:《产能过剩与宏观调控》,《商场现代化》2006 年第 6 期。
④ 王立国、张日旭:《财政分权背景下的产能过剩问题研究——基于钢铁产业的实证分析》,《财经问题研究》2010 年第 12 期。
⑤ 周劲:《产能过剩的内涵、评价及表现特征》,《中国投资》2011 年第 9 期。
⑥ 韩国高、高铁梅、王立国等:《中国制造业产能过剩的测度、波动及成因研究》,《经济研究》2011 年第 12 期。

生产能力明显超过了均衡产量所需要的生产能力,从而造成生产要素闲置的现象。[①]

综合分析上述各种观点,可以发现一个共识,即产能过剩的核心内涵是"供给能力大于需求能力",但这绝不是说供给能力只要超过需求能力就是产能过剩,而是供给能力(或生产能力)超过有效需求能力达到一定程度时才可以认定出现了产能过剩。从宏观层面分析产能过剩,有利于把握国民经济运行的总体状况,有利于促进国民经济总体的综合协调发展;从中观层面和微观层面分析产能过剩,有利于把握行业和企业生产运行的基础性状况,从市场主体的微观层面为实现国民经济的健康发展进行调控和引导。上述三个层面的代表性观点总结如表2-1所示。

表2-1　　　　　　　　产能过剩三个层面的内涵

层面分类	产能过剩基本内涵	代表性学者
微观层面	产能过剩是指企业在一定时期内实际生产能力小于企业装备所具有的生产能力达到一定程度时的状态	张晓晶(2006);曹建海、江飞涛(2010);钟春平、潘黎(2014);曹建海(2014);夏晓华、徐滇庆、刘颖(2016)
中观层面	产能过剩是指在一定的时期和一定技术的条件下,行业实际产出的产品数量和行业能够产出的产品数量的差距达到一定程度时的状态	王兴艳(2007);周业樑、盛文军(2007);窦彬(2009);周劲(2007);胡荣涛(2016);付钦太(2016)
宏观层面	产能过剩是指现存的生产资源要素没有被充分利用,潜在的生产能力没有充分发挥,市场需求能力明显低于生产供给能力时的一种状况	张晓晶(2006);王岳平(2006);李江涛(2006);张保全(2006);韩国高(2011);周劲、付保宗(2011);刘航、孙早(2014)

二　关于产能过剩形成原因的研究

对于我国出现产能过剩的原因,研究者试图从不同角度进行解

[①] 刘航、孙早:《城镇化动因扭曲与制造业产能过剩——基于2001—2012年中国省级面板数据的经验分析》,《中国工业经济》2014年第11期。

释：一是归纳为市场失灵和政府失灵（刘阳，2014）。二是归纳为市场组织结构、信息不对称、体制政策（付保宗，2011；冯梅，2013；熊曦等，2015）。三是归纳为投资体制不合理和经济增长方式的滞后、经济周期性波动、宏观调控不完善和政府过度干预投资（魏琪嘉，2014）。四是归纳为市场因素、政府干预、政府与市场共同作用（程俊杰，2016）。本书归纳为以下四个方面。

（一）市场性因素

一部分学者认为，无论是资本主义市场经济体制，还是社会主义市场经济体制，只要存在市场经济和供求关系，经济运行中就会不可避免地出现产能过剩现象。为此，很多学者从市场经济角度对我国产能过剩的形成原因进行了探索，其研究结论与国外研究结论比较相似。

1. 基于经济周期波动和"潮涌现象"

经济周期波动也是产能过剩产生的主要原因。李江涛（2006）认为，在市场经济条件下，产能过剩是经济周期波动中供求关系的一种独特表现，当经济周期达到峰顶时，产能过剩就会表现出来。[①] 林毅夫（2007）认为，发展中国家存在后发优势，众多企业会对一些发展前景好的产业形成投资共识，这种共识会吸引大量企业像浪潮一样，一波接一波地涌向同一产业，出现投资的"潮涌"，这种现象一般会伴随出现产能过剩和相关问题。[②] 在此基础上，林毅夫等（2010）又提出，产能过剩的出现不是单纯由经济周期波动造成的，更可能有投资层面的因素。[③] 单体企业在信息不对称的情况下，特别是对行业内企业总体数目不知晓的状况下同一时间涌入一个或几个行业，但在投资设厂过程中各家企业都无法预测行业内其他企业的生产运营状况，

[①] 李江涛：《产能过剩：问题、理论及治理机制》，中国财政经济出版社2006年版，第31—32页。

[②] 林毅夫：《潮涌现象与发展中国家宏观经济理论的重新构建》，《经济研究》2007年第1期。

[③] 林毅夫、巫和懋、邢亦青：《"潮涌现象"与产能过剩的形成机制》，《经济研究》2010年第10期。

从而导致产能过剩。例如，从 1998 年开始，社会对于钢铁和水泥等产业的良好外部环境产生共识，包括影响钢铁产业的基础设施建设不断增加、国际大宗商品价格的持续走高、原材料成本的不断降低、下游产业汽车和住房等行业的快速发展等，致使大量投资涌入与之相关的基础性原材料产业，造成产能扩张严重。因此，产能过剩在一定程度上，既可以由独立于产业外部的相关环境因素或经济周期波动引发，也可以由投资个体的理性"潮涌"引发，而个体的理性也可能是宏观的不理性（中国金融四十人论坛课题组，2017）。[1] 马军和窦超（2017）在分析我国最具典型性的钢铁产业产能过剩的形成原因时认为，市场需求随经济周期的波动而变化。当经济周期处于上升期时，市场表现是需求量增加。在此情况下，企业会在增加当期供应量的同时，因对下期需求的乐观态度而继续增加投入，扩大产能；当经济处于衰退期时，需求减少，造成产品积压，形成产能过剩。[2]

2. 基于企业竞争策略

为巩固在市场竞争中的既有优势地位，一些已先期进入某行业的企业会通过加大投资等方式，抬高行业的进入门槛，由于这种投资成本很高，构成了阻止潜在企业的进入障碍。已进入企业为保持其垄断地位，会保持高产能以威慑潜在进入者，使后进入者不敢贸然进入该行业，但也导致该行业产能过剩（周业樑、盛文军，2007；韩保江、韩心灵，2017）；[3] 当在位企业不具有明显的技术优势，但又要巩固自己的垄断地位或市场份额时，就会选择合适的产量来阻碍潜在企业进入，这会引起行业的产能过剩（唐吉洪、张秀琦，2013）。[4]

3. 基于"企业窖藏行为"

由于企业对未来市场需求的判断和现实情况总会存有一定程度的

---

[1] 中国金融四十人论坛课题组：《产能过剩的衡量与原因分析——一个文献综述》，《新金融评论》2017 年第 1 期。
[2] 马军、窦超：《我国钢铁行业产能利用率的测度及产能过剩影响因素分析》，《经济问题》2017 年第 2 期。
[3] 韩保江、韩心灵：《"中国式"产能过剩的形成与对策》，《改革》2017 年第 4 期。
[4] 唐吉洪、张秀琦：《基于博弈论的产能过剩围观形成机理分析》，《计算机与数字工程》2013 年第 3 期。

偏离，而生产要素从投入到产能形成又有一定的滞后性，如果预测未来需求呈增长趋势，理性企业面对跨期决策问题时，就会选择要素窖藏行为，即储备过剩产能来应对市场需求。如果在不完全信息条件下预测与现实确实出现了偏差，则因众多企业的窖藏行为造成的要素拥挤导致产能过剩的出现。为验证"窖藏效应"，孙巍等（2008）从数理分析和计量分析两个方面进行了实证检验，检验结果说明，"窖藏效应"确实会造成产能过剩的发生。①何彬（2008）利用随机动态优化工具得出了微观行为主体的窖藏行为是导致过剩产能形成的重要原因的结论。同时，通过实证分析认为，在信息不完备条件下，需求预期与收益预期的偏差也是产能过剩形成的一个重要原因。②

（二）体制性因素

大多数文献和学者都认为，我国的产能过剩问题之所以不能得到有效解决，反而愈演愈烈，其根本原因是体制性问题。我国的产能过剩有着鲜明的发展阶段特征和体制性特征，是多种原因叠加后导致的一种结果，表现出了明显的中国特色③，主要包括以下四个方面。

1. 分级财政体制

在我国现行的分级财政体制下，地方政府天然具有增加财政收入、发展地方经济的强烈冲动。地方政府实施的各项招商引资的优惠政策和为吸引投资而实施的补贴性政策，是导致我国某些行业出现产能过剩的主要原因。钱颖一等（1998）提出，由于两个方面的原因，我国的地方政府具有吸引投资和发展经济的强烈冲动：其一，行政权力的划分。改革开放以后，中央政府将管理经济的多项权力下放到地方政府，使地方政府可以相对独立地做出经济发展的相关决策。其二，财政分权的改革。中央政府与地方政府划分了财政收入的分享权

---

① 孙巍、何彬、武治国：《现阶段工业产能过剩"窖藏效应"的数理分析及其实证检验》，《吉林大学社会科学学报》2008年第1期。
② 何彬：《基于窖藏行为的产能过剩形成机理及其波动性特征研究》，博士学位论文，吉林大学，2008年，第56页。
③ 刘尚希、樊轶侠、封北麟：《"去产能"财政政策分析、评估和建议》，《经济纵横》2018年第1期。

和支配权，实行地方财政包干，使地方政府相对独立的财政利益得以确立（李平、江飞涛、王宏伟，2010）。① 1994 年，我国实行财政分权后，地方政府拥有了较独立的经济利益，有着强烈的动机吸引投资和发展本地经济。在现行行政体制和财政体制下，地方政府在整个经济体系中具有"准市场主体"的地位，具备"经济人"的特征，财政分权大大提高了地方政府的各种利益与地区经济发展的相关性，促使地方政府具有极强的动力去获得资金和资源，扩大投资规模（李平、江飞涛、曹建海，2015）。② 王立国和张日旭（2010）的观点是，我国现行财政体制滞后市场经济体制的发展要求。现行财政体制采取了财政分权、分税的办法，使地方财政收入的增收和 GDP 的增长成为地方政府努力追求的目标。③ 因此，地方政府会采取各种方式招商引资，增加本地区的投资，进而导致恶性竞争的出现和地区产业趋同现象的发生，由此造成过剩产能的出现。

2. GDP 导向的晋升考核体制

我国特有的以考核 GDP 增长为核心的地方官员晋升考核制度是中国式产能过剩形成的重要原因。郭庆旺和贾俊雪（2006）提出，由于地方财政利益的诱惑和政治晋升的双重激励，地方政府频繁违反税法的相关规定并利用土地的优惠政策吸引投资，地方政府的这种行为又引发了企业的投资跟进，导致重复投资现象发生，最终造成一些行业出现产能过剩。④ 程俊杰（2015）认为，我国实行的财政分权体制和长期以 GDP 为核心的政绩考核制度，诱使地方政府以强烈的冲动去利用各种政策吸引投资，包括低价出让土地、弱化环境约束、帮助获

---

① 李平、江飞涛、王宏伟：《重点产业调整振兴规划评价与政策取向探讨》，《宏观经济研究》2010 年第 10 期。

② 李平、江飞涛、曹建海：《产能过剩、重复建设形成机理与治理政策研究》，社会科学文献出版社 2015 年版，第 44 页。

③ 王立国、张日旭：《财政分权背景下的产能过剩问题研究——基于钢铁行业的实证分析》，《财经问题研究》2010 年第 12 期。

④ 郭庆旺、贾俊雪：《地方政府行为、投资冲动与宏观经济稳定》，《管理世界》2006 年第 5 期。

得贷款等,对企业投资进行干预。① 耿强等(2011)也认为,由于地方政府廉价提供土地及其他生产要素的变相补贴效应、地方政府降低环保治理标准的成本外部化效应、协调金融部门配套贷款行为下的企业自有投资过低导致严重的风险外部化效应,扭曲了要素市场价格、压低了投资成本,是产能过剩形成的主要影响因素。② 周黎安(2004)用数学模型的方法研究了地方官员的晋升激励与地区经济发展之间的关系,提出地区的 GDP 增长与地方官员的职务晋升存在明显的正相关关系;③ 在此基础上,周黎安(2007)构建了地方官员晋升锦标赛博弈模型,实证分析了在当时的晋升体制下地方官员的晋升与地方保护主义和重复建设的关系。④

谢国忠(2005)、江飞涛和曹建海(2009)、王立国和鞠蕾(2012)、陈剩勇和孙仕祺(2013)、翟东升(2013)、王立国(2010)、张卫国和程臻宇(2016)、周密和刘秉镰(2017)、陈俊龙和李佩姿(2018)等也都持相同的观点。

3. 预算软约束的投融资体制

投融资体制缺陷包括信贷歧视、信贷集中、流动性过剩和银行的预算软约束等。卢锋(2009)认为,现行的投融资体制缺陷使企业进入新领域的沉没成本被降低,现存的流动性过剩使金融资本市场上存在大量可用资金,信贷政策所体现的信贷歧视和信贷集中使信贷资金非正常集中到某个领域,使新进入这些领域的企业融资成本被降低,贷款更容易获得,沉没成本的抑制作用被削弱,进而加剧了产能过剩。⑤ 刘西顺(2006)认为,产能过剩与金融信贷的非正常倾斜直接相关。我国银行业为争夺大企业客户,采取了一系列竞争方法,致使

---

① 程俊杰:《转型时期中国地区产能过剩测度——基于协整法和随机前沿生产函数法的比较分析》,《经济理论与经济管理》2015 年第 4 期。
② 耿强、江飞涛、傅坦:《政策性补贴、产能过剩与中国的经济波动——引入产能利用率 RBC 模型的实证检验》,《中国工业经济》2011 年第 5 期。
③ 周黎安:《晋升博弈中政府官员的激励与合作——兼论我国地方保护主义和重复建设问题长期存在的原因》,《经济研究》2004 年第 6 期。
④ 周黎安:《中国地方官员的晋升锦标赛模式研究》,《经济研究》2007 年第 7 期。
⑤ 卢锋:《治理产能过剩问题探讨》,《中国房地产业》2009 年第 12 期。

大企业在获得银行信贷资金方面处于非常有利的地位，致使大企业可以得到远低于社会平均成本水平的、充足的和廉价的信贷资金，从而使大企业在握有大量资金的前提下，盲目投资市场热销的领域，结果造成一些领域低水平重复建设。① 江飞涛（2010）认为，产能过剩是由于转轨时期不完善的市场体制（尤其是土地、银行的模糊产权）和地方政府对企业投资行为的不当干预造成的，并以极具代表性的"铁本事件"作为例证验证了地方政府对出现产能过剩所起的作用。

韩国高（2011）利用面板模型的广义矩估计方法，对我国七个产能过剩行业进行了分析测算，通过建立变参数面板模型，证明了固定资产投资过度增长是导致产能过剩的直接原因。

4. 政府不当干预

中央政府对"重点"产业的企业制定了严格的准入门槛，导致社会资金涌向了沉没成本较低的产业，导致这些产业产能过剩。余东华和吕逸楠（2015）认为，中央政府干预失效和地方政府干预过度相互叠加形成了政府的不当干预，这是中国战略性新兴产业出现范围大、时间长和非周期性产能过剩的根本原因。谢国忠（2005）的观点是，由于我国在经济领域存在较多的行政干预，致使产能过剩行业要么过剩、要么紧缺，两者呈现一种周期性摇摆。宏观经济政策的紧缩力度不足，对资本的行政配置，是生产能力过剩的根源。② 陈剩勇和孙仕祺（2013）认为，中国产能过剩的形成机制有明显的特色，这个特色源于中国的全能型政府习惯并热衷于对市场及经济领域相关活动的硬性干预；源于以追求经济增长指标为主要政绩的评价体系；源于与政绩紧密联系的官员升迁体制；源于根深蒂固的地方本位主义理念。③ 徐滇庆和刘颖（2016）提出，产能过剩是过度投资的结果，而导致过度投资的主要原因是政府投资决策权过大，政府的强行干预使市场机

---

① 刘西顺：《产能过剩、企业共生与信贷配给》，《金融研究》2006年第3期。
② 谢国忠：《谁应该为中国产能过剩负责？》，《21世纪商业评论》2005年第8期。
③ 陈剩勇、孙仕祺：《产能过剩的中国特色、形成机制与治理对策——以1996年以来的钢铁业为例》，《南京社会科学》2013年第5期。

制难以正常发挥作用。①

王立国等（2012）对地方政府干预经济活动、企业的过度投资和产能过剩三者的关系做了理论推导，选取2005—2008年中国制造业26个行业中的676家上市公司的数据为样本，分析了地方政府干预经济活动对过剩产能形成中企业过度投资的媒介作用。② 研究结论认为，地方政府对经济活动的不正当干预不仅可以导致企业的非理性过度投资，致使产能过剩的发生，同时，还可以使企业内部成本外部化，使国有企业实现低成本扩张，这些都是造成产能过剩的体制性原因。

（三）政策性因素

1. 财税政策刺激

（1）扩张性财政政策刺激。从我国近20年的财政政策实践来看，我国实施的扩张性财政政策主要是增加财政支出，而且财政资金主要投向了基础设施建设（吕炜、刘晨晖，2013）。③ 如2009年的四万亿财政刺激政策，主要投向了基础设施建设领域，这些基础设施领域的建设项目多为大型国有企业承担，所以，财政资金的投入为这些企业扩大生产能力提供了契机。同时，由于体制性原因和政策导向性原因，这些大型国有企业可以更方便地从金融机构获得贷款，由此导致生产资料企业产能进一步扩张。江飞涛等（2016）指出，正是宏观刺激政策加剧了部分产业的产能过剩严重程度。为应对国际金融危机，政府实施的积极财政政策和宽松货币政策，促使短期内固定资产和房地产投资迅速增长，大大刺激了钢铁、水泥等资本品的市场需求，同时扭曲了市场信息，诱导了大量资金投向这些产业，导致产能快速增长。④ 何华武和马国贤（2017）进一步提出，当强刺激政策经过一段时间逐渐减弱后，由于财政政策刺激而形成的生产能力负面效应就会

---

① 徐滇庆、刘颖：《看懂中国产能过剩》，北京大学出版社2016年版，第267页。
② 王立国、鞠蕾：《地方政府干预、企业过度投资与产能过剩：26个行业样本》，《改革》2012年第12期。
③ 吕炜、刘晨晖：《经济转轨中的财政干预与政策效应——基于两次积极财政政策的评述与比较》，《财政研究》2013年第11期。
④ 江飞涛、李晓萍、贺俊：《财政、金融与产业政策的协调配合研究——基于推进供给侧结构性改革的视角》，《学习与探索》2016年第8期。

在两个方面显现出来：一方面，财政资金要逐步转化为相关经济主体的购买力，形成了潜在消费需求；另一方面，生产资料部门在刺激过程中形成的生产能力在政策淡出后显现为"过剩"，使生产资料的市场价格呈现下行趋势。①

（2）各种补贴和要素价格扭曲。钢铁、水泥等行业属于资本密集型行业，虽然行业产能呈现过剩状态，但这些行业对地方经济的发展和财政收入的增加有很大贡献。所以，一些地方政府出于增加地方财政收入、增加地方经济总量的考虑，采用各种行政手段，动用公共资源支持这些行业在本地的大、干、快上。虽然国家对这些行业多次强调要控制产能增长，但地方政府仍然利用各种补贴、税收返还和低价供应用地等措施鼓励和吸引这些行业的投资人在本地继续扩大生产能力。对因产能过剩濒临倒闭破产的企业，地方政府也从维护地方利益的角度出发，给予财政补贴和税收优惠等扶持，使本该退出的企业继续生存，导致产能过剩加重（夏力，2014）。②

2. 产业政策导向

我国现行的产业政策存在着明显的偏差和缺陷，这是导致我国现阶段出现产能过剩的重要原因（李平、江飞涛，2014）。③虽然我国已经实行了社会主义市场经济体制，但现阶段的产业政策还具有浓厚的计划经济色彩，还具有强烈的管制性特征，实施的是由政府替代市场机制直接干预市场运行的选择性产业政策。这种选择性政策既表现在设立各种目录指导，对相关行业和相关产品、相关工艺做出鼓励、限制、淘汰的具体规定，并通过财税政策、信贷政策和土地政策等政策倾斜来带动市场选择；也表现在对具体行业的市场结构与企业规模的取舍选择上；还表现在治理产能过剩的政策区别上。当前中国产业政策的着力点主要集中在推进产业结构优化和控制过剩产能两个方面

---

① 何华武、马国贤：《财政政策、产能过剩与通货膨胀动态》，《财政研究》2017 年第 7 期。

② 夏力：《化解我国产能过剩的财政政策思考》，《中国财政》2014 年第 18 期。

③ 李平、江飞涛：《化解产能过剩理顺市场与政府关系是关键》，《光明日报》2014 年 3 月 19 日第 15 版。

（江飞涛、李晓萍，2010）。① 但是，由于产业政策在制定过程中存在着信息不完备、理性有限、市场需求不确定以及政策制定部门对自身利益的保护等原因，使符合现实情况、符合市场供求变化规律的过剩产能治理方案难以问世。产业政策导向的偏差对过剩产能形成的影响主要表现在以下三个方面。

（1）产业政策与现实市场情况的背离。制定符合现实情况、符合市场供求变化规律的产业政策需要政策制定部门能够准确地获得全部市场信息，能够对未来走势有精准的判断，但是，由于现实经济运行的复杂性与多变性以及信息来源的分散性，加上政府官员预测能力的限制，使政策制定部门对产业发展趋势很容易出现误判，致使出台的产业政策出现偏差，如不顾我国现实情况片面追求"高精尖"的政策导向，很可能对具有市场需求的基础性产品形成"误伤"（张杰，2015）。② 凭借政府对市场供求状况的分析判断及发展趋势来认定是否存在产能过剩，并据此制定相应行业产能及产能投资调控措施和目标，妨碍了市场机制对供需矛盾调解作用的发挥，很可能加剧产能过剩的程度，最终难以从根本上治理产能过剩（江飞涛、李晓萍，2015）。③

（2）地方政府的非理性偏好。政府在经济运行中，没有完全持中立立场，而是具有明显的促进地区增长、增加地区财政收入、扩大地区就业等动因及利益追求。为此，地区的产业政策在制定和实施过程中，自然具有明显的地方政府偏好，在一定程度上诱发和促进了某些过剩产能的存在与发展。同时，由于地方政府可以把产业政策与经济手段统筹运用，扩大了地方政府以行政力量配置资源的能力，使企业的投资行为扭曲，使大企业由于受到政府扶持而缺乏参与竞争的内生动力，使

---

① 江飞涛、李晓萍：《直接干预市场与限制竞争：中国产业政策的取向与根本缺陷》，《中国工业经济》2010 年第 9 期。
② 张杰：《基于产业政策视角的中国产能过剩形成和化解研究》，《经济问题探索》2015 年第 2 期。
③ 江飞涛、李晓萍：《当前中国产业政策转型的基本逻辑》，《南京大学学报》（哲学·人文科学·社会科学）2015 年第 3 期。

小企业由于受到政府忽略对其实施资源配置的制约，难以快速发展。在这种状况下，产业政策反而阻碍和滞缓了企业对市场需求变化应有的快速反应，其结果是导致产能过剩的发生（江小涓，1999）。①

(3) 助推产业结构趋同的发生。在产业政策引导下，地方政府以此为导向鼓励更多企业向同一方向进行投资，而不考虑自身的资源禀赋和地区实际情况，导致全国范围内的产业结构趋同。这种产业政策引导下的产业趋同可能会加剧某些产业的产能过剩（张日旭，2012）。

(四) 结构性因素

1. 低进入壁垒和高退出壁垒

吕政和曹建海（2000）认为，由于行政进入障碍和退出障碍的存在，现有企业从过剩产业内退出或进入新兴产业，都存在着壁垒和困难，这种状况导致产能过剩延续或相对固化。在市场经济条件下，资产从特定行业退出有一定的障碍，这种障碍的存在制约了过剩产能退出。②张新海（2007）认为，落后产能退出存在经济性壁垒是由资产专用性决定的，即资源在用于特定用途后，形成专用资产，很难再作其他用途。资产专用性程度越高，资产所对应的生产要素在市场上实现流动和转让的可能性就越低，市场对此类资产的需求就越小，致使资产转让价格低廉，增加资本从落后产能领域退出的难度。③田艳芳（2010）认为，产能过剩行业进入壁垒与退出壁垒两者的高度不对称是过剩产能不能被有效吸收的主要原因。目前，我国处于经济转轨时期，一方面进入壁垒低造成大量企业进入；另一方面由于各种原因使退出壁垒高于进入壁垒，导致过剩产能得以存在。④

2. 产业集中度低

产业集中度是反映产业内资源在不同企业间的分布状况，用于衡

---

① 江小涓：《利用外资对产业发展的促进作用》，《中国工业经济》1999年第2期。

② 吕政、曹建海：《竞争总是有效率的吗？——兼论过度竞争的理论基础》，《中国社会科学》2000年第6期。

③ 张新海：《转轨时期落后产能的退出壁垒与退出机制》，《宏观经济管理》2007年第10期。

④ 田艳芳：《退出壁垒与过剩产能》，博士学位论文，东北财经大学，2010年，第1—2页。

量产业竞争性和垄断性的常用指标。梁金修（2006）的观点是，由于信息不对称，一些出资人往往选择扎堆热门领域投资，最终导致产业集中度降低，重复建设严重，过剩产能出现。① 万岷（2006）在从市场集中度视角分析我国钢铁产能过剩原因时，认为我国钢铁产业集中度明显偏低，呈现产能高度分散、大者不强、小者不弱的状况。这种状况不仅直接削减规模经济效益，致使钢铁企业之间过度竞争，而且由于分散重复建设导致产能过剩。② 韩国高（2013）也提出了相同的观点，认为我国钢铁产业集中度严重偏低，大量生产规模小、技术水平低、生产设备老化的中小企业涌入，产品同质化竞争激烈，市场准入门槛低，大量落后产能难以顺利淘汰等导致了我国钢铁企业产能过剩问题严重。③

3. 技术创新不足

行业技术水平不高可以直接导致行业出现产能过剩。在产能过剩的形成中，落后技术水平可以使进入门槛降低，引发和加剧重复建设与过度投资，进而导致产能过剩。在产能过剩治理中，技术水平落后会阻碍结构优化和产业升级，使过剩产能得以延续存在（王立国、高越青，2012）。④ 随着中国市场化进程的不断深化，原有享受政府"父爱"般关照的企业被逐步推向市场，去参与激烈的市场竞争。在这样的环境下，一些企业还深受原有资源刚性的影响，坚守原有产品的生产，缺乏产品技术和工艺创新，致使生产出的产品通常难以适合消费者的偏好和需求，最终导致产能过剩（李后建、张剑，2017）。⑤

需要指出的是，我国的产能过剩其表现形态有很多独特之处，如热门行业的"一哄而上"和"火上浇油"、过剩行业的"垂而不死"、

---

① 梁金修：《我国产能过剩的原因及对策》，《经济纵横》2006 年第 7 期。
② 万岷：《市场集中度和我国钢铁产能过剩》，《宏观经济管理》2006 年第 9 期。
③ 韩国高：《行业市场结构与产能过剩研究——基于我国钢铁行业的分析》，《东北财经大学学报》2013 年第 4 期。
④ 王立国、高越青：《基于技术进步视角的产能过剩问题研究》，《财经问题研究》2012 年第 2 期。
⑤ 李后建、张剑：《企业创新对产能过剩的影响机制研究》，《产业经济研究》2017 年第 2 期。

部分行业的"过剩与不足并存"等现象都是我国特有的（霍东生，2013），这些现象与西方产能过剩有着本质的不同，西方发达国家的产能过剩一般出现在经济周期的衰退期或产品生命周期的衰退期，在市场经济的价格机制和市场竞争"优胜劣汰"机制的作用下，会促使过剩产能尽快退出市场，进而重新实现供求关系的平衡。① 从我国经济转轨时期产能过剩的表现特征看，体制因素应是产能过剩的主要因素。目前，对于我国转轨时期出现的产能过剩，更为流行和广泛接受的观点是市场和政府双重因素的共同作用是产能过剩产生的原因。

三 关于产能过剩测度方法的研究

用什么方法测度过剩产能，国内学者也进行了多方研究，主要有两种测度思路与方法。

（一）借鉴国外学者方法估算产能利用率

国内学者近年来借鉴国外学者的研究方法对产能过剩的测算进行了广泛研究。从现有文献看，虽定性分析的文献多于定量分析的文献，但是，定量分析的方法也有许多学者采用，并测度了相关行业的产能利用状况。国内很多学者通过对工业普查数据的描述性统计分析获得了对产能过剩程度的认知（江源，2006；罗蓉，2006；韩国高，2013）。

1. 峰值法的应用

沈利生（1999）通过峰值法对我国的资本设备利用率进行了测算，并利用调整的劳动力投入估算了我国的潜在生产能力。② 边雅静和沈利生（2004）、熊思觅（2011）、徐箐和陈思琪（2014）利用峰值法对我国部分工业行业的产能利用率进行了测算。

2. 生产函数法的应用

沈坤荣等（2012）利用生产函数法测算了35个工业行业的产能利用率，发现42.8%的行业都存在不同程度的产能过剩状况，且程度还有扩大和严重的趋势。并认为，测算出的结果具有良好的效度，适

---

① 中国金融四十人论坛课题组：《产能过剩的衡量与原因分析——一个文献综述》，《新金融评论》2017年第1期。
② 沈利生：《我国潜在经济增长率变动趋势估计》，《数量经济技术经济研究》1999年第12期。

用于对现有产能进行评判。① 同时，一些学者如郭庆旺和贾俊雪（2004）、韩国高（2010）、黄梅波和吕朝凤（2010）、中国人民银行营业部课题组（2011）、齐红倩等（2014）、钟春平和潘黎（2014）、王辉和张月友（2015）、余东华和吕逸楠（2015）等也都分别运用生产函数法及相关方法的结合来度量了不同行业的产能利用水平，进而测度这些行业产能过剩状况。通过实证分析，认为如果产能利用率低于70%，就可判断产能过剩较为严重。根据测算结果，研究产能过剩的形成机理和应采取的对策。

3. 成本函数法的应用

孙巍、李何等（2009）在应用成本函数法测算1997—2006年我国28个制造行业产能利用率的基础上，还应用面板数据协整理论论证并得出了产能利用水平与固定资产投资之间存在协整关系的结论。② 韩国高和高铁梅等（2011）以微观经济学中的生产、成本和均衡理论为研究基础，运用成本函数法对我国制造业28个行业1999—2008年的产能利用水平进行度量，测度出产能利用率长期徘徊在79%，根据测度结果得出黑色金属、有色金属、石化炼焦、化学原料、非金属矿物制品、化学纤维、造纸制品七大行业存在产能严重过剩的结论。

4. 数据包络分析法的应用

王磊（2012）利用DEA测算了我国29个省份和直辖市1998—2010年的产能利用率。何彬（2009）、董敏杰等（2015）利用DEA对我国工业行业2001—2011年的产能利用率进行测度，结果是工业平均产能利用率为69.3%，产能利用率下降是从2009年开始显现的。③ 冯东梅等（2015）运用DEA对我国煤炭产业1980—2013年的

---

① 沈坤荣、钦晓双、孙成浩：《中国产能过剩的成因与测度》，《产业经济评论》2012年第4期。

② 孙巍、李何、王文成：《产能利用与固定资产投资关系的面板数据协整研究——基于制造业28个行业样本》，《经济管理》2009年第3期。

③ 董敏杰、梁泳梅、张其仔：《中国工业产能利用率：行业比较、地区差距及影响因素》，《经济研究》2015年第1期。

产能利用率进行了测度，年均产能利用率仅为72.03%。[①]

5. 结构向量自回归法的应用

赵昕东（2008）、郭红兵（2010）、倪中新（2016）都采用SVAR相关模型估算了我国的产出缺口。

6. 协整法的应用

倪中新等（2016）、马轶群（2017）使用协整法测度了我国制造业28个细分行业产能过剩程度。同时，对技术进步和政府干预对选定行业产能过剩的影响采用面板模型进行了检验。[②] 程俊杰（2015）采用协整法和随机前沿生产函数分析法测度了我国工业行业2001—2011年各地区产能利用率，发现绝大多数地区的产能利用率基本在85%—100%波动，但河北、山西、辽宁、江苏、山东和广东等地近年呈现产能利用率下降的趋势。[③]

（二）建立指标体系度量产能过剩程度

周劲（2007）认为，对产能过剩的评判指标可以采用产能利用率、企业存货水平、产品价格、资金利润率、企业亏损面等经济效益指标、非市场化因素等。[④] 在这之后，周劲和付保宗（2011）又从经济、社会和环境效应三个方面建立了判断产能过剩程度的指标。包括产能利用率、工业品出厂价格、成本费用利润率和资金利税率、企业亏损面、闲置资产、失业人员、银行呆坏账和三废排放八个指标。王兴艳（2007）从三个层级构建了产业产能过剩的评价指标体系，包括总体层、系统层和变量层三个层级。总体层综合反映行业产能过剩的总体情况；系统层从不同侧面反映产能过剩的状况，分为固定资产、产需和库存、行业效益和价格和劳动四个子系统；变量层是对系统层

[①] 冯东梅、王森、翟翠霞：《中国煤炭产业产能利用率估算与影响因素实证研究》，《统计与信息论坛》2015年第12期。

[②] 马轶群：《技术进步、政府干预与制造业产能过剩》，《中国科技论坛》2017年第1期。

[③] 程俊杰：《中国转轨时期产能过剩测度、成因及影响》，中国财经出版传媒集团2015年版，第45—47页。

[④] 周劲：《产能过剩的概念、判断指标及其在部分行业测算中的应用》，《宏观经济研究》2007年第9期。

的每一个子系统进行刻画,共选取了 17 个指标来反映子系统产能过剩的数量和强度。① 刘晔和葛维琦(2010)基于供需平衡的角度,采用问卷调查方法构建产能过剩的评价指标体系,包括 5 类一级指标和 14 类二级指标。指标分为供给能力、供需状况、经营状况、需求变动和在建产能五个类别。② 冯梅和陈鹏(2013)选取了产能利用比率、库存变动比率、利润率变动比率、价格变动比率 4 项指标,利用这 4 项指标采用综合指数法进行了 1996—2012 年我国钢铁行业产能过剩程度的量化分析,同时结合灰色预警模型又对未来三年我国钢铁行业产能过剩走势做了预警分析。③ 中国人民银行天津分行课题组(2017)提出,度量行业产能过剩的状况和程度可采用产能利用率、存货水平、成品资金占用率和资产利润率 4 个指标。表 2-2 汇总了文献中常用的几个衡量产能利用程度和产能过剩状况的指标。

表 2-2　　　　　　　　　衡量产能过剩的主要指标

代表文献	主要指标
周劲(2007)	产能利用率、企业存货水平、产品价格、资金利润率、企业亏损面等其他经济效益指标、非市场化因素等
王兴艳(2007)	总体层、系统层(固定资产、产需和库存、行业效益和价格、劳动)、变量层
刘晔、葛维琦(2010)	供给能力、供需状况、经营状况、需求变动、在建产能
周劲、付保宗(2011)	产能利用率、工业品出厂价格、成本费用利润率、资金利税率、企业亏损面、闲置资产、失业人员、银行呆坏账、三废排放
冯梅、陈鹏(2013)	产能利用比率、库存变动比率、利润率变动比率、价格变动比率
中国人民银行天津分行课题组(2017)	产能利用率、存货水平、成品资金占用率、资产利润率

资料来源:笔者整理。

---

① 王兴艳:《产能过剩评价指标体系研究初探》,《技术经济与管理研究》2007 年第 4 期。
② 刘晔、葛维琦:《产能过剩评估指标体系及预警制度研究》,《经济问题》2010 年第 11 期。
③ 冯梅、陈鹏:《中国钢铁产业产能过剩程度的量化分析与预警》,《中国软科学》2013 年第 5 期。

四 关于产能过剩治理对策的研究

对产能过剩的治理，国内学者经过研究，主要提出了以下六个方面的治理对策。

（一）依靠市场机制调节

1. 发挥市场机制作用，实现过剩产能压解

在我国市场经济体制背景下，很多学者认为，市场对资源配置的决定性作用也应该体现在化解过剩产能的过程中，通过更好地发挥市场机制作用实现过剩产能的压解。市场经济本质就是过剩经济，市场经济具有自我调节功能（左小蕾，2006）。① 产能过剩是一种市场现象，应通过市场机制来解决（徐滇庆、刘颖，2016），产能过剩是资源配置效率低下的具体体现，而市场机制可以通过自我调节功能实现资源的有效配置。为此，要适应和遵循市场经济的运行规律，通过市场价格机制和竞争机制的作用化解过剩产能（殷保达，2012）。②

2. 增加有效需求

由于市场在资源配置中的决定性作用，使市场可以通过自我调节来解决产能过剩问题。要通过增加有效需求，如扩大内需、开拓国际市场等途径来化解过剩产能，减轻供大于求的压力（张嘉国，2012；冯俏彬、贾康，2014；张弛、张曙光，2014）。③

3. 注重多种方式协同推进

要按照市场出清的原则，运用市场手段，化解过剩产能、优胜劣汰和平衡供需，完善产能市场交易机制，注重市场内生性机制的建立与完善。同时，去产能要坚持行政化、市场化和法治化的协同推进（张占斌、孙飞，2017）。④

（二）深化体制改革

在我国，经济体制的状况对经济运行方式有着重大甚至是决定性

---

① 左小蕾：《产能过剩并非根源》，《中国电子商务》2006 年第 3 期。
② 殷保达：《中国产能过剩治理的再思考》，《经济纵横》2012 年第 4 期。
③ 冯俏彬、贾康：《投资决策、价格信号与制度供给：观察体制性产能过剩》，《改革》2014 年第 1 期。
④ 张占斌、孙飞：《"去产能"的相关问题探讨——兼评邯钢的经验及启示》，《理论探索》2017 年第 10 期。

的影响。由于深层次的体制原因,使地方政府和企业的行为被扭曲,导致产能过剩的发生(江飞涛,2010)。因此,化解过剩产能必须要以深化体制改革为重点,构建防范和化解产能过剩的长效机制。

1. 转换政府职能,努力减少政府对市场的行政性干预

要充分认识到政府过度的行政干预是我国部分行业出现产能过剩的重要原因。为此,要加快政府职能的转换,推动政府职能加快向服务型政府职能的转变,真正使市场在资源配置中发挥决定性作用(李江涛,2006;江飞涛、李晓萍,2010;李长安,2011[①],胡应泉,2017[②])。

2. 深化财税体制改革和投融资体制改革

要完善中央与地方之间的利益分配机制,使地方政府的财权和事权相统一,拥有的权力和承担的责任相统一。为此,要科学界定各级财政的事权和支出责任,形成中央与地方合理的财力格局(刘尚希,2017)。在财政支出管理体制上,财政支出应注重为社会提供公共产品和公共服务,而不应该对竞争性领域的企业提供财政补贴(郭庆旺、贾俊雪,2006;程俊杰,2015;付钦太,2016)。要加快分税制度改革,弱化经济增长和地方财政收入之间的联动关系,这里的重点是要加快增值税由生产型向消费型转变,把消费税作为地方政府的主体税种(桑瑜,2015)。[③] 黄铁苗等(2017)认为,消费税作为主体税种后,各级政府就会把工作着力点转向消费,而不是只重视投资建设,这可从源头上遏制地方政府的投资冲动,引导政府和企业理性投资,避免因盲目投资导致的产能过剩。[④]

3. 改变地方政府官员的政绩考核及晋升制度

以 GDP 增长为核心的政绩考核与晋升体制,必然促使地方官员为获得短期经济增长业绩,而制定各种优惠政策,鼓励企业增加投资,

---

[①] 李长安:《通胀与产能过剩并存凸显发展困境》,《财会研究》2011 年第 18 期。

[②] 胡应泉:《我国产能过剩现象的成因及治理对策》,《湖南工业大学学报》(社会科学版)2017 年第 12 期。

[③] 桑瑜:《政策层面的反思与实证》,《财政研究》2015 年第 8 期。

[④] 黄铁苗、蒋鑫:《我国产能过剩的体制原因与对策研究》,《岭南学刊》2017 年第 1 期。

扩大生产能力，致使市场出现产能供给大于需求的状态，使产能利用率降低，最终导致产能过剩（张林，2016）。① 为此，要改革官员晋升考核体制，要推进政绩考核机制从主要考核 GDP 增长、财政收入增长向综合考核经济、社会、民生、生态和可持续发展总体状况的转变（沈坤荣，2012）。要构建多元的地方官员政绩考核指标体系，削减 GDP 的影响，强化对本地企业产能利用率、工业消耗、污染排放强度、社会福利情况、社会就业状况、民生改善、贫富差距缩小和经济增长质量提高等多项指标的考核，以此削弱地方官员过度干预地方经济和误导企业投资行为，以缓解产能过剩的状况（王文甫、明娟、岳超云，2014）。②

(三) 发挥政策激励和导向作用

1. 完善财政政策

一是要强化财政政策的激励和保障功能，要以合理的财政补贴对企业化解过剩产能的损失给予适当补偿，对企业在去产能过程中跨地区并购重组和向国外转移过剩产能给予必要的财税政策支持（夏力，2014）。

二是要完善财政支付方式。明确财政重点支持领域，通过贷款贴息、投资补助和以奖代补等方式，加大对钢铁生产工艺和技术创新的支持力度，淘汰落后产能（秦海林，2013）。

三是要加大财政投入，促进产业调整和升级，支持企业并购重组。

四是加强资源税改革。扩大资源税征收范围，设立较高的资源税率，特别要提高不可再生资源税的税额，拉大各档税额之间的差距，倒逼资源使用效率低的企业淘汰落后产能或退出市场（王立国，2010；李正旺等，2014）。③

---

① 张林：《中国式产能过剩问题研究综述》，《经济学动态》2016 年第 9 期。
② 王文甫、明娟、岳超云：《企业规模、地方政府干预与产能过剩》，《管理世界》2014 年第 10 期。
③ 李正旺、周靖：《产能过剩的形成与化解：自财税政策观察》，《改革》2014 年第 5 期。

五是要调整要素价格，政府要实施减税的财政政策，以此刺激国内市场消费（郭长林，2016）。①

六是要加快开征环境税。对高污染行业按高税率征收，建立钢铁等产能绿色认证体系，将环境污染严重的钢铁低端产能纳入征税范围，将其造成的环境污染外部成本转为企业自身承担，同时明确征税主体，调动地方政府淘汰落后产能的积极性（秦海林，2013）。

2. 完善产业政策

一是加快产业政策自身的转化。要从干预市场和替代市场的选择型产业政策，转为实施以增进市场机能、扩展市场作用范围与补充市场不足为特征的功能型产业政策。产业政策的功能应该是为发挥市场在资源配置中的决定性作用提供制度基础和运行规则，要通过产业政策使市场能够保持良好的运行状态（江飞涛、李晓萍，2015）。

二是调整产业政策导向。产业政策在实施过程中应将政策性补贴从"输血"向"造血"转变，产业政策导向应该为企业创造有利于合作和有效竞争的市场结构（胡荣涛，2016）。

三是改变产业政策实施方式，对不同产业实现分类指导策略。其一，对竞争性产业要更多地依靠竞争性政策，发挥市场机制作用，实现优胜劣汰和资源再配置；其二，对自然垄断产业要通过必要的竞争性政策促其改善经营，提高效率；其三，对行政垄断产业，产业政策与竞争政策协调搭配，为竞争政策发挥作用创造条件（张杰，2015）。

（四）优化产业结构

1. 要加快淘汰落后产能

抓住当前产能过剩的时机，各地政府应采取行政、经济和法律等多种手段，淘汰落后产能。对生产技术落后、污染严重和资源浪费的小企业，要坚决淘汰或关闭。这既是治理产能过剩的重要手段，也是优化产业结构、提高经济效益的迫切需求（魏后凯，2001；卢中原，

---

① 郭长林：《财政政策扩张、纵向产业结构与中国产能利用率》，《管理世界》2016年第10期。

2009；盛朝迅，2013；赵振华，2014）。①

2. 要加强供给管理

史贞（2014）认为，化解过剩产能，要注重供给结构的优化。在化解过剩产能的具体策略中，要特别关注产品结构和产业结构的优化，推进产业的技术创新和产业的转型发展。何敏峰（2014）认为，要加强金融信贷资金供给的管理，以信贷资金的选择性供给控制过剩产能，对过剩产能形成倒逼机制，以此来促进产业结构的优化与产业的转型升级。胡荣涛（2016）、鞠蕾等（2016）提出，化解中国式产能过剩，必须加强供给侧管理，完善市场机制，让市场在资源配置中起决定性作用。② 通过供给侧结构性改革，提高供给体系质量和效率，实现去产能的目的，进而实现社会总供给与总需求的平衡（周贝贝，2018）。

3. 推进产能过剩行业的兼并重组

推进企业跨区域资产重组，不仅有利于减少行业中的企业数目，还可以促进地区加快发展优势产业，提高资源在区域间的优化配置（陈玲，2004；王立国、高越青，2012）。③ 为减少去产能带来的负面冲击，诸如职工下岗失业、债务无法清偿等，应以减量化兼并重组为主，以破产清算为辅（潘文轩，2016）。④

4. 提升创新能力，推进技术进步

企业创新能够有效地提高大中型企业的产能利用率，可以将企业创新视为化解产能过剩的有效途径（李后建、张剑，2017）。要通过产品与服务创新、工艺创新、管理创新及营销创新来有效对接市场需求，进而根据需求调整生产能力，这是去产能的有效工具（张倩肖、

---

① 赵振华：《关于产能过剩问题的思考》，《中共中央党校学报》2014年第1期。
② 鞠蕾、高越青、王立国：《供给侧视角下的产能治理：因素市场扭曲与产能过剩》，《宏观经济研究》2016年第5期。
③ 王立国、高越青：《基于技术进步视角的产能过剩问题研究》，《财经问题研究》2012年第2期。
④ 潘文轩：《化解过剩产能引发负面冲击的总体思路与对策框架》，《财经科学》2016年第5期。

董瀛飞，2014；夏晓华等，2016）。① 马轶群（2017）通过实证分析提出技术进步能够显著提升制造业的产能利用率，化解产能过剩。要努力培育和发挥企业的自主创新能力，鼓励企业依据市场需求确定研发和创新方向，对研发路线和产品选型等活动交给企业按市场发展趋势确定，减少政府对企业创新活动的行政干预，最大限度地发挥技术进步的效用。②

（五）推进投资拉动向消费拉动转变

我国以往的粗放型经济增长方式，过度依靠投资拉动，进而引发过度投资和重复建设，导致部分行业出现产能过剩。对此，很多学者提出，从根本上治理产能过剩，要从转变经济增长方式着手，要把过去经济增长主要靠投资拉动转变为靠消费拉动，要扩大国内消费需求，来缓解产能过剩（张末楠，2013）。具体来说，应采取以下措施：

第一，增加居民收入。完善收入分配和再分配关系，降低个人所得税率，增加财政消费补贴，提高居民的购买力（曹海霞，2008）。

第二，扩大各级政府在公共服务上的投入。如加大财政在教育、社保和医疗等领域的投入，完善社会保障体系建设，扩大社保覆盖面，消除居民后顾之忧，放心大胆地去消费（李正旺、周婧，2014）；在扩大国内需求的过程中，要努力推进消费结构的调整优化，在全社会营造消费者乐于享用的消费环境（付保宗，2011）。

第三，支持劳动密集型中小企业发展。增加就业岗位，利用财政投资开办各类就业指导和技能培训班，增加居民就业机会，以就业带动消费。

（六）向国外投资和产业转移

吕品等（2016）等提出，国际需求的增加对提高产能过剩行业的产能利用率有重要作用；③ 杨振兵等（2015）也认为，企业对外投资

---

① 张倩肖、董瀛飞：《渐进工艺创新、产能建设周期与产能过剩——基于"新熊彼特"演化模型的模拟分析》，《经济学家》2014年第8期。
② 马轶群：《技术进步、政府干预与制造业产能过剩》，《中国科技论坛》2017年第1期。
③ 吕品、李超超、杨君：《外部需求扩张能否提高中国制造业的产能利用率——基于GMM和LSDV法的面板数据分析》，《国际贸易问题》2016年第7期。

有助于缓解产能过剩状况①；倪中新等（2016）等基于国际货币基金组织对各国GDP增长率的预测和中国钢铁产能不再增加的条件，认为"一带一路"倡议可逐年化解中国钢铁产业过剩产能。②为此，结合"走出去"和"一带一路"倡议，采取多种措施，直接对外投资，加强国际产能合作，将过剩产能转移到国外（李晓华，2013）。③王自锋和白玥明（2017）利用2005—2007年相关数据，对中国制造业产能利用率与对外直接投资的关系进行了实证分析，得出的分析结论是：中国的体制性产能过剩是影响海外投资的重要因素，当国内有效需求不足时，对外直接投资是必然选择。现实中，海外投资和产业转移是去产能有效措施。④

第三节　产能过剩研究述评

产能过剩问题不仅是我国经济发展中出现的一大难题，也是困扰世界主要发达国家和发展中国家共同的一个难题。从国内外对产能过剩相关问题的研究中可以得出以下结论和启示。

一　关于产能过剩的内涵

自张伯伦在1933年提出产能过剩概念以来，国外学者基本沿着不同的视角进行分析，但主要是基于微观视角对产能过剩内涵进行分析。我国对产能过剩的研究虽然起步较晚，但伴随着改革开放后出现的四次较大规模的产能过剩，国内学者纷纷对产能过剩相关问题进行研究，研究成果颇丰。由于我国正处于经济体制转轨时期，宏观因素对产能过剩形成有重要影响，因此，对产能过剩的概念认识也是从微

---

① 杨振兵、张诚：《中国工业部门产能过剩的测度与影响因素分析》，《南开经济研究》2015年第6期。

② 倪中新、卢星、薛文骏：《"一带一路"倡议能够化解我国过剩的钢铁产能吗？——基于时变参数向量自回归模型平均的预测》，《国际贸易问题》2016年第3期。

③ 李晓华：《后危机时代我国产能过剩研究》，《财经问题研究》2013年第6期。

④ 王自锋、白玥明：《产能过剩引致对外直接投资吗？——2005—2007年中国的经验数据研究》，《管理世界》2017年第5期。

观、中观和宏观三个层面来理解。

二 关于产能过剩的原因

西方学者认为，产能过剩主要是市场失灵造成的，主要包括市场预期不确定、信息不对称、寡头垄断合谋阻止威胁的竞争策略等因素。而与之相对应的政府失灵主要发生在发展中国家或社会主义制度国家。我国学者认为，中国式产能过剩的主要原因不仅有市场因素，更有转轨时期的体制性、政策性和结构性因素。众多研究者普遍认为，我国的产能过剩主要是由体制性因素造成的。主要包括：不合理的政府官员选拔和晋升机制、财政分权体制、财政政策刺激和产业政策导向等。但是，对具体某一影响因素的研究还相对较少，本书从财政视角出发，对财政体制和财政政策对过剩产能的影响进行深入分析，并努力探寻解决路径。

三 关于产能过剩的测度

国内外学者普遍接受运用产能利用率作为度量产能过剩的指标，并根据研究需要，采用不同测度方法对产能利用率进行度量，以判断产能利用状况。西方国家学者提出了直接测度和间接测度方法，以定量方法进行实证分析。我国在产能过剩测度的研究上起步比较晚，也没有统一的标准。国内研究者大都根据研究目的，结合我国国情，沿着两种思路和方法对产能过剩进行度量：一是借鉴西方产能过剩的测度方法，对工业领域的产能利用状况进行测度，并对过剩产能解决路径提供了有益的建议；二是建立指标体系度量产能过剩的程度，从多个方面综合判断产能过剩状况。

四 关于产能过剩的治理对策

治理过剩产能，国内外已有大量的研究成果。国外研究主要是通过市场自身的运行机制，辅之以政策引导来解决产能过剩。我国相关文献主要是从市场机制的自我调节、体制改革、政策激励和引导、结构优化等方面提出治理产能过剩的对策。

从现实来看，还有以下继续深入研究的空间：

第一，现有研究较多地借用国外去产能的理论成果和相关做法。国外特别是西方发达国家经济运行的基础体制、背景与我国现实的经济状况有着明显的差别，国外产能过剩产生的原因也与我国产能过剩产生的原因有着本质差别。所以，我们需要学习和借鉴国外相关理论研究成果和实践经验，但绝不能把国外的研究成果和操作方法全盘照搬到我国。我们必须要立足中国国情，弄清中国产能过剩产生的原因，找出中国去产能的方法和路径。

第二，国内既有研究理论色彩偏重。有些研究成果具有明显的从理论到理论的色彩，这些研究成果对于指导我国去产能的实践还有一定距离。推进中国过剩产能的化解，必须强调操作性和现实性，其研究成果应该与现实操作零距离对接，实现对工作实践的直接指导。这既是值得深入研究的课题，更是现实工作的迫切要求，也是本书力求回答的问题。

第三，财政政策在政府政策体系中占有重要地位，具有独特的功能，应该也完全可以在推进供给侧结构性改革、完成去产能任务中发挥更重要的作用。既有财政政策作用于去产能的相关研究，较多地关注财政资金的支出方式及对去产能行业补贴方式。在强调市场化、法制化去产能的背景下，这样的研究明显站位偏低、视角偏窄。财政政策完全可以与市场机制融合在一起，完全可以按市场规则发挥调控和引导经济发展走势、推动产业结构升级的作用，财政政策的实施完全可以带来产业发展机制的改变。因此，对去产能财政政策的研究，具有广阔的研究空间，具有重要的理论价值和强烈的现实意义。

第三章 去产能财政政策的理论基础

第一节 去产能的相关概念

一 产能过剩的内涵和特征

(一) 产能的内涵界定

产能一般是对某行业或企业生产能力的简称,是指一定时期内和一定生产技术组织条件下,经过综合平衡后,所能生产出一定种类的产品或提供服务的最大数量。生产能力反映着行业或企业拥有的生产加工能力,也反映着行业或企业的生产规模。

产能的内涵一般包括三个类别:一是设计产能,也叫工程产能。它是指企业对所占用的生产设备按其设计时确定的生产能力。既然叫设计能力,也就是说,这种产能是在设计任务书文件中做出明确界定的生产能力,这种生产能力带有经验数据的色彩。例如,任何一种设备在每个年度内都要标定需要检修的时间,如果设备维修保养得好,检修时间可以缩短;如果设备保养得不好,停产检修时间就要延长。因此,管理水平不同,即使设备的设计能力相同,实际产能也可能不同。某一个行业宏观产能尽管有多种方法推算,但最常用的或准确度最高的应该是工程产能。某一时期某一企业产能总量 = 设备数量 × 设计生产能力。二是经济产能。它是指企业在生产中效益最好、成本最低时的生产能力。任何一种设备都存在经济产能和最大产能之分。最大产能是在极端情况下实现的产能,即按设备的极限能力进行生产所表现出来的产能。而经济产能是指设备耗损、原材料占用及产出效率几个因素综合考虑最佳时的产能。三是潜在产能。它是指事实上存在，而现实中没有表现出来的生产能力。如当某种设备的利用率不足时，产能就不会充分利用，没有被充分利用的这部分产能就是潜在产能。但是，一旦条件具备（如市场需求量增加），潜在产能就可能立即转化为现实产能。

（二）产能过剩的一般内涵和特征

产能过剩从字面上理解，是指生产能力的供给大于需求，从而供给能力出现闲置的状态。简单地说，就是生产能力的总和大于消费能力的总和。学者对产能过剩也有两种观念：一种认为供大于求就是产能过剩。另一种认为供大于求还有两种不同的表现形态：一是供给略微大于需求。也就是说，除满足有效需求以外，还包括必要的库存和预防某些意外事故发生的需要，这种过剩应视为合理的过剩。二是总供给不正常地超过总需求达到一定程度，可能对经济运行产生影响时就是产能过剩状态，产能过剩是有效需求不足的产物。产能过剩的实质是供给和需求的结构性失衡或扭曲，是产能利用程度较低的一种状态。从短期看，可以通过库存或存货来调节；从长期看，供需持续脱节就会出现经济下行，从而引发一系列不良经济社会后果。

从市场经济供求平衡的视角分析，所谓产能过剩，是指某行业可向市场提供产品的生产能力大大超过市场有效需求能力而引发生产能力出现闲置的状态。产能过剩主要表现为市场上供给远大于需求，导致产品销售价格下降，进而使产业盈利空间严重被压缩。根据这一界定，产能过剩有三个特征：一是产能过剩是市场经济运行中出现的供求关系失衡的特殊现象，即只有当某种产品在市场上表现为供过于求时，才说明这种产品的生产能力超过了市场有效需求能力，出现了产能过剩现象。[①] 这一特征表明离开了市场就无从讨论产能过剩。二是产能过剩的基础在生产领域，当某行业的生产能力大大超过市场有效需求能力时，生产领域的存量生产要素就不能得到充分利用，部分生产

---

① 李江涛：《产能过剩：问题、理论及治理机制》，中国财政经济出版社2006年版，第31—32页。

能力进入闲置状态。三是产能过剩意味着生产与消费的效率和效益都大大降低，社会资源出现浪费，这会对经济运行产生影响和冲击。

（三）中国式产能过剩的内涵和特征

20世纪90年代前，我国市场供求基本是"短缺"状态。自20世纪90年代起，我国部分行业出现了生产过剩现象，当时国内大都用"重复建设""过度投资""过度竞争""过度进入"等术语来形容这种现象。这些术语虽略有差别，但基本都指向我国工业经济领域出现产能过剩的现象。发达国家出现的产能过剩主要是市场经济运行中周期性的表现，即当经济周期进入萧条时期时，市场有效需求不足而导致许多产业的生产能力利用不足，带来一定程度的产能过剩；而当经济周期进入到繁荣时期时，市场有效需求增加又促使这些产业生产能力利用率提高，产能过剩问题得以解决。我国的产能过剩既有周期性因素影响，又有非周期性因素影响。非周期性因素又可划分为体制性产能过剩和结构性产能过剩[①]，体制性产能过剩是指在一定的社会经济环境下，由相应的体制、机制和政策等非市场因素直接或间接地影响到市场的供需关系，导致供给大大超过市场需求而引起的产能过剩状况；结构性产能过剩是指在经济运行中，某一产业或企业的供给能力没有适应市场需求趋向而出现的大量技术落后产能，由此出现供给大于需求的状态而导致的产能过剩状况。从20世纪90年代初至今，我国出现的四次较大规模产能过剩现象，都与改革开放后经济体制的市场化改革有密切关系。正是由于我国在这一时期处于从计划经济体制向完全市场经济体制的转型过程中，使我国面临着比发达国家更为严峻和特殊的产能过剩问题。

从历史沿革与现实状况分析，所谓中国式产能过剩，是指在经济转型时期由经济周期性原因和非周期性（体制性和结构性）原因并存导致的投资非理性膨胀和行业偏好，带来的行业供给能力大大超过市场有效需求能力的经济现象。

---

① 周劲、付保宗：《我国工业领域的产能过剩问题研究》，中国计划出版社2014年版，第5—6页。

这一定义包含三个特征：一是中国式产能过剩是经济运行中周期性原因和体制性及结构性等非周期性原因共同作用的结果。周期性原因反映着市场经济条件下产业结构周期性波动的一般规律；体制性原因反映着我国现行财政体制和行政管理体制等对经济发展产生着重要影响，特别是政府的引导与干预对某些产业出现严重的产能过剩有着直接关系；结构性原因反映着产业技术创新未能跟上市场需求的步伐，产品附加价值低，形成低端和落后产能，导致产能过剩。二是中国式产能过剩具有浓厚的非理性投资色彩。我国现行经济管理体制下的利益格局（财政分权体制和官员的晋升选拔体制），使各级政府和企业都有可能在一定时期、一定条件下产生投资的冲动，呈现非理性投资和过度投资，导致或加剧了产能过剩现象的发生。三是中国式产能过剩带有明显的阶段性色彩。在中国经济发展的不同阶段和不同历史时期，由于现行经济体制的引导与约束、现实经济发展阶段的需求层次与条件支撑状况，都使我国出现的产能过剩具有明显的体制性特征和经济发展水平上的阶段性特征。这使我国每一轮产能过剩的出现，都会与以前曾经出现的产能过剩在分布领域、形成原因、影响范围和严重程度等方面表现出明显的差异性。这就需要我们用与时俱进的方式去面对和化解中国式的产能过剩问题。

（四）产能过剩与过度进入、重复建设

以贝恩为代表的产业组织理论认为，进入壁垒和进入障碍是决定产业内企业数目和企业规模分布以及产业长期利润水平的主要因素。[①]过度进入是指在同一时期大量企业涌入具有发展潜力的行业中，导致行业内企业数目过多、生产能力过剩、效益下降和利润降低，但还不容易退出，带来市场均衡恶化、市场秩序混乱等问题的一种现象。[②]

过度进入会带来重复建设，一般认为，重复建设是我国经济发展进程中的一个特有现象。在传统体制下，生产什么、生产多少和谁来

---

① 干春晖：《产业经济学教程与案例》，机械工业出版社2006年版，第47页。
② 原毅军、丁永健：《产业过度进入问题研究评述》，《大连理工大学学报》（社会科学版）2000年第3期。

生产都是由计划来决定的,这基本不存在重复建设。在市场经济体制下,重复建设是指当某行业向社会提供产品或服务的能力已经能够满足现有社会需求时,新增投资继续进入该行业,致使该行业提供产品和服务的能力明显超过社会现有需求总量的状况,从而造成行业内的过度竞争、产业结构趋同和经济效益下降。重复投资可以在各个产业和地区出现,可以说重复建设就是因各行业、各地区盲目投资或过度投资而导致的生产能力过剩。①

二 产能过剩的判断和评价指标

(一) 产能利用程度判断

目前,国内外较多采用产能利用率指标来判断产能是否过剩。产能利用率是反映产能利用程度的最常用指标,它是指实际产量与生产能力的比值。一个行业的产能利用率(CU) = Y/Y^*,其中,Y代表行业内企业产量之和,Y^*代表行业的总产能。现实中实际产量数据比较容易测得,但生产能力一般没有现成的数据,需要采用一定的计算方法,这在上一章文献综述中已经做过分析。美国、日本和德国等国家很早就对产能利用率指标进行工业统计和分析,我国目前没有国家统一发布的工业产能利用率指标。

那么产能利用率达到多少时,表明生产能力得到了充分利用?产能利用率落入什么区间,产能过剩就出现了?总体来说,除极少数行业外,在市场经济的竞争条件下,多数行业产能利用率很难达到100%,总会出现一定的产能闲置。产能利用率会随着经济周期的波动而呈现上升和下降,同时不同行业具有不同的生产技术特点、市场需求状况和市场竞争结构,其最佳产能利用率也有一定差异。② 从发达国家的判断标准看,产能利用率一般都有一个合理水平范围和一个警戒区间。欧美国家、新兴经济体国家一般把产能利用率的合理区间确定在79%—83%,超过85%则为产能不足,低于79%说明可能出

---

① 宋国宇、刘文宗:《产业结构优化的经济学分析及测度指标体系研究》,《科技和产业》2005年第7期。
② 盛文军:《转轨时期我国的产能过剩及政策选择》,《西南金融》2006年第10期。

现了产能过剩现象，低于75%则表示严重过剩。① 我国目前还没有建立产能过剩的评判标准，在参考国外进行产能利用率判断经验的基础上，有两种判断方法：一是认为产能利用率的合理区间是80%—85%；二是依据生产能力大于市场需求的程度以及对生产存量和增量的估算。一般认为，生产能力超过市场需求能力的比例达到25%以上就可以判断该产业出现了产能过剩。② 上述判定产能过剩的方法均有一定的局限性，因为我国的生产行业类别繁多，不同行业的行业特征、工艺流程、市场需求特点及产业寿命周期存在着差别，所以，不同的行业应有不同的判断标准，但现有的判断方法给我们继续探索产能过剩的判断标准提供了一个借鉴思路。

（二）产能过剩的经济效益判断

产能过剩是生产能力大于需求而形成的生产能力过剩，为此，一些经济效益指标可以从供给和需求两个方面作为分析产能是否过剩的辅助性指标。从数据可获得性和数据相对准确的原则考虑，可以选择企业开工率、产品产销率、产品销售价格、单位产品盈利、企业亏损面等指标，评判企业经营状况、市场需求走势、市场价格走势、企业盈利状况和企业亏损状况。通过对这些状况的分析和判断，可以把握产能过剩在经济效益角度呈现的状态，反映产能过剩对企业经营状况的影响。

（三）产能过剩的社会效益判断

产能过剩，从起因上讲，是经济现象，但产能过剩的发生与发展会对社会形态产生影响。最直接反映这种影响状况的指标包括行业职工平均工资、在职员工数量、银行呆坏账额度、企业资产负债率等指标。这些指标可以反映产能过剩行业职工收入的变化情况、从业人员数量变化（失业人员的增减）、金融债务风险程度和企业的债务负担变化。上述这些指标如果全部朝恶化方面发展，则反映产能过剩状态已趋于严重，已对整个社会经济生活产生了直接影响。

---

① 中国金融四十人论坛课题组：《产能过剩的衡量与原因分析——一个文献综述》，《新金融评论》2017年第1期。
② 韩国高、王立国：《我国钢铁业产能利用与安全检测：2000—2010年》，《改革》2012年第8期。

(四) 产能过剩的生态效益判断

在 2015 年 10 月党的十八届五中全会提出创新、协调、绿色、开放、共享五大发展理念以后,对产能过剩有了新的研究分析视角,这就是按照绿色发展理念要求建立生态效应的判定标准。按照生态效应标准,即使某些产业市场有需求、产品有销路、企业有盈利,但如果对生态环境产生危害,污染物排放超过所在区域环境容量,则同样应该认定为是产能过剩。各类生产经营活动一般从大气、水和土壤三个方面与生态环境发生联系,对生态环境的变化产生影响。为此,产能过剩的生态效应判断可采用污染物排放量和企业污染物排放治理达标率两个指标,来评判产业对生态环境的影响程度和企业污染治理的水平与效果。

上述产能过剩的判断和评价指标总结如表 3-1 所示。

表 3-1　　　　　　　　产能过剩的评判指标

评判类别	评判对象	评判指标
产能过剩状况	产能利用状况	产能利用率
	企业经营状况	企业开工率
经济影响状况	需求走势	产品产销率
	价格走势	产品销售价格
	盈利状况	单位产品盈利
	亏损状况	企业亏损面
社会影响状况	职工收入变化	职工平均工资
	从业人员变化	在职员工数量
	金融债务风险	银行呆坏账额度
	企业债务负担	企业资产负债率
生态影响状况	污染治理效果	污染物排放达标率
	对生态环境影响	污染物排放量

三　去产能的内涵和特征

去产能也叫化解过剩产能,是指在某些产业产能过剩状态已经形成的情况下,为改变供过于求而引起的生产能力闲置及市场恶性竞争的局面,把过剩的生产能力压减下来,对存续的生产要素推进结构优化和转型发展的过程。去产能的内涵包含以下四个特征。

(一)把已经形成的过剩产能压减掉

这是去产能最直接和首要的任务。某些产业需要去产能就是因为其生产能力已经形成过剩,已经超过了市场的有效需求总量。过剩产能的存在使部分生产要素闲置,并形成浪费,使产业整体处于经营困难状态,导致恶性竞争,这会对整个社会经济生活产生冲击和影响。把已经形成的过剩产能压减下去,使存续的生产能力与市场需求实现动态平衡,是产业良性发展的基本条件。

(二)促进存续产能实现结构优化和转型升级

去产能不是将产业的产能全部去掉,而是把产业多余过剩的产能去掉,把在环保、能耗、技术和安全等方面达不到国家标准的落后产能去掉。实现去产能任务后,产业还要有相当一部分产能保留下来,继续生存和发展。去产能不仅是量的减少,更重要的是质的提升。压减过剩产能是"减量",对存续产能推进结构优化和转型升级是"提质"。特别是对我国来说,产能过剩是总量过剩和结构性过剩并存,结构性过剩迫切需要在去产能过程中努力实现存续产能的产业升级。因此,在制定实施去产能的相关政策,特别是制定实施去产能的财政政策时,既要考虑压减产能总量的政策需求,也要考虑结构优化和转型升级的政策需求。

(三)去产能是政府与企业的主动行为

产能过剩是市场经济条件下的一种经济现象,市场机制可以对产能过剩发挥调节和平衡的作用。因此,我们去产能要充分运用市场机制,发挥市场在资源配置中的决定性作用,努力实现过剩产能在市场化运作中化解。但强调市场化运作绝不是把去产能完全交给市场,放任市场去自发调节。这不仅是由于市场失灵现象的存在,单靠市场不能完成去产能任务,更重要的是科学的市场运作本身就应该在政府的正确引导和科学的宏观调控下实施。为此,在去产能过程中,政府和企业都要主动作为。对政府来说,要将自身的意图融入市场运行规则中,以市场化的方式实现自身的调控目标,这一点在财政政策的运用上尤其重要；对企业来说，要认识去产能是大势所趋，要主动适应趋势、主动适应市场、主动参与去产能的全过程。

（四）去产能要注意防范与化解风险

去产能是经济行为，但涉及的因素很多，是一项复杂的系统工程。诸如职工分流与安置、债务问题处置等，都需要统筹考虑和全面安排。绝不能就去产能而去产能，要主动防范各种可能发生的社会风险。

四 供给侧结构性改革与去产能的关系

（一）供给侧结构性改革内涵

供给侧结构性改革是习近平总书记于2015年11月10日在中央财经领导小组第十一次会议上提出的。[①] 此后，李克强总理于2015年11月11日，在国务院常务会议上提出要以消费升级促进产业升级，要通过培育新供给、新动力来扩大内需；2015年11月18日，习近平总书记在APEC会议上再次提出我国要推进"供给侧结构性改革"；同年12月召开的中央经济工作会议明确要求，要着力推进供给侧结构性改革，提高供给结构的灵活性和适应性，要全力抓好去产能、去库存、去杠杆、降成本、补短板五大任务（简称"三去一补一降"），这里去产能被确定为供给侧结构性改革五大任务的首要任务。党的十九大报告再次强调要"深化供给侧结构性改革，把提高供给体系质量作为主攻方向"，要"坚持去产能"。

供给侧结构性改革，是供给侧改革与结构性改革的统筹推进，即以提高供给质量和实现结构优化为目标，用改革的办法统筹推进结构调整和要素优化配置，扩大有效供给，提高要素利用效率，增强供给结构对市场需求变化的适应性，促进经济社会可持续健康发展。深化供给侧结构性改革，是我国经济发展由高速增长阶段转向高质量发展阶段的必然选择，是转变发展方式、优化经济结构和转换经济增长动力的正确途径，是建设现代化经济体系的战略举措。[②]

[①] 国家行政学院经济学教研部：《中国供给侧结构性改革》，人民出版社2016年版，第1页。

[②] 何毅亭：《新时代共产党的历史使命》，《人民日报》2017年11月28日第7版。

（二）去产能与供给侧结构性改革的关系

产能过剩与否是经济结构是否优化的重要标志，在某些行业存在产能过剩、生产资源要素的利用效率被大大降低的情况下，经济结构绝不是理想状态。产能过剩就是可向社会提供的产品和服务要么超过市场的有效需求、要么与市场的现实需求不相适应。这种状况表明在供给和需求的两者关系中，供给端出现了问题，需要通过供给侧结构性改革来解决。把去产能作为推进供给侧结构性改革的首要任务，其目的就是将过剩产能占用的资源释放出来，通过供给端的优化，使其能够向市场提供新的供给，并创造新的生产力。同时，由于中国目前的产能过剩实质是一种过剩与短缺并存的结构性产能过剩，因而"去产能"的重心就是进行供给侧结构性改革。

在国内外钢铁市场需求总量持续下降的背景下，中国钢铁产业面临着产能过剩、产品结构单一、资源匮乏和环境保护的多重压力。在推进供给侧结构性改革、实施去产能的过程中，由于钢铁产业资产总量大、就业人员多、关联产业范围广、污染物排放总量高等特点，必然成为去产能的重点行业。钢铁产业的去产能，要从压减总量、提升质量和治污减排三个方面入手，全面落实供给侧结构性改革的各项要求。通过去产能盘活过剩产能占用的低效资产，压减钢铁产业向市场提供的产品总量，提高钢铁产业向市场提供产品的质量和技术含量，增强钢铁产业与市场需求变化的适应性，实现钢铁产业供给与需求的良性互动。

第二节 财政政策的内涵及工具选择

一 财政政策的内涵和类别

（一）财政政策的内涵

关于财政政策的内涵，人们的认识也经历了一个认识和深化的过程。先是强调财政政策手段，之后又逐渐向强调财政政策目标转变。如 Argaitee（1989）认为，财政政策是税制、公共支出和举债等各种措施的综合体，通过这些手段的运用，作为国家支出部分的公共消费与投资在总量和配置上得以确定下来，并直接或间接地影响私人投资的总量和配置。① 这个定义强调了财政手段的运用。之后一些学者又提出了不同的观点，如财政学家 Due（1968）提出，财政政策就是对政府收支的调整，以达到经济更加稳定、实现预期经济增长率的目的。② 国内学者对财政政策内涵的专门研究在改革开放前还比较少，一般认为，财政政策是党和国家在财政工作方面的指导方针、原则和行为规范等。改革开放后，随着西方财政理论的传入和市场经济体制的逐步确立，政府借助财政政策进行宏观调控的作用越来越重要，对财政政策的内涵也有了更多的研究，更加注重财政目标的实现。比较有代表性的观点，如陈共（2012）认为，财政政策是指在一定的经济社会发展条件下，政府为实现特定时期内的宏观经济社会发展目标，对财政收支规模和收支平衡进行调整的原则与相应措施；③ 李松森（1996）认为，财政政策是指一国政府凭借国家主权，为实现一定的政治、经济和社会目标，以政治统治、社会管理、生产资料所有、宏观经济管理等职能担当者的身份制定的指导财政收入和财政分配的方针、准则、制度、计划、途径与措施的总和。④ 邓子基（1997）认为，财政政策就是国家或政府依据特定经济理论及财政理论，通过各种财政工具的运用，达到特定财政目标的经济政策。⑤

综上所述，财政政策是指国家在一定的经济社会发展条件下和一定时期内为实现经济社会发展目标，运用财政工具来调整财政分配关系的各种措施的总和。财政政策是国家经济政策的重要组成部分，是国家为满足社会公共需求、维护社会公共利益对一部分社会财富进行

---

① 黄耀军：《我国财政政策经济效应的实证研究》，硕士学位论文，厦门大学，2002年，第12页。
② Due, J. F., "Indirect Taxes and Relative Prices: Comment", *Quarterly Journal of Economics*, Vol. 82, No. 2, 1968, pp. 340–343.
③ 陈共：《财政学》（第七版），中国人民大学出版社2012年版，第294页。
④ 李松森：《论紧缩性财政政策与紧缩性信贷政策的配合》，《金融理论探索》1996年第4期。
⑤ 邓子基：《财政学原理》（修订本），经济科学出版社1997年版，第396页。

集中和分配的活动。财政政策体现在财政收入、财政支出、预算平衡和国家债务等各个方面。财政政策作为社会经济活动的特殊组成部分[①]，是一种政府的经济行为，是政府配置社会资源的重要手段，是政府进行反经济周期调节和熨平经济波动的重要工具，是政府进行宏观调控的重要措施。财政政策的这些功能运用到去产能之中，可以发挥非常重要的作用。

(二) 财政政策的类别

财政政策是政府宏观调控的重要手段，它按照不同的目的和内容可以分为不同的类别。

1. 按照财政政策所要规范的活动内容分类

一是财政收入政策。即通过增税或减税以及税种的选择、发行国债规模等方式来调节投资和需求，以实现收入和资金的再分配。财政收入是财政资金循环的起点和前提。

二是财政支出政策。即政府为满足公共需求的一般性支出，包括购买性支出和转移性支付。财政支出政策能够有效地调节现有的供求关系，通过直接影响社会总需求来改善经济发展状况。

三是财政平衡政策。即调整财政收支平衡，进而均衡供求关系的政策。

2. 按照财政政策对需求的影响程度分类

一是扩张性财政政策，也称积极财政政策或膨胀性财政政策。即通过减少财政收入或增加财政支出来增加和刺激社会总需求的政策，主要是通过减少税收或增加政府支出来缩小总需求与总供给的差额，实现刺激经济增长的目的。在经济发展过程中，当经济出现衰退、失业率增加、有效需求不足时，政府一般会采取扩张性财政政策，通过降低税率、免税和退税等方式，提高企业或个人的可支配收入，刺激企业或个人的消费或投资，进而增加社会总需求。同时，政府增加公共支出，包括公共基础设施建设支出、政府采购及对个人的转移支付等，不仅直接增加了社会需求总量，而且通过带动社会投资，也间接

---

① 孙文基等：《财政与金融概论》，经济管理出版社 2009 年版，第 4 页。

地使社会总需求相应增加（黄耀军，2002）。减税和增加财政支出两者的乘数效应，可以使经济快速复苏，步入快速增长的轨道。

二是紧缩性财政政策。即通过增加财政收入或减少财政支出来减少或抑制社会总需求的政策。是在经济过热、总需求过旺时，政府采取的抑制措施，以消除通货膨胀，实现供求平衡的目的。主要措施是提高税率、设置新税种、减少免税和退税、增加税收等，减少企业和个人的可支配收入，进而减少消费和投资需求。政府还通过减少公共支出来减少对社会的总需求，同时也对民间投资产生影响，间接地减少总需求。增加税收和减少支出同时作用，会对抑制通货膨胀、降低过热需求产生抑制作用。

三是中性财政政策。即通过财政收支保持平衡，来实现社会总需求和总供给平衡的政策。一般在经济发展相对平稳的时期，财政政策会对总需求的影响保持中性，既不产生扩张效应，也不产生紧缩效应。

二 去产能财政政策工具的选择

对各级政府即财政主体来说，当财政政策的目标确定后，就要为实现既定的财政政策目标去选择适用的财政政策工具，通过对财政政策工具的有效运用，发挥财政政策的应有作用，实现财政政策的目标。对去产能相关财政政策的研究也应该在财政政策工具的选择上体现出来，对财政政策工具的选择应当考虑的重点有四个方面：一是财政政策的连续性；二是财政能力的量力而行；三是财政政策要通过市场机制去发挥作用；四是以最小的成本推动财政政策目标的实现。综合分析，去产能的财政政策工具可以在以下三个方面进行选择。

（一）税收

税收作为一种重要的财政政策工具，其自身具有的强制性、无偿性和固定性的特征，使税收具有对经济活动进行调节的权威性。税收调节作用的效果、覆盖范围和灵活程度是其他任何财政政策工具所不能替代的。由于税收可以在国民收入的初次分配和再分配两个层次进行，使税收完全可以以市场机制为媒介，发挥对经济活动的调节作用。税收可以在实施中区分为优惠税收和惩罚税收，税收能够对经济发展的走势和经济结构的调整发挥非常明确的引导激励作用或限制阻碍作用。税收的这些作用对去产能的操作来说十分重要，通过提高税率可以使过剩产能的生存和扩张受到限制与惩罚；通过降低税率可以使过剩产能转型发展得到扶持和激励；通过减免相关赋税可以使去产能过程中的企业兼并重组，降低资产收购成本。因此，税收应该成为政府推动去产能工作的重要财政政策工具。

税收作为财政收入的主要来源，其相关政策的稳定性一直被人们重视和强调，但如果放到去产能背景下来分析，现行的税收政策仍有探索创新的空间。我国现在执行的相关税收政策，其基本内容是以法律的形式固定下来的，并且延续了较长时间，有些税收政策在制定时并没有考虑到去产能的相关需要。比如，对不同产业没有区分其成长性和过剩性的特点而实行统一税率等。从近年来去产能的工作实践看，国家还尚未充分将税收作为财政政策工具用于实施对去产能工作的引导和推进，这应该是一个很大的政策空间。税收的严肃性必须坚持，税收的灵活性也应该充分体现。下一步应明确将税收作为去产能财政政策的可用工具，特别是通过税种和税率的变化来引导和推进去产能工作。

（二）公共支出

公共支出是指政府为满足公共需要将筹集到的财政收入分配和使用到政府履行职能相关领域的一般性支出，公共支出包括转移性支出和购买性支出两大部分。就转移性支出来说，财政补贴占有很大比重，财政补贴的大量存在完全是基于我国经济社会发展的阶段性和现实性。财政补贴作为国民收入再分配的一种手段工具，在引导经济结构优化的过程中可以发挥非常重要的作用，对一些需要鼓励发展的产业，财政补贴可以以多种方式直接进行资助，促其尽快发展；对一些需要限制发展乃至要退出市场的产业，财政补贴可以对其损失实施合理补助，降低其退出成本。财政补贴的这些作用在去产能过程中非常直观、具体和有效，过去和现在一直作为去产能中非常重要的财政政策手段，今后也应当继续使用。但补贴的对象、范围和力度，要随现实情况的变化及时进行调整。现阶段我国的财政体制是分级财政、分灶吃饭，财政补贴的支出自然是分级实施。这其中既包括中央财政支付的补贴，也包括地方财政支付的补贴；既有中央财政补贴要求地方财政按一定比例配套的补贴，也包括地方财政根据自身财力和需要自行出台实施的地方财政补贴。财政补贴作为最直接、最直观的财政工具，在实施中往往被人们理解为是对经济活动的行政手段干预，是行政调节的直接介入，如果操作不当，财政补贴也确实直接体现为行政色彩。如何使财政补贴通过市场机制的媒介去发挥作用，如何使财政补贴的实施与去产能的市场化运作要求相一致，如何使财政补贴与社会资本实现有机融合，还应该进行深入研究、探索和创新。

就购买性支出来说，通过用财政资金购买商品和劳务，实现政府出资的直接消费，可以对化解过剩产能和转型发展实施直接扶持，对其转型发展提供的商品形成直接消费需求。如果财政的购买性支出行为能够和社会资本的消费行为实现融合，能够通过市场化的运作引导和拉动社会性消费，其效用将会成倍扩大。

（三）政府投资

政府投资是指将财政资金以资本项目方式用于相关建设的支出，政府投资的结果是形成各类固定资产。在市场经济体制下，由政府出资实施资本项目建设一般有其特定的范围。主要包括具有自然垄断特征、产业关联度高、民生公益性强、具有示范和引导作用的公共基础设施、基础性产业和高新技术产业等。政府投资有时是直接由财政出资实施相关建设，有时也可以通过国债、信贷资金等方式实现出资，有时政府的投资意图也可以通过大型国有企业的项目建设来体现。政府投资的上述特征使其对经济结构的优化和经济发展的走势有着非常明显的引领和拉动作用，特别是一些政府投资通过财政政策的乘数效应可以对整个国民经济或一个地区的经济发展产生更大的倍数影响。政府投资对去产能来说有时会表现出其双重效应，它既可以导致过剩产能的形成，也可以推进过剩产能的化解。就诱发过剩产能来说，2008年国际金融危机后，具有明显政府投资色彩的大规模基础设施建设，对钢铁、水泥等基础原材料行业过剩产能的形成产生了明显的诱发作用。就去产能来说，政府投资避开对过剩产能行业产品的需求，可有效压缩过剩产能的生存空间,并通过政府投资的示范效应引导社会资本消费取向的转移,进而为过剩产能的化解增加正能量。

税收、公共支出和政府投资是常用的财政政策工具,可以应用于财政政策实施的各个领域,同样,也可以有效地应用于去产能之中。与将这三个财政政策工具用于其他领域不同,在去产能过程中应用好这三个政策工具还应努力做好以下三点:第一,去产能是在市场化运作的前提下推进的。财政政策工具的介入不仅不能违反和干扰这一前提,而且应当努力将自身融入市场化运作之中。第二,努力发挥好财政政策的引领作用。财政政策作用于去产能,其重要功能之一就是发挥对产业升级和结构优化的引领作用。要通过财政政策作用的着力点向市场明示政府鼓励的产业发展方向。第三,充分体现对公共利益的倾斜。去产能是调整优化经济结构的一种经济行为,但其中要涉及民生等公众利益和债务风险等宏观利益,这些公众利益和宏观利益与一般投资人的经济利益在性质上有着明显差别。财政政策是公众利益和宏观利益的体现者。在去产能过程中,实施财政政策和选择财政政策工具必须要对民生公众利益、宏观整体利益有明显的倾斜,这要在具体操作中明确地体现出来。

第三节 基于财政视角去产能的理论基础

一 市场供求理论

(一)需求内涵与需求曲线

西方经济学把"需求"放在第一位,需求是在一定时期内,消费者对每一个价格愿意和能够购买的商品数量。[①] 只有具备两个条件,才能构成有效需求:一是消费者对某种商品有购买的欲望;二是有货币支付能力。需求理论将影响需求数量的因素归结为五个:市场价格、平均收入水平、市场规模、商品的替代品(数量、品种多少和价

---

① 高鸿业:《西方经济学》(微观部分),中国人民大学出版社2014年版,第15页。

格）、消费者消费偏好。需求理论一般假定除价格外的其他四个因素在一定时期和地方都是相对稳定不变的。为此，需求被简化成商品数量与价格的函数关系［用公式表示：Q = f（P），其中，Q 为商品需求量，P 为商品价格］，商品需求量是随商品价格变动而变动的。一般来说，一种商品的需求量与其价格成呈反比例变化。即一种商品的价格越高，其需求量越小；反之亦然。将一定价格下消费者愿意购买商品的数量所对应的数据绘制成表就是"需求表"。需求曲线如图3 – 1所示。

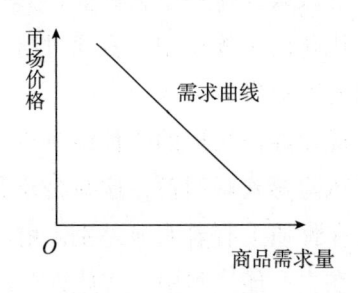

图 3 – 1　需求曲线

将表上数字绘制在坐标图上就得到了一条"需求曲线"。用横坐标表示商品需求量，纵坐标表示市场价格。因为商品需求量与市场价格成反比关系，所以，"需求曲线"呈现的是一条由左上方向右下方倾斜的曲线。

之所以需求曲线向右下方倾斜是由"边际效用递减"规律决定的，所谓边际效益递减，就是最先购买的一个单位的商品效用最大。消费者愿意出较高的价格，以后每增加一个单位，其"边际效用"是呈"递减"的；当数量很大时，其边际效用就非常小了。这时消费者就愿意用很低的价格去购买。当某一消费者同时消费几种商品时，在可支配收入的约束下，他要按照"边际效用递减"原理在几种商品中进行选择。当消费每一种商品的最后一个单位商品的效用相等时，消费者会注重总效用最大化，这种总效用最大化的行为就构成"消费者均衡"。

(二) 供给内涵与供给曲线

新古典经济学派认为,一种商品的供给是指企业在一定时期内在各种可能的价格下愿意且能够生产和销售这种商品的数量①,这里包含两层含义:一是企业有生产和销售该种商品的愿望;二是有生产和销售的能力。只有具备着这两个条件,才能形成有效供给。决定一种商品供给数量的因素包括五个方面:一是商品的市场价格。二是生产的成本。生产者供给商品的目的是赚取利润,而利润是收入与成本的差额。价格一定,成本越低,利润率越高,企业愿意供给的商品量也越大;反之则越小。三是生产技术水平。提高生产技术水平,一般可以降低生产成本,增加企业利润,企业会提供更多产量。四是相关商品的价格。其他商品价格高些会促使生产者转产其他;其他商品价格低会促使其他向本领域转产。五是企业对未来行情的预期。如果预期前景看好,价格上涨,企业会增加产量供给;反之则减少供给。此外,还有自然灾害、战争等突发事件也会使供给减少。

与需求相似,一般假设其他因素相对不变,只有市场价格随供给变化而发生变动。正常商品的价格与供给量成正比例变化,即商品价格越高,供给量越大;商品价格越低,供给量越少。将一定价格下生产者愿意供给的商品数量列成表称为"供给表"。将供给表上数字绘制在坐标图上可得"供给曲线",如图3-2所示。

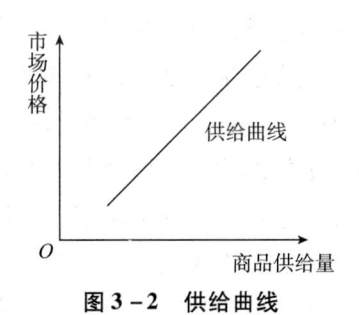

图3-2 供给曲线

因为供给量与市场价格成正比例变化,所以,供给曲线是一条从左下方向右上方倾斜(正斜率)的曲线。某个企业的生产行为是在可

---

① 高鸿业:《西方经济学》(微观部分),中国人民大学出版社2014年版,第18页。

投入资本量的约束下,按"利润总量最大化"原则决定投资规模的大小。但是,由于受制于"边际收益递减"规律的影响,企业要选择在边际收益等于边际成本这点停止生产规模的扩大。这就是所谓的"生产者均衡"。

(三) 市场均衡

需求和供给情况同时分析,需求曲线和供给曲线放在同一坐标系上,两条曲线的交叉点就是市场均衡点。市场均衡点所对应的价格就是市场均衡价格。市场均衡价格对应的产量就是均衡产量,也就是需求等于供给的产量。如果生产是在非均衡点进行,就会形成价格高于或低于均衡价格的现象。市场均衡状态如图 3-3 所示。

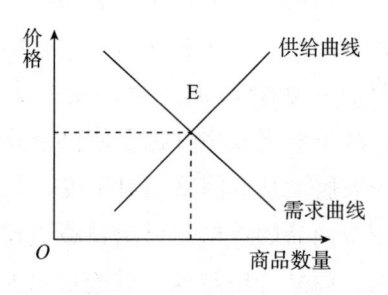

图 3-3 市场均衡

按照供求理论,在其他条件恒定的假设下,价格变化会直接影响需求量,成本变化会直接影响生产数量,但这种假设在现实中只能是一种假设。因为有些商品并不是价格下降需求量就会增加,成本下降,供应量就会增加,销售的形成是以消费者愿意购买且有能力购买才能完成的。当市场需求总量一定的情况下,价格再下降也不会有人购买,当价格下降仍不能刺激需求的时候,产能过剩就可能发生。市场供求理论通过价格与成本的变化对生产量和需求量影响的分析,直观地阐释了供给与需求的平衡关系。这一理论从特定的角度对过剩产能的形成、过剩产能的认定、过剩产能的化解相关分析提供了具有一般意义的理论支撑。在市场供求关系中,价格上升或成本下降,使盈利增加,自然会对供给量产生正向推动。这种正向推动会导致某一行业的生产规模扩大、生产能力增加；反之，价格下降或成本上升，虽然可以在一定条件下会刺激需求，但是，如果商品的供给量由于盈利的诱惑而无限度的增加，超过社会需求的承受能力，过剩产能就会自然发生。这里，供给量的增加一般会呈现一定的惯性，在现实中绝不会达到按供求关系理论描述的市场均衡状态点时自动停止。因此，依据供求关系理论，可以通过某种商品价格的变化，来判别产能是否出现过剩，但这种判别只能在假设条件下的特定角度进行。

二 社会资本的再生产理论

马克思主义政治经济学的重要贡献之一，就是以社会总资本再生产理论揭示了社会化大生产条件下社会经济的运行规律，这对于我国目前正在推进的供给侧结构性改革，建立现代化经济体系，加强宏观政策调控，促进社会经济平稳健康发展，实现去产能预期目标具有重要的指导意义。

社会资本也称社会总资本，是指在资本主义社会的经济活动中所有单个资本的总和。这里单个资本是个体，社会资本是总体，两者就是个体和总体的关系，也即是微观和宏观的关系。对此，马克思曾指出：在社会经济活动中，"各个单个资本的循环是互相交错的，是互为前提和互为条件的，而且正是在这种交错中形成社会总资本的运动"。[①]

再生产是指生产过程的不断重复和更新。马克思认为，任何一个社会都需要不断地把一部分产品再转化为生产资料或新的生产要素，使生产能够不断地进行，即实现再生产。根据是否扩大生产规模，再生产可以分为简单再生产和扩大再生产。简单再生产是指生产在原有规模上重复进行，只限于原有生产的循环，在循环结束后其产品价值在减掉生产成本后正好与原有生产投入相同。而社会资本扩大再生产是以简单再生产为前提和基础的，它指生产规模不断扩大的再生产。要实现规模扩大，必须要有资本积累作为追加的资本投入生产。

社会再生产理论的核心论点，是关于社会总产品实现问题的论

---

① ［德］马克思：《资本论》（第二卷），人民出版社 2004 年版，第 391—392 页。

述。社会总产品是指社会物质资料生产部门在一定时期内所产出的全部产品的总和。马克思在《资本论》第二卷中分析社会总资本的再生产和流通时，将社会物质资料生产过程分为两大部类，即生产生产资料的第一部类和生产消费资料的第二部类。① 每个部类所创造的产品在价值形态上细分为不变资本（c）、可变资本（v）和剩余价值（m）。马克思提出的社会总产品的实现问题，是指社会总资本在再生产条件下如何得到价值补偿和实物替换的问题。马克思所说的价值补偿是指在上一周期生产活动中被消耗的资本价值的补偿；实物补偿是指上一周期生产活动中被消耗掉的物质资料的补偿。

在简单再生产条件下，由于生产活动在原有规模的基础上重复进行，社会总产品的实现条件可以表达为：

第 I 部类的总产出（生产资料）＝ Ic + Iv + Im

第 II 部类的总产出（消费资料）＝ IIc + IIv + IIm

$I(c+v+m) = Ic + IIc$

$II(c+v+m) = I(v+m) + II(v+m)$，即 $I(v+m) = IIc$

这说明只有第 I 部类向全社会提供的生产资料、第 II 部类向全社会提供的消费资料能够保持供求平衡的比例关系，社会简单再生产才能够顺利进行。② 简单再生产的这一实现条件公式，反映了两大部类之间互相提出需求，互相供给产品，也就是互为市场和互相制约的关系。③

在扩大再生产条件下，社会总产品的实现条件可以表达为：

$I(v + \Delta v + m/x) = II(c + \Delta c)$

$I(c+v+m) = I(c + \Delta c) + II(c + \Delta c)$

$II(c+v+m) = I(v + \Delta v + m/x) + II(v + \Delta v + m/x)$

以上社会总产品实现条件表明，第 I 部类向两大部类提供的生产资料同两大部类对生产资料的需求（包括两大部类因扩大生产规模增

---

① ［德］马克思：《资本论》（第二卷），人民出版社 2004 年版，第 438—440 页。
② 贾康：《新供给经济学理论的中国创新》，中国经济出版社 2013 年版，第 113 页。
③ 王毅武、康星华：《资本论现代教程》，清华大学出版社 2009 年版，第 193 页。

加的生产资料）之间、第Ⅱ部类向两大部类提供的消费资料同两大部类对消费资料的需求（包括两大部类因扩大生产规模增加劳动力而追加的消费资料）之间，必须要保持供求平衡的比例关系。只有这样，社会扩大再生产才可以继续顺利进行。这一理论阐明了在任何社会形态、在社会化大生产条件下，各个部门都要按比例协调均衡地发展。

按照马克思再生产理论，两大部类相互依存、互为市场，在交换中，不仅实物与实物要相等，价值与价值要相等，而且实物与价值也要相等。两大部类的比例关系必须协调，只有当两大部类之间的交换能够顺畅进行，社会再生产才能够实现。按照这一原理，两大部类内部和两大部类之间的比例关系协调与否，是再生产能否顺利的重要前提。马克思再生产理论揭示的就是国民经济各领域供给与需求之间的比例平衡关系。在这种比例关系中，事实上，存在着两大部类内部和两大部类之间的供求关系，当供大于求就是产能过剩，当供不应求就是经济短缺。为此，要维持再生产的持续进行，过剩和短缺都是不可取的。在传统的计划经济体制下，这种比例关系被表述为有计划按比例；在市场经济体制下，这种比例关系被表述为市场在资源配置中起决定作用。在当前去产能实践中，应用马克思再生产理论，可以理解为政府引导市场化运作，经济规律和行政手段综合运用，实现社会经济按照比例协调发展。

在现实经济生活中，国民收入的再分配在两大部类之间的不同侧重，体现着对积累与消费的不同侧重。财政政策是国民收入再分配的基本手段，自然财政政策也可以对积累与消费做不同的政策倾斜。这种倾斜在其他条件具备的情况下，既可以诱发产能过剩的发生，也可以对过剩产能实施化解，更可以促进产业结构的优化升级。因此，财政政策的偏好与倾斜，是政府一定时期宏观经济发展预期方向的具体体现。

三　凯恩斯政府干预理论

政府干预理论是以凯恩斯扩张性财政政策和货币政策为代表。自20世纪30年代凯恩斯提出有效需求管理理论以来，财政政策就在各个国家政府的宏观调控中发挥愈加重要的作用。经济学研究有效需求对经济增长的影响，开始于凯恩斯理论。① 在这之前，传统经济学一直依赖于萨伊定律，即"供给能够自动创造需求"的假说。在1929年之前，以萨伊为代表的古典经济学成为主流经济学。但是，1929—1933年，以美国为代表的西方资本主义爆发了以生产过剩为特征的经济危机，并引发整个社会经济的大萧条，至此古典经济学的基本缺陷暴露出来。大萧条刚开始，赫伯特·胡佛及大多数官员认为，这次经济危机与以往一样持续时间不会很长，并能进行自我调整。② 但是，随着时间的推移，经济持续走低，胡佛的财政部长安得鲁·梅隆提出"清算劳工、清算股票、清算房地产等，才能消除经济体制的弊端，人们才会更努力地工作，进取的人才能治理好懒惰人手里的残局"。③ 随着危机的进一步加剧，人们意识到问题的严重性。在这样的背景下，需求管理理论就此产生。

1933年3月4日，罗斯福当选美国总统，同时宣布实行以需求管理为核心的新政，即"罗斯福新政"。其主要内容：一是整顿和改革财政金融体系；二是实施对工业生产总量的干预。对工业生产产量做出限定，对市场价格提出约束要求。以此对工业生产进行调控，抑制无序竞争和生产过剩。三是缩减农业生产规模。有计划分步骤地压减农业耕地面积，销毁"过剩"的农业产品，以稳定、提高农产品价格，改变农业生产的萧条状况。四是调节劳资关系，实行扩张性的财政政策，举办公共工程和社会救济增加就业机会，刺激社会购买力。这一系列措施体现了以扩张性财政政策为核心的需求管理理念。"市场失灵"的出现证明需要运用政府干预来弥补市场缺陷，罗斯福新政正是用国家干预来调整经济生活，消除经济萧条和经济危机的，这对以后西方资本主义国家政府的政策制定都产生了重要影响。罗斯福新政实施三年后的1936年，约翰·梅纳德·凯恩斯撰写的巨著《就业、

---

① 吴敬琏等：《供给侧改革》，中国文史出版社2016年版，第96页。
② [美]罗伯特·阿特金森：《美国供给侧模式启示录》，中国人民大学出版社2016年版，第40页。
③ Chernow, R., *The House of Morgan*, New York: Simon and Schuster, 1990, p. 322.

利息和货币通论》(以下简称《通论》)问世。①

凯恩斯依据有效需求理论,在《通论》中提出了国家干预经济的政策主张,也就是用国家的力量来强制调控市场经济,用"看得见的手",帮助国家度过经济危机。凯恩斯认为,当时的社会经济发展方式已经与过去相比发生了本质性变化,一些传统的经济模式,如工资与失业率的关系、商品价格与供求量的关系已经发生了变化,这就需要用新的理论来解释现实的经济问题。凯恩斯指出,导致经济低迷的重要原因是有效需求不足,有效需求是指总需求函数曲线与总供给函数曲线两者相交时的需求值,这时所对应的就业量就是均衡就业量。② 凯恩斯学派把有效需求分成投资、消费和出口三个部分,这就是被广泛引用的从需求侧拉动经济增长的"三驾马车"。③ 有效需求不足就是由投资需求不足、消费需求不足和出口不畅三个方面共同构成的,这必然带来总供给大于总需求,这种状况持续下去就会带来经济萧条和大规模失业,严重时会出现经济危机。凯恩斯用边际消费倾向递减、资本边际效率递减和流动性偏好三个基本心理因素,分析了消费需求不足和投资需求不足产生的原因。要想实现经济平稳运行,避免发生经济危机,就一定要解决有效需求不足的问题。而解决这个问题单纯依靠市场这只"看不见的手"的自发调节是难以完成的。

凯恩斯认为,要解决这个问题,必须依靠国家政策干预宏观经济来提高社会消费倾向和投资需求,以扩大有效需求。凯恩斯的政策主张:其一,实施扩张性的财政政策。政府可以采用一系列组合手段,包括减少税收、用举债方式扩大政府支出、允许财政出现赤字。其二,增加中央银行对经济的货币供应,通过提高流通中的货币量来降低利息率,进而增加投资需求量,促进实现充分就业。其三,在保护

---

① 凯恩斯(1883—1946),凯恩斯是现代西方经济学最有影响的经济学家之一,他创立的宏观经济学与弗洛伊德所创的精神分析法和爱因斯坦发现的相对论一起并称为20世纪人类知识界的三大革命。因开创了经济学的"凯恩斯革命"而著称于世,被后人称为"宏观经济学之父""资本主义的救世主"。

② [美]约翰·梅纳德·凯恩斯:《就业、利息和货币通论》,宋韵声译,华夏出版社2005年版,第21—22页。

③ 吴敬琏等:《供给侧改革》,中国文史出版社2016年版,第96页。

本国利益的前提下，采用适度顺差的贸易政策。

凯恩斯主义的影响不仅帮助资本主义国家结束了20世纪30年代的大萧条，还使政府成为经济社会的重心，并给资本主义国家带来了持续30年的社会经济繁荣和复苏。[1] 凯恩斯主义是资本主义经济社会转型的一个方面。以至于著名经济学家塞莫尔·哈里斯说，凯恩斯主义已成为"新经济学"。他在1946年撰写的书中很想阻止凯恩斯主义影响趋势的扩大，却又不情愿地写道："当今世界，政府支出是最长久、最具有影响力的信仰。无论在什么地方，政府支出都是解决经济问题的一剂良药。"[2]

总之，凯恩斯理论的立足点是需求，主张政府干预经济，目的是管理经济周期。随着实践的发展，凯恩斯理论在一定时期内取得了明显的成效，但同时其理论的弊端也逐渐显露。其中最明显的就是当由政府调控出来的需求不复存在或增长乏力情况下，与当时需求相对应的产能就形成了过剩。特别是当靠政府过度负债制造投资、制造需求而刺激出来的产能不复存在时，就会对整个社会经济的运行带来极大的隐患和风险。正如全球领先的凯恩斯主义经济学家詹姆斯·托宾对凯恩斯主义理论学派所做的评述那样："经济运行的高增长率，与经济周期上行时期的实际国内生产总值，反映了劳动力和企业生产力资源的闲置。这种额外的产量增长是经济繁荣的本质。"[3] 到20世纪70年代中期，由于经济发展的周期性因素和中东石油危机，导致资本主义经济出现了经济衰退，凯恩斯主义的政府微调干预政策也不起什么作用了，高通货膨胀和高失业率，加之生产率增长速度下降，引发工资和收入的减少。经济的下滑及由此产生的经济滞胀，使人们开始质疑当时流行的经济理论。而随之而来的供给经济学又完善了经济理论体系。

凯恩斯的需求管理理论和应对经济周期衰退的财政政策，诞生于20世纪30年代的美国，在当时对振兴美国经济发挥了重要的经济理

---

[1] 在凯恩斯需求管理理念管理下，20世纪40年代，末期到五六十年代美国的通货膨胀率和失业率都很低，生产力飞速发展，这一时期被评价为美国的"黄金时代"年代。

[2] Hazlitt, H., *Economics in One Lesson*, New York: Harper, 1946.

[3] Tobin, J., "Fiscal Policy: Its Macroeconomics in Perspective", *Cowles Foundation Discussion Papers*, 2001.

论和经济政策的指导作用。虽然现在已经时过境迁，凯恩斯理论所适用的经济环境已发生变化，但凯恩斯所提出的宏观经济调控的理论观点和政策主张，对今天仍然具有重要的借鉴意义。一是对市场失灵政府应该实施干预。凯恩斯理论的出发点就是政府应该也可以通过财政政策引导和调控市场，这是对自由主义学派"市场万能"观点的否定。经济活动的实践也确实证明，在市场面前，政府对经济活动有必要也完全可以发挥作用和施加影响，这在今天仍有现实意义。二是在需求端发力可以拉动经济增长。凯恩斯的这一观点在一定时期和一定条件下确实是正确的。但关键在于今天应该认识到，需求对经济的拉动是需要依据一定条件的，特别是靠政府财政性投入如扩大财政支出、政府赤字等刺激的消费需求很难稳定与持久，这种消费需求刺激很可能对某些行业或领域的产能增长形成拉动。当靠财政政策刺激的需求减退时，很可能导致产能过剩的发生。三是财政政策是政府干预经济的有效手段。凯恩斯主张的政府对经济活动的干预，主要通过财政政策来实施。包括实施减税、扩大财政支出、扩大货币发行、鼓励出口等。凯恩斯的这一主张，揭示了财政政策作为政府干预引导经济活动的必要性和有效性。对现实去产能来说，我国政府完全应该也可以通过财政政策进行有效的引导与推进。如通过减税减轻去产能行业的负担；通过增加财政支出促进去产能行业的科技进步与产业升级；通过调整关税鼓励高端产品出口，等等，这些都是行之有效的措施。

四　供给理论与供给学派

（一）萨伊定律：供给创造需求

17世纪中叶，由于经济社会的发展，古典经济学诞生了。古典经济学的代表人物英国经济学家亚当·斯密认为，通过市场的自发调节可以对资源实施有效配置，政府应该充分发挥市场的调节作用，不要对经济活动做过多的干预。他强调，只有对内对外的商业活动不受任何限制，才能加快一个社会的发展和繁荣。[①] 但是，供给的重要性最

---

① ［英］亚当·斯密：《国富论》，唐日松译，华夏出版社2005年版，第493—494页。

早源自 19 世纪初期提出的"萨伊定律"。萨伊是 18 世纪末 19 世纪初法国最著名的经济学家,1803 年法国经济学家让·巴蒂斯特·萨伊在其撰写和出版的《政治经济学概论》中提出了对供给和需求关系分析的结论,即"供给自动创造需求"。人们把这个观点称为"萨伊定律"。[①] 这个结论包含三个要点:一是产品生产自身能创造自己的需求;二是市场经济自我调节作用的发挥,不可能产生社会经济各个部门都出现的生产过剩,而只可能并暂时在社会经济的个别部门出现供求不平衡现象;三是货币只是流通的媒介,商品买卖不会脱节。

萨伊定律表明,在一个完全充分竞争的市场经济中,因为供给会创造自己的需求,所以,社会的总需求与总供给会保持平衡。这一定律的核心思想就是重视供给,强调自由放任、重视实物经济和充分就业均衡。萨伊定律是新古典经济学的理论基础,萨伊定律从 19 世纪中期到 20 世纪初曾主宰整个古典经济学派的思想和主流经济学派的思想,一直到凯恩斯理论的出现,萨伊理论的影响力才有所消退。

(二)供给学派与供给经济学

20 世纪 70 年代初,欧美等西方主要资本主义国家相继出现高通货膨胀率与低经济增长率并存的状况,人们将其总结为"滞胀"。"滞胀"的出现打破了凯恩斯经济学的神话,由此对凯恩斯经济学的需求管理理论提出质疑,将其归结为产生"滞胀"的主要原因。[②] 在这种形势下,强调供给管理的供给学派和供给经济学便应运而生。供给学派的主要代表人物有罗伯特·蒙代尔、祖德·万尼斯基和阿瑟·拉弗等。罗伯特·蒙代尔最早提出了针对"滞胀"的减税政策,但并没有被美国政府采纳。之后,阿瑟·拉弗在蒙代尔理论观点的基础上发展了现代供给学派的观点,拉弗提出的并以其名字命名的"拉弗曲线"成为经济学教科书的经典理论。"拉弗曲线"提出的命题是:"总是存在产生同样收益的两种税率",并主张政府必须保持适当的税

---

① 国家行政学院经济学教研部:《中国供给侧结构性改革》,人民出版社 2016 年版,第 15—18 页。

② 苏剑:《新供给经济学:理论与实践》,中国人民大学出版社 2016 年版,第 47 页。

率，才能保证较好的财政收入。① 拉弗理论观点和政策主张经过《华尔街日报》主笔祖德·万尼斯基的宣传为政府所接受，成为里根总统主政期间美国政府经济决策的理论根据。

供给学派反对政府对经济活动的干预，认为影响经济长期增长的决定因素不应是需求而是供给，凯恩斯主张的需求管理政策是导致"滞胀"的根源。② 供给学派强调供给第一，提出了重视对经济运行"供给侧"管理的观点和政策主张③，主要包括：①经济增长的源泉在供给侧。促进经济增长的因素是供给，促进供给的因素是激励，而激励取决于政府的各项政策和制度，比如征税、政府支出、规章条例等。②增加供给的措施是激励和投资。生产和供给的增加，主要通过投资和劳动来实现，投资是储蓄的转化，因而产量的增长间接地取决于储蓄数额的高低。③激励的主要手段是减税。大幅度削减个人所得税和企业税，可以使劳动者、储蓄者和投资者获得更多的报酬。为此，可以激发经济主体从事生产经营的积极性，增强储蓄和投资的吸引力。④主张减少政府对经济生活的干预，更多地依靠市场机制的作用调节经济。⑤缩小政府开支，强调财政平衡。要大幅度削减福利支出，提高私人的投资能力。

（三）里根经济学

1981年里根就任美国总统，他当时面对美国的经济形势是GDP增速为-0.3%，通货膨胀率高达13.5%。④ 里根上任后很快就以供给学派的理论为政策依据，向国会提交了一份"经济复兴计划"，被称作"里根经济学"，其政策主张主要包括：①大量削减联邦政府的财政开支（不包括军费），特别是社会福利开支，缩小财政赤字。

---

① 冯志锋：《供给侧结构性改革的理论逻辑与实践路径》，《经济问题》2016年第9期。
② 胡胜蓝：《凯恩斯主义与供给学派财政政策对中国经济适用性分析》，《财金研究》2010年第20期。
③ 国家行政学院经济学教研部：《中国供给侧结构性改革》，人民出版社2016年版，第16—17页。
④ 贾康、徐林、李万寿等：《中国需要构建和发展以改革为核心的新供给经济学》，《财政研究》2013年第7期。

②减调税收。减少个人所得税、对企业实施加快成本回收制度、给予企业税收优惠等。③减少或废除联邦政府对工商业的各项干预性规定，放松政府对企业各项规章制度的管制。④稳定货币政策抑制通货膨胀，严控货币供应量增长。同年，联邦政府又提出减税法案，该法案计划在此后五年减税749亿美元，里根政府推出的一系列经济政策在解决"滞胀"问题上取得了显著成效。从1982年12月开始，美国经济从衰退中逐渐走出，并快速复苏。到1988年5月，美国经济实现了连续65个月的稳定增长，是第二次世界大战后美国经济连续增长且持续时间最长的一次。在里根政府执政的八年中，美国经济平均年增长率为3.7%，通货膨胀率由1980年的13.5%下降到5%以下，失业率由1980年的11%下降到5%以下。美国GDP占全世界GDP的比重也由1980年的23%上升为1986年的25.2%。[①] 到20世纪90年代，美国进入到以硅谷为代表的"新经济"技术革命的孕育期，经济稳步增长，经济实力稳居世界各国之首。需要明确的是，里根经济学主张的是通过政府管理经济方式的改变，来提高供给的质量和效率。可以说供给管理政策在激励创新、提高竞争力和促进经济增长上具有非常显著的效果。

  西方的供给理论与供给学派诞生后，曾一度对美国经济的发展发挥了重要的理论指导作用。这一理论中的一些观点对我国今天的经济运行也有重要的借鉴意义。供给理论和供给学派强调的不仅是要关注经济运行的供给端，更重要的是强调经济发展取决于供给端的供给质量、供给结构和供给效率，这是一个非常重要并具有现实意义的命题。供给是向社会提供产品和服务的范畴，其质量、效率和结构在一定条件下可以决定整个社会经济运行的质量和走势。如果一个国家在供给端结构不合理、效率低下和质量不高，很难说这个国家的经济发展会有持久生命力。对我国来说，结构优化和产业升级是永恒的命题，而结构优化和产业升级的核心内容就是改善供给端的质量、效率

---

① 高越青：《"中国式"产能过剩问题研究》，博士学位论文，东北财经大学，2015年，第68页。

和结构的存在状况。去产能就是要促进供给端质量的提升、效率的提高和结构的优化。同时，供给理论也提出了要对供给端实施减税刺激，要减少政府对经济活动的过度干预等观点，这对我国去产能的宏观调控也有一定的借鉴意义。

五 中国新供给经济学理论

20世纪90年代初，我国推行市场经济体制改革，极大地促进了社会经济的发展，到20世纪90年代中后期，与传统体制相伴的供不应求的短缺经济一去不复返了，但经济运行出现新的矛盾，即供大于求的产能过剩现象。学者关注的视角由"短缺"转变为"过剩"，当时学术界的主流观点是运用凯恩斯的需求管理理论进行探讨。随着市场经济体制的逐步建立，凯恩斯主义的宏观调控手段接替了政府的计划之手，成为我国持续20年宏观经济管理的主要手段。① 但在20世纪90年代后期和21世纪初，学术界出现了从供给角度研究我国经济运行中的产能过剩问题。主要代表人物有吴敬琏、贾康、徐林、李万寿、姚余栋、黄剑辉、刘培林、李宏瑾、胡培炎、刘诗白、李义平、简新华、郭庆旺、赵志耘、刘伟、苏剑等。

国内重视供给管理开始于2008年的国际金融危机。经济学家认识到，金融危机发生后，即使市场经济高度发达的欧美国家，也需要政府的干预，并不是依靠市场就能完全自我修复。同时，我国政府为应对这场国际金融危机，推出四万亿元财政资金刺激经济计划，央行连续五次下调存款利率和存款准备金率，但也只解决了暂时的困难。反思20年的总需求管理，我们采取的宏观调控政策和措施的确刺激过经济增长，也抑制过通货膨胀。但是，由于经济运行本身构成因素复杂，需求管理的节奏难以准确把握，加之对外部经济的研判不足，导致我国经济运行的波动并没有被有效熨平反而被阶段性放大，我国过剩产能的形成和加剧就是一个说明。在此背景下，越来越多的学者和官员开始从供给方研究我国经济发展问题，相继提出在经济"新常态"下的宏观经济调控应引入供给管理等政策主张。其中，以2013

---

① 滕泰、范必等：《供给侧改革》，东方出版社2016年版，第3—6页。

年1月贾康等发表的《中国需要构建和发展以改革为核心的新供给经济学》一文为代表，提出了"新供给经济学"的理论框架，并提出，中国宏观调控需要以改革为核心的新供给经济学的理性认知思路来引领。由此标志着中国新供给经济学的到来。此后，众多学者发表和出版了相关的论文和著作，形成了中国新供给经济学。

中国新供给经济学理论提出理想的经济运行机制是"供给自动创造需求"，但这个过程并不是自发实现的，这个过程中因生产相对过剩、"供给老化"或总需求不足等原因，随时都可能带来"供给不能自动创造自身等量需求"。① 这种现象一旦出现，整个宏观经济就会偏离均衡，经济增长速度就会放缓，有可能出现较长期的经济下行走势。新供给经济学理论认为，中国经过几十年的总需求管理后，只有通过供给侧结构性改革，才能使中国经济重回"供给自动创造需求"的均衡状态，并促进经济发展活力的增强。

新供给经济学从供给端和供给结构的变化角度，重新定义了经济周期，即把一个完整的经济周期划分为四个阶段：①新供给形成阶段。在原有供给和需求还在延续的同时，由于科技进步和新潜在需求的出现，新的供给逐步产生。在此阶段，经济走势处于进入新阶段的导入时期，经济发展开始趋暖。②供给扩张阶段。前一阶段出现的新供给受到社会的认可并被接受，新供给引发了现实的新需求，供需双方形成良性互动，经济走势呈快速增长态势。③供给成熟阶段。在这一阶段，新技术被继续不断应用，各种资源继续投入到上一阶段形成的新的供给行业，带来新供给数量的急剧增加，但需求却保持平稳。在第二阶段形成的供给自动创造需求的能力减弱，但是，供给还在保持惯性地增长，造成供给过剩，由此使社会资源的利用效率降低，经济增长的速度开始放缓。④供给老化阶段。在上一阶段形成的过剩供给能力不能及时消除，过剩供给能力所对应的过剩产业资本难以退出，由于现有的供给无法创造出新的需求，导致社会总需求连续低

---

① 贾康：《新供给经济学理论的中国创新》，中国经济出版社2013年版，第98—99页。

迷，在新的供给能力没有形成之前，经济走势呈现萧条状况。新供给经济发展周期的演进如图 3-4 所示。①

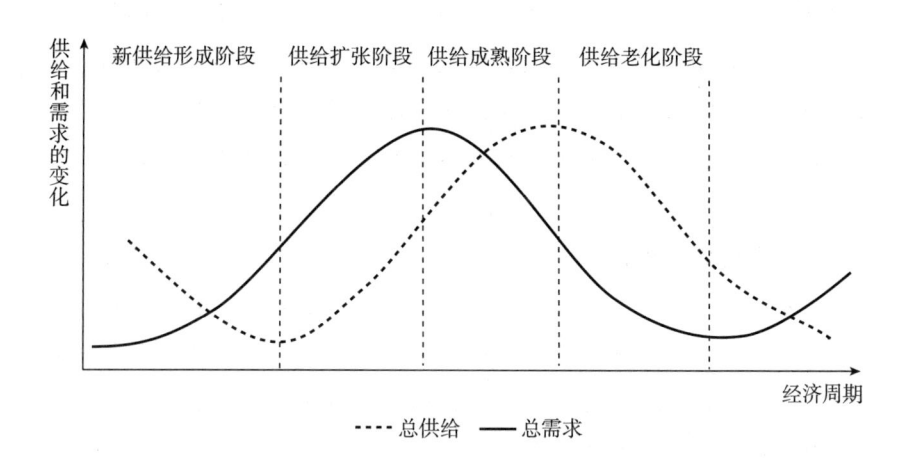

图 3-4　新供给经济发展周期

从图 3-4 可以看出，当一种产业的生产技术被众多企业采用，进入到供给成熟和供给老化阶段时，很可能导致产能过剩。与马克思经济学认为经济衰退的原因是私有制和市场本身运行不畅带来的，以及凯恩斯主义认为经济衰退的原因是有效需求不足不同，新供给经济学理论把经济周期性衰退的原因归结为供给结构老化。而要解决这个问题的有效办法就是采取"创新供给结构，引导新的供给，创造新需求"的结构调整和经济改革。为此，新供给经济学提出以"新供给创造新需求"为核心的政策主张。②

上述四个阶段实际反映的是科技进步和科技创新的进程，这种进程具体到一个微观的企业、一个具体的产品就是我们熟悉的产品寿命周期。站在供给侧的角度看，它反映的则是一个产业的市场生命周期。凡是一个产业发展到了供给成熟阶段，其产能基本饱和；凡是进

---

① 滕泰、范必等：《供给侧改革》，东方出版社 2016 年版，第 10—13 页。
② 贾康：《中国需要以改革为核心的新供给经济学》，《地方财政研究》2013 年第 2 期。

入到供给老化阶段,产能呈现过剩。这一特点在我国的钢铁、火力发电等行业体现得尤其明显。对钢铁行业来说,我国的基本状况是总体产能过剩,而高技术含量产能严重不足。对发电行业来说,高耗能小机组众多,而超临界大功率机组比重偏低。这种低端过剩的状况,是与前一个发展阶段的需求结构相适应,而高端产能的不足则呼唤着供给侧的创新与进步,使之进入新的供给经济周期,实现整个社会的进步与发展。

六 市场失灵理论

西方经济学家认为,市场失灵是指市场失去效率。在市场经济条件下,市场对社会资源的配置可以起决定性作用,这一作用的发挥要通过市场的价格机制来完成。但是,市场发挥配置资源作用以及价格机制发生作用都需要具备一定的条件,当条件不具备时,这些作用就不能发挥。市场不是万能的,在实际运行中,存在着众多市场自身难以解决的问题,如果市场配置资源出现了低效率或无效率状况,就是出现了市场失灵。"市场不是理想的,存在着市场失灵"(P. A. 萨缪尔森)。[①] 市场失灵理论的早期代表人物有19世纪末期的杰文斯、门格尔、瓦尔拉斯,他们的边际革命促进了微观经济学的产生,并为人们认识市场缺陷奠定了基础。之后张伯伦、罗宾逊夫人分析了垄断和垄断竞争条件下的生产者行为,从市场内生地位出发对垄断进行分析,将垄断作为研究市场失灵的首要关注点。以庇古为代表的旧福利经济学确立了资源最优配置的标准和社会福利最大化标准,并提出外部性理论。在此基础上,新福利经济学以帕累托最优为研究的核心,从社会福利的角度分析市场经济的优点和缺点,并把市场缺陷作为重要的研究领域。萨缪尔森等对外部性、公共物品和信息不对称等问题的研究,将市场失灵的研究不断向前推进。市场失灵理论以萨缪尔森的《公共支出的纯理论》一文发表为标志,经过多年的发展,逐渐走向

---

① 陈振明:《市场失灵与政府失败——公共选择理论对政府与市场关系的思考及其启示》,《厦门大学学报》(哲学社会科学版)1996年第2期。

成熟并拥有固定的研究内容。①

市场失灵理论认为,市场能力是有限的,其有限性决定了市场不可能从根本上解决经济发展中的风险性和动力问题,政府的宏观管理具有重要意义。"市场失灵"的主要原因有以下三个方面。

(一)外部性因素

外部性是指某经济主体的活动对他人有利(正外部性)或不利(负外部性)影响,这种影响却不会因此得到补偿或付出代价,这种现象就是外部性影响,也叫溢出效应。当经济主体的活动对他人产生有利影响时,可以将其称为外部经济或正外部效应;当经济主体的活动对他人产生不利影响时,将其称为外部不经济或负外部效应。但无论经济主体的活动对他人的影响是正外部效应还是负外部效应,总的效益与经济主体交易行为所得的利益不同,都会造成资源配置的低效率,出现市场失灵。社会为了达到最大的经济效果,应该鼓励那些能够带来正外部效应的生产活动,限制那些带来负外部效应的经济活动,但仅靠市场机制则无法达到这一目的,所以需要政府的宏观调控。

(二)信息不对称因素

信息不对称是指不同的市场主体在市场交易活动中所拥有的信息存在明显的差异。这种差异既可以是信息量的多少,也可以是信息的准确程度。拥有信息量比较多或信息准确程度高的市场主体一般处于比较有利的竞争地位,而信息量匮乏或信息准确度不高的市场主体则处于不利的竞争地位,由此造成不完全市场竞争。在这种情况下,决策者会因信息的缺乏而做出错误的决策,带来经济上的损失。信息不对称状况还可能对生产者产生误导,会使他们把一些东西生产得过多,而把另一些东西生产得过少,特别是信息不对称致使决策者为规避风险而加剧了从众心理,产生"羊群效应",最终导致市场效率低下,市场出现失灵。

(三)垄断性因素

在市场竞争条件下,当某一产业在产出达到相对较高水平后,就

---

① 刘辉:《市场失灵理论及其发展》,《当代经济研究》1999年第8期。

会伴随着规模收益递增或成本递减的情况发生，这种情况会导致自然垄断的形成。① 垄断者可以采取某种方式控制产量和价格。市场竞争必然会导致垄断的发生，垄断的出现是对市场机制和市场调节功能的破坏，使市场运行效率降低。在这种情况下，帕累托最优条件被破坏，无法实现资源配置效率，出现了市场失灵。

由于市场失灵的存在，使市场主体在决策市场行为的过程中不能准确地判断市场真实需求状况，不能准确把握市场发展的趋势，加之"羊群效应"的误导和垄断者的控制，都有可能使生产主体向市场提供的产品与市场的真实需求相脱离，导致出现过剩产能。正是由于市场失灵在市场经济条件下的不可避免，才使政府对市场的科学干预成为必要，而政府对市场干预可采取的手段就包括财政手段，这其中财政政策是大有可为的。

应该强调的是，目前按照绿色发展理念，生态标准越来越成为企业、产业是否应该生存和发展的重要判别标准。对企业或产业来说，可能市场对其产品有需求、可能生产经营活动有盈利，但某些产业（如钢铁、水泥等重化产业）生产经营活动需要占用一定的生态环境空间，其存在状态和发展规模如果不能得到合理的控制，将会对生态环境造成影响甚至破坏。这种状况靠单纯的市场机制是不能调整与改变的，需要以政府的引导、法律的约束和政策的规范去综合加以调控。这其中财政政策可以将政府的引导、法律的约束和政策的规范有机地融合在一起，将财政政策通过一定的传导机制，按照政府的预期目标和宏观发展的愿景作用于调控对象的相关产业，使作为调控对象产业的存在状态和发展规模符合生态标准，将过剩的产能压减下来，使产业的存在状态符合社会长远公共利益的要求。

七　可持续发展理论

可持续发展理论的提出和形成经历了很长的时间。20世纪五六十年代，人们在经济增长、人口、城市化进程和资源等所形成的环境压

---

① 郭庆旺、赵志耘：《公共经济学》（第二版），高等教育出版社2010年版，第23页。

力下，对经济增长的模式产生置疑并进行讨论。1962年，美国海洋生物学家莱切尔·卡逊发表的著作《寂静的春天》，该书从陆地到海洋、从海洋到天空，多角度、全方位地阐明了广泛使用化学农药对人类生存环境带来的巨大和无法逆转的危害，由此引起了很多人对发展观的思考。

一般认为，可持续发展理论起源于20世纪70年代，形成于20世纪80年代。1972年，美国学者德内拉·梅多斯、乔根·兰德斯和丹尼斯·梅多斯等出版了《增长的极限》一书，书中提出了经济发展要努力做到"持续增长"以及经济发展要实现"合理、持续和均衡发展"的观点，这种将资源环境因素引入经济发展视野的观点标志着可持续发展思想的萌芽。同年，联合国世界环境大会于瑞典斯德哥尔摩召开，经过广泛讨论，发布了《人类环境宣言》，提出了"生态的发展""连续的或持续的发展"等关于发展的概念。在以后的有关会议和文件中，逐渐确定了"持续发展"的提法。此后，世界自然及自然资源保护联盟（IUCN）于1980年发表的《世界自然保护战略》中首先提出这一概念和相关主张。1983年11月联合国大会通过了《成立世界环境与发展委员会的决议》，会上任命挪威首相布伦特兰夫人（Gro Harlem Brundtland）担任该委员会的主席。1987年，联合国环境与发展委员会出版的《我们共同的未来》，正式提出了"可持续发展"的概念和模式。可持续发展的内涵表述为：不仅要满足当代人的生存要求，还要满足后代人的生存要求，以实现经济、生态和社会的全面协调可持续发展。该报告提出，可持续发展的目的就是要使全球人口都能达到基本的生活要求，进而追求更加理想的生活境界。1992年，联合国环境与发展大会以"可持续发展"为指导思想，制定并通过了《21世纪行动议程》和《里约宣言》等重要文件，呼吁各成员国努力实现本国的可持续发挥，同时要加强合作，来推动《21世纪行动议程》的落实。《21世纪行动议程》提出，为实现可持续发展战略，要从资源型经济增长模式逐步过渡到科技型增长模式，提高资源和能源的利用效率，积极实行产业结构调整，改进生产工艺，大力研发新技术和新产品，努力实现经济发展、社会发展与环境保护的协调,要努力做到社会经济发展在满足当代人需求的同时,不危害后代人的需求,做到可持续经济、可持续社会和可持续生态环境三个方面的均衡发展和协调统一。1993年为贯彻落实联合国大会决议,中国政府率先制定了《中国21世纪议程》,该议程提出,走可持续发展之路,是中国在未来和下世纪发展的自身需要和必然选择。自此把可持续发展战略纳入到中国国民经济和社会的长远规划中。[①]

可持续发展是一项经济和社会发展的长期战略。可持续发展理论的核心,就是可持续经济、可持续生态和可持续社会三方面的协调统一,要求人类在发展中讲究经济效率、关注生态和谐和追求社会公平,最终达到人的全面发展。其主要内容有:①在经济可持续发展方面,可持续发展不仅重视经济增长的数量,更追求经济发展的质量。可持续发展要求改变传统的以"高投入、高消耗、高污染"为特征的生产模式和消费模式,以提高经济活动中的效益和节约资源。从某种意义上说,集约型的经济增长方式就是可持续发展在经济方面的体现。②在生态可持续发展方面,可持续发展要求经济建设和社会发展要与自然承载能力相协调发展的同时必须保护和改善生态环境,保证以可持续的方式使用自然资源和环境成本。③在社会可持续发展方面,可持续发展强调社会公平是环境保护得以实现的机制和目标。可持续发展指出,世界各国的发展阶段可以不同,发展的具体目标也各不相同,但发展的本质应包括改善人类生活质量,提高人类健康水平,创造一个保障人们平等、自由、教育、人权和免受暴力的社会环境。也就是说,在人类可持续发展系统中,经济可持续是基础,生态可持续是条件,社会可持续才是目的。

由此可知,可持续发展理论强调在经济活动中要特别关注生态环境保护,对环境保护、资源循环利用的活动给予鼓励;反之,则要求摒弃。在确定发展指标体系上,可持续发展采用社会、经济、文化、环境等多样化指标体系,并不局限于国内生产总值。在这种发展观

[①] 刘学谦、杨多贵、周志田等:《可持续发展问题研究》,科学出版社2010年版,第3—7页。

下,国家、地方和企业才能更好地把握眼前利益和长远利益、局部利益与整体利益的关系,实现经济持续健康地发展。按照可持续发展理论的要求,经济发展不能仅仅着眼于当前,更要着眼于长远;不仅要着眼于眼下的快速发展,更要着眼于经济社会发展的可持续性;不仅要着眼于经济本身的发展,而是要综合考虑经济发展、社会发展、生态建设和文化建设等各方面的协调。依据可持续发展的标准来衡量,过剩产能的存在显然是不利于经济可持续发展的,它不仅占用有限的社会资源,而且还对自然资源和生态环境造成危害。虽然眼下过剩产能的存在可能成为当时经济总量的组成部分,但从可持续发展的角度看,过剩产能显然是一种负能量。因此,压减过剩产能、淘汰落后产能势在必行。在去产能的过程中,充分发挥市场配置资源的决定性作用,同时发挥政府宏观经济政策的引导和调控作用,大力发展绿色经济,推进科技创新,积极开发和利用新能源和可再生资源,达到经济社会和生态环境的协同发展和共同进步。

八 动能转换理论

在社会经济发展过程中,在不同时期、不同历史阶段总会有一种与之相对应的经济模式推动着经济社会的发展。不同时期、不同历史阶段的发展模式都会有一个从产生到衰落的过程。对我国来说,持续了相当一段时间的以资源消耗、总量扩张、政府导向的粗放型发展模式到现在已经进入了动力不足的状况。当前,迫切需要寻找新动力,释放新动能,体现新驱动,实现新跨越。

从一般意义上说,新旧动能转换是社会生产力发展到一定阶段的客观要求。"动能"一词是物理学上的名词,意指物体运动而具有的能量。对经济与社会发展来说,所谓新旧动能转换就是发展和创造新的经济增长动能、改革和再造旧的发展动能,实现经济与社会发展由新的动力来驱动。这里说的新动能,是指新一轮科技革命和产业变革中形成的经济社会发展新动力,包括新技术、新产业、新业态、新机制和新体制。这里说的旧动能,是指传统技术、传统产业、传统业态、传统机制和传统体制,包括采用传统生产经营方式的农业、工业、服务业和旧的管理体制及旧的宏观经济运行机制。新旧动能转换的核心特征就是"创新"。约瑟夫·熊彼特（1912）在其著作《经济发展理论》中首次提出了创新理论观点。他认为，所谓"创新"就是建立一种新的生产函数，也就是说，把一种从来没有过的关于生产要素和生产条件的"新组合"引入生产体系。这种"新组合"包括五个方面的内容：①采用一种新产品或一种新产品的一种新的特性；②采用一种新的生产方式；③开辟一个新市场；④掠夺和控制原材料或半成品的一种新供应来源；⑤实现任何一种工业的新组织。① 创新是熊彼特经济发展理论的核心，经济由于创新而得以发展，创新是经济发展的不竭动力。熊彼特的理论说明"创新"的本质在于"创"，是新创造出来的，而不是模仿出来的。② 这种创新既包括培育新动能，也包括淘汰旧动能。

2015年10月28日，习近平总书记在接受路透社采访时提出："中国经济发展进入新常态，正经历新旧动能转化的阵痛，但中国经济稳定发展的基本面没有改变。"自此"新旧动能"开始出现在国家领导人讲话中；2016年李克强总理在《政府工作报告》中三处提到"新旧动能"；2017年李克强总理在《政府工作报告》中两处提到"新旧动能转换"，2017年1月，国务院办公厅印发了《我国培育新动能、加速新旧动能接续转换》（国发办〔2017〕4号文件）的第一份文件。③ 2017年10月党的十九大进一步提出，我国经济由高速增长阶段转向高质量发展阶段，要加快建设现代化经济体系，培育新增长点，形成新动能，把创新作为建设现代化经济体系的战略支撑。2018年1月3日，国务院正式批复《山东新旧动能转换综合试验区建设总体方案》，这是我国第一个以新旧动能转换为主体的区域性国家发展战略。同年6月，习近平总书记考察山东省济南市时提出，要加

---

① ［美］约瑟夫·熊彼特：《经济发展理论》，何畏等译，商务印书馆2009年版，第75—76页。

② 李增刚：《新旧动能转换中地方政府的作用于财政支持》，《公共财政研究》2017年第5期。

③ 马海涛、高珂：《经济增长动能转换的财政政策研究》，《财经智库》2018年第2期。

强创新发展，进一步加强新旧动能转换。在此背景下，新旧动能转换成为当前我国经济发展和产业结构调整的主旋律。

我国某些产业之所以存在过剩产能，就是因为这些过剩产能在当时曾经推动了区域经济的发展，曾经发挥了推动经济发展的动能作用。当前实施去产能，就是要使这些曾经发挥过动能作用的过剩产能实现市场出清或转型发展。动能转换理论是实施去产能的重要理论依据。某些产业存在的产能过剩状态，浪费了社会资源，恶化了生态环境，扰乱了市场秩序。当市场和可持续发展目标要求不能再以这些过剩产能支撑经济发展、不能再以这些过剩产能作为经济发展动能时，新旧动能转换的要求就自然产生。新旧动能转换理论内涵所包含的新技术、新产业、新业态、新机制和新体制，既是实现去产能的路径，也是去产能所要实现的奋斗目标，更是实现去产能的保障。因此，去产能的过程，对一个地区和一个国家来说，必然同时是新旧动能转换的过程。因此，在去产能的操作过程中，努力按照新旧动能转换的要求来实施，既非常必要也非常可行。

对于财政政策助力去产能来说，应该努力按照新旧动能转换的本质要求，在新技术、新产业、新业态、新机制和新体制等几个着力点上精准发力，使财政政策有效推动新旧动能转换，进而高质量完成去产能的阶段性任务。

九 产业生命周期理论

产业是指具有同质性的产品的一个行业归类，也是使用相同原材料、相同工艺技术或生产产品用途相同的各类企业的集合体。产业生命周期是在产品生命周期的基础上提出的。美国的波茨和阿伦于1957年出版的《新产品管理》一书中首次提出了产品生命周期的概念，他们提出，根据产品的销售状况可以将产品的生命周期划分为投入期、成长期、成熟期和衰退期四个阶段。1966年，弗农（Vernon）根据产业从发达国家向欠发达国家依次转移的状况，提出了产品生命周期理论，他将产品生产分为导入期、成熟期和标准期三个阶段。1978年，阿伯纳西以美国汽车产业为实例分析了产品生命周期不同阶段企业的创新行为特征。① 之后，阿伯纳西和厄特巴克以产品的主导设计为主线将产品生命周期发展过程划分为流动、过度和确定三个阶段，由此构成了 A—U 产品生命周期理论。并提出企业的产品创新和工艺创新互相关联，在产品发展的不同阶段，对产品创新与工艺创新的着重点具有不同。② 20 世纪 80 年代，戈特和克莱珀以市场中企业数目为研究对象，对 46 个产品最多长达 73 年的时间序列数据进行了实证分析，发现了产业中企业的数目是随着产业的成长而发生变化的。根据这种变化，他们将产业生命周期划分为五个阶段，即引入期、大量进入期、稳定期、大量推出期和成熟期。据此建立了产业经济学意义上第一个产业生命周期模型。在这个模型的基础上，许多学者从多个角度研究了处于不同产业生命周期的企业在战略选择、组织结构形态、企业并购方式等方面的区别，对此研究从单一的产品生命周期研究过渡到了整个产业生命周期的研究。③ 其后许多学者都从不同方面对产业生命周期进行了多方位、多角度研究，揭示了产业生命周期与产业化过程、产量、边际利润和产业绩效等因素都有着密切的联系，每个产业一般都要经历从成长、成熟再到退出市场的动态过程。不同产业在各个发展阶段在产品生产与销售，技术创新与产品结构上呈现出不同的规律。产业生命周期就是从产业出现到被新产业所替代所经历的时间，一般分为形成、成长、成熟与衰退四个阶段，一个产业的发展过程一般都呈现出周期性的变化趋势。

戈特和克莱伯认为，产业形成和发展的基础是技术创新，新技术的产生可以孕育出一个新的产业，但新产业总是在原有产业的基础上形成并不断发展的。不可能脱离原有产业，新技术只有通过不断地改进创新使其成熟化，才可能从原有产业中分离出来。④ 产业生命周期

---

① 谭运嘉、靳晓东：《基于产业寿命周期理论的我国制造业企业专利研发战略》，《商业经济研究》2019 年第 1 期。
② 姚建华、陈莉銮：《产业生命周期理论的发展评述》，《广东农工商职业技术学院学报》2009 年第 2 期。
③ 张会恒：《论产业生命周期理论》，《财贸研究》2004 年第 6 期。
④ Myrdal, G., "Economic Theory of Under – developed Regions", *Economic*, Vol. 27, 1960, pp. 127 – 134.

演进过程，从形成期的生产要素投入和产出规模的缓慢增长时期，逐渐过渡到市场需求、要素投入和产出规模大量增加的成长期。再到市场逐渐饱和，投入产出增速下滑，适度的产能过剩成为一种常态，同时市场竞争加剧，经过优胜劣汰的市场机制调节逐渐进入趋于稳定的成熟期，直到企业逐渐退出与转移的衰退期的到来。

根据产业生命周期理论的划分，我国钢铁、煤炭、电解铝、平板玻璃等许多产业在经历了多年的高速发展以后，产量不断增长，许多产业的产量已经高居世界第一位。例如，我国钢铁产业的产量已经占世界钢铁总产量一半以上。目前国内大中型钢铁行业企业数量庞大，企业的大量涌入使产业总体规模扩张较快，类似已进入产业生命周期第三、四阶段中的成熟期与衰退期之间，产能利用效率进一步下滑，市场需求进一步萎缩，产能过剩现象日趋严重。但是，高技术含量的钢铁产品品种和数量却明显不足。

产业生命周期理论所体现的产业组织演进规律的重要作用在于为政府部门制定产业政策、金融政策、财政政策及企业进行战略选择提供参考。根据产业发展规律，在经济新常态下，政府可制定针对性的产业政策、金融政策、财政政策，促进产业转型升级和产业结构优化。所涉及的产业和企业也应根据自身实际情况调整竞争战略，主动迎合产业生命周期的发展规律，实现跨越式发展，避免陷入产业发展衰退期的陷阱。

第四节 去产能财政政策的传导机制及作用机理

一 去产能财政政策传导机制分析

在市场经济体制下，市场是一种资源配置系统，并且在资源配置中起决定性作用。但同时政府也是一种资源配置系统，政府通过行政、法律和经济的手段也可以有效地对社会资源进行配置，在这一过程中，市场与政府共同构成了社会资源配置体系。财政政策是政府调控和引导经济运行的手段与工具，政府对经济走势的不同导向在很多方面就是以制定不同的财政政策，并根据现实情况的变化不断调整财政政策而表现出来的。财政政策从制定到实施，再到最终实现财政政策目标，总是要通过一定的传导机制，使财政政策与作用对象联系起来。

关于财政政策的传导机制，目前大多数文献认为，陈共教授对于财政政策传导机制的描述是比较准确的。所谓财政政策传导机制，就是财政政策在发挥作用的过程中，各种政策工具通过某种媒介的相互作用形成的一个有机联系的整体，财政政策发挥作用的过程实际上就是财政政策工具变量经由某种媒介的传导转变为政策目标变量的复杂过程。① 可以说，这个过程就是媒介目标和最终目标之间的传导渠道。作为一个整体过程，财政政策意图要通过运用财政政策工具、调整媒介变量、作用于媒介目标等环节来实现最终目标。具体来说，财政政策意图通常要以政策工具为载体，政策工具的运用促使微观主体调整行为，进而使媒介工具发生变化，如政府支出促使企业或个人进行行为调整，使投资和消费等媒介工具发生变化；媒介工具的变化会使媒介目标，包括产品生产、货币市场等内部供求发生改变，并由此改变社会总需求或总供给。② 政策工具通过一系列环节的作用，最终可能实现政府的政策意图，财政政策的传导路径如图3-5所示。

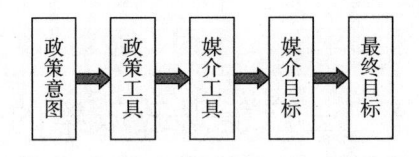

政策意图 → 政策工具 → 媒介工具 → 媒介目标 → 最终目标

图3-5 财政政策的传导路径

陈共教授将这一过程中的媒介工具归纳为收入、货币和价格。由于收入可以分为企业收入和个人收入，所以，财政政策传导机制所涉

---

① 陈共：《财政学》（第七版），中国人民大学出版社2012年版，第303页。
② 蒋永穆：《传导机制·行为反应：兼论我国财政政策的有效性》，《河南社会科学》2006年第3期。

及的媒介工具包括企业收入、个人收入、价格和货币。仔细分析这四个方面都与去产能相关。

去产能的任务包括压减过剩产能总量、推进结构优化和产业升级两项内容。因此，财政政策作用于去产能，其政策意图也应该是压减产能总量、推进结构优化和产业升级两个方面。在政策意图的统领下，可选择的财政政策工具包括税收、公共支出和政府采购等。这些政策工具以不同方式作用于媒介工具，例如，税收变化会对企业和个人收入产生影响。在去产能过程中，对需要限制的产业和产能可以提高税率，压缩其生存空间；对鼓励的产能项目可以降低税率、减少税赋、促其加快发展。对去产能过程中涉及的职工个人来说，可以通过政府公共支出（如定向补贴）对其实施有效安置，也可以通过政府采购公益性服务对去产能中的减员职工提供就业岗位，以增加其个人收入。政府也可以通过调整税收、选择公共支付对象和实施政府采购，对某些领域的产品和服务价格产生影响；政府还可以在财政政策目标的统一引领下，增加或减少货币发行量，进而实施对某些产业和产能的调整和引导。政策工具作用于媒介工具后，如果传递顺畅，一定会在媒介目标上体现出来。包括企业和个人收入状况的改变、相关产品价格发生变化、相关产业运营状况发生变化，等等，媒介目标的实现汇集起来就是政策目标的实现。对去产能来说，就是实现了政策意图所确定的政策目标，即过剩产能总量实现压减，产业结构实现优化升级。这一过程就是财政政策传导机制在去产能过程中的传导方式，具体传导过程如图3-6所示。

二 财政政策在去产能中的作用机理

分析我国的现实情况，财政政策通过传导机制在去产能中发挥作用，主要表现在以下六个方面。

（一）遏制过剩产能的扩张，消除过剩产能的存续

过剩产能是一种经济现象，是通过微观企业的经营状况和市场的供求关系表现出来的。只要市场需求增长，过剩产能就会由过剩转为不过剩，产能就会继续扩张；只要市场有需求，产能就会存在；只要企业经营有盈利，产能就能存续；只要微观企业的现金流为正值，过

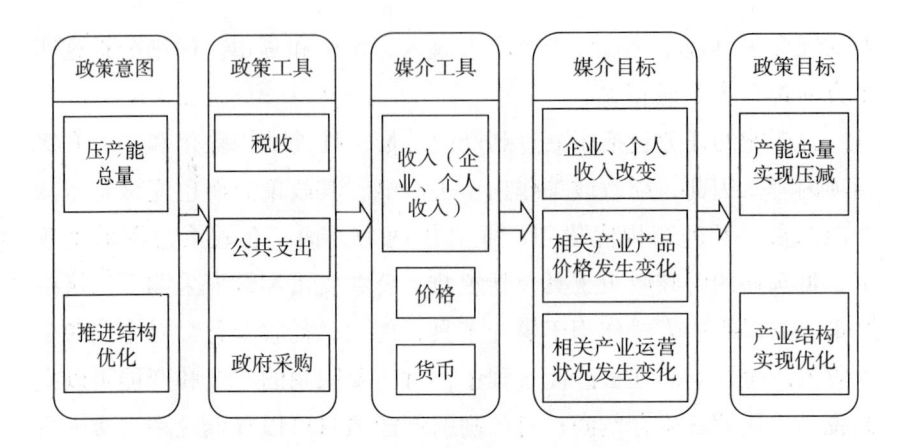

图 3-6　去产能财政政策的传导路径

剩产能就能得以维持。因此，如果通过一定的财政政策，改变了过剩产能扩张和维持的基础条件，过剩产能的扩张就会得到有效遏制，过剩产能的存续基础就会被清除，去产能就会因财政政策的作用而收到成效。为此，财政政策可以在财政收入和财政支出两端同时发力，推进过剩产能的有效化解和产业结构的优化升级。在财政收入方面，税收是财政政策最有利的工具。由于税收具有强制性、普遍性和针对性强的特征，通过税种的增减和税率的调整，可以非常迅速有效地改变某个产业的运行状况和生存空间，或使其快速发展，或使其无法生存，或使其扩张状况受到限制。由此可见，税收对去产能和优化产业结构都具有非常重要的促进作用。

此外，财政收入还包括财政性收费和资产处置收益，这些都可以用于对某些产业的限制和引导，发挥其去产能的相关作用。在财政支出方面，积极的财政政策与紧缩的财政政策会对市场需求产生不同的影响，财政支出的投入领域会对社会资金的投入发挥明显的引导作用。从去产能角度来说，财政支出完全可以通过引导社会资金、削减某类产品的需求而压缩过剩产能的生存空间，从而达到去产能的目的。

（二）引导过剩产能产业的转型升级发展

去产能是供给侧结构性改革的首要任务，但去产能绝不是将过剩产能产业彻底消除，而是通过去产能达到两个目的：一是过剩产能产业的总产能被压减，存续产能相对合理，产业本身实现结构优化升级。二是被化解的产能，利用其置换出的生产要素实现跨行业、跨领域的转型发展。这一过程会产生两个结果：其一，过剩产能产业由过剩转变为不过剩，使产业本身的存量更优化、更合理，使产业竞争力由"大"变"强"；其二，通过去产能实现部分产能市场出清，使原来过剩产能占用的生产要素由闲置、低效转为充分有效利用，即实现转产或转向。转型发展的生产要素通过优化配置进入市场发展前景广阔、市场需求状况良好的产业，优化了社会整体的供给侧结构。对产业的转型升级，财政政策完全可以介入其中，财政资金可以通过多种支出渠道，带动社会资金共同注入产能过剩产业调整结构和产业转型的过程中，会对产能过剩产业的结构优化和转型升级发挥重要作用。这其中财政资金作为转型发展中的"增量资金"，对社会资本的投向可以发挥导向作用，进而也引导产业结构的调整与优化升级。

（三）防范去产能过程中的金融风险

在近几年去产能的实践中，人们议论很多并给予关注的是去产能过程中的债务处置和可能由此引发的金融风险。去产能必然会使企业资产负债状况发生改变，使一些资产价值大大贬损，一些彻底退出市场的企业很可能丧失或降低偿债能力，一些金融债务很可能被悬空或转为不良资产。而这些企业不仅自身承担着方方面面的负债，而且与其他企业还存在相互之间的债务担保关系。如果处理不好，很可能发生连锁反应甚至"多米诺骨牌"现象，引发大的债务风潮和金融动荡。所以，妥善处理去产能中的债务问题，主动防止化解可能出现的金融风险，是去产能实际操作中的关键环节，在这一环节中，财政政策可以发挥有效的防范作用。财政握有国有资产的处置权和国有资产处置收益的使用权；对国有银行握有调整其资本结构的决定权；对银行核销呆坏账损失享有审核权。财政部门的这些权力完全可以演化为相关财政政策，有针对性地运用到去产能中的债务处置和金融风险防范中。对金融机构因去产能而发生的损失，财政部门可以用国有资产处置收益对合理债权损失进行弥补；可以对去产能中的呆坏账损失实施特殊核销；可以对国有商业银行的资本构成进行补充和调整。在这方面，财政政策发挥作用的空间非常大、发挥作用的方式也非常多。

（四）维护去产能过程中的社会稳定

去产能会引发经济运行状况的变化，淘汰落后产能和企业并购重组必然伴随着一些企业的关停和设备的拆除，这也必然导致就业岗位的减少和企业可能的裁员。市场出清的企业，职工要全员下岗，而这些职工的重新就业与否是重大的社会稳定问题。因此，去产能最大的社会风险和隐患，就是丧失就业岗位的职工如何妥善安置。保护这些离开工作岗位职工的合法权益，就是保证人民群众的利益，就是民生财政的重要职责。各级政府完全有必要也完全可以通过相关财政政策的制定与实施，通过财政资金的补贴或专项支出，使在去产能过程中离开工作岗位的职工得到妥善安置。其操作方式为：可以通过培训使离岗职工掌握其他劳动技能；可以对离岗职工自主创业和自谋发展给予补贴；可以由政府购买岗位提供给需要就业者选择；也可以引导其进入社会保险的保障范围；等等。在这些方面，财政政策一般以财政专项支出和专项补贴的方式来运作，如2016年财政支出1000亿元设立专项奖补资金，对去产能中的职工分流安置给予奖补。这些政策措施可以有效维护去产能中的社会稳定，实现去产能与"惠民"的同步操作。

（五）合理分担去产能过程中的社会综合成本

去产能是实现可持续发展的重要举措，但在现实操作中是要发生相关成本的，这些成本可以体现在企业、行业和政府等方方面面。去产能是一项系统工程，涉及的成本也是由多方面构成的，为此可以将去产能过程中发生的成本表述为综合成本。那么综合成本由谁来承担、各方承担者应分摊什么比例，这是需要认真思考和解决的现实问题。这其中有宏观利益和微观利益的博弈、有企业利益与政府利益的博弈，也有中央政府与地方政府利益的博弈。统筹协调好这些复杂的利益关系，对去产能的顺利实施至关重要。而对这些关系的协调，财政政策可以发挥决定性和引领性作用。

通过财政政策的制定和实施，确定去产能过程中的利益格局、确定去产能的综合成本、确定相关方面对去产能中所发生的综合成本的分担方式和分担比例，有助于去产能过程的有序推进，调动相关方面的积极性,从整体上维护相关方面的利益公平。

(六) 对供给和需求两端发挥双向调控作用

财政作为调整国民收入初次分配和国民收入再分配的手段,从诞生之日起就对社会经济生活从多方面发挥引导和调控作用。对于市场经济条件下供需双方来说,财政政策通过自己特有的途径和手段可以分别对供给端和需求端发挥有效的调控作用。也正因为如此,在不同的历史发展阶段,针对不同的经济发展状况,政府可以用积极的财政政策或稳健的财政政策乃至紧缩的财政政策等调控经济的走势,调控供需双方,进而也可以对去产能发挥作用。

从供给方来说,财政可以通过政策调整以多种途径来鼓励和限制一种产品的供给。如果要限制一种产品的供给,可以上调这种产品的税率,增加这种产品财政性的收费,增加这个行业有偿占用土地、矿山资源的成本,进而使这种产品的生产总成本提高,实现限制这种产品的生产,遏制这个产业投资的目的。对已经发生产能过剩的产业,通过这些政策可以使其加快退出市场。

从需求方来说,财政可以通过政策的调整来扩大对某种产品的需求,进而刺激某种产品的供给。如对某种产品的销售,采取降低税负、降低财政性收费、实施销售价格补贴等,都可以达到降低产品销售价格,刺激产品消费需求,进而扩大消费的目的。

从供需双方的匹配与衔接来说,财政可以通过政策的调整实现供需双方的有效对接,实现供需双方的平衡。如前几年我国实施了鼓励家电下乡政策,既是对消费需求的刺激,也是对供给侧产能过剩的一种消化,是对供需双方同时发力的一种调整政策。财政对供需双方的调整,大多情况下是通过一定的财政政策使供应方的成本降低或增高,进而影响其销售价格达到控制或鼓励产能的作用;通过一定的财政政策使需求方的购买价格降低或增加,进而达到鼓励消费或限制消费的作用。这种双向的调控作用可以用图 3-7 和图 3-8 来反映。[1]

---

[1] 李正旺、周靖:《产能过剩的形成与化解:自财税政策观察》,《改革》2014 年第 5 期。

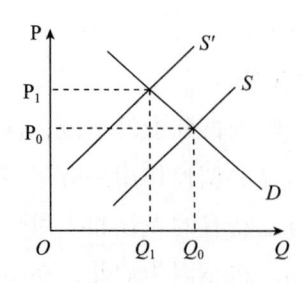

图 3－7　供给侧财税政策对去产能的影响

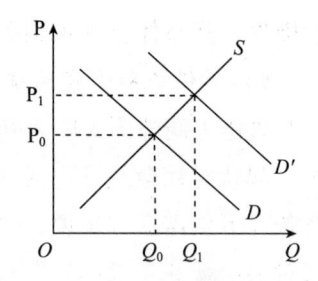

图 3－8　需求侧财税政策对去产能的影响

从供给侧的角度去产能，财税政策主要表现为通过调整财税政策鼓励引导产业结构调整与优化升级，制定优惠政策，支持企业兼并重组；设立专项补贴，鼓励技术进步与创新等。利用财税政策增大过剩产能行业的经营成本，提高均衡价格，减少均衡产量，进而压减过剩产能规模。通过实施上述财政政策会引起供给曲线由 S 向左移至 S′，供给方面的均衡产量由 Q_0 减少到 Q_1，均衡价格由 P_0 增加到 P_1，在需求不变的情况下，产能供给减少，从而实现去产能，具体如图 3－7 所示。

从需求侧的角度去产能，财税政策主要表现为通过扩大财政支出、运用财政补贴、转移支付等政策工具，增加市场需求；通过税收优惠和价格补贴，鼓励市场扩大消费需求。利用财政政策可以提高均衡价格，增加均衡产量，增加市场需求量，进而通过需求量的增加消化过剩产能。实施上述财政政策后会引起需求曲线由 D 向右移至 D′，需求方面的均衡产量由 Q_0 增加到 Q_1，均衡价格由 P_0 增加到 P_1，在供给不变的情况下，产能需求增加，从而实现去产能，具体如图 3－8 所示。

第四章　我国产能过剩的历史沿革与政策调控轨迹

自改革开放以来，我国曾发生过四次较大规模的产能过剩，针对每次产能过剩的发生，各级政府都采取了相应的政策措施。回顾我国产能过剩的历史沿革与政策调控轨迹，有利于我们准确把握产能过剩发生的经济背景，分析认识政策调控的利弊得失，有利于我们更好地把握当前去产能政策创新的方向和着力点。

第一节　我国产能过剩的宏观经济背景

改革开放以前，我国实行的是完全的计划经济体制。计划经济是一种高度集中、以政府指令性计划指导经济运行的经济体系。在这种体制下，生产资料以公有制为主体，资源配置由政府发布指令，国民经济运行按政府计划实施。尽管在当时也曾出现过产业调整、投资调整等一系列问题，但我国当时的经济状况总体表现为需求强劲和供给不足，是一种典型的短缺经济。因此，产能过剩问题在当时基本不存在，虽然偶有某些领域投资过大过快，发生超过有效需求的现象，但都不能成为当时中国经济的一种重要特征。

改革开放以后，我国的产能过剩问题是随着市场经济体制的逐步确立、市场在资源配置中决定性作用的逐渐发挥、企业作为市场主体作用的逐步增强和地方经济利益日趋显现的情况下发生的，并一直伴随着我国经济的发展而存在。这一过程应该结合我国经济增长的波动周期来进行分析。

1981—2017 年，我国经济增长率和全社会固定资产投资增长率变化情况如表 4-1 和图 4-1 所示。

表 4-1　　　我国经济增长率和全社会固定资产投资增长率

（1981—2017 年）　　　　　　　　　　单位：%

年份	经济增长率	全社会固定资产投资增长率	年份	经济增长率	全社会固定资产投资增长率
1981	5.20	5.50	2000	8.43	10.26
1982	9.10	28.03	2001	8.30	13.05
1983	10.90	16.23	2002	9.08	16.89
1984	15.20	28.17	2003	10.03	27.74
1985	13.50	38.75	2004	10.09	26.83
1986	8.80	22.70	2005	11.31	25.96
1987	11.60	21.51	2006	12.68	23.91
1988	11.30	25.37	2007	14.16	24.84
1989	4.10	-7.22	2008	9.63	25.85
1990	3.84	2.42	2009	9.21	29.95
1991	9.18	23.85	2010	10.45	12.06
1992	14.24	44.43	2011	9.30	23.76
1993	13.96	61.78	2012	7.65	20.29
1994	13.08	30.37	2013	7.67	19.11
1995	10.92	17.47	2014	7.40	14.73
1996	10.01	14.46	2015	6.90	9.76
1997	9.30	8.85	2016	6.70	7.91
1998	7.83	13.89	2017	6.90	7.20
1999	7.62	5.10	—	—	—

资料来源：国家统计局官网、1981—2017 年《中国统计年鉴》。

从表 4-1 可以看出，我国的经济增长速度和固定资产投资的增长速度是呈现周期性波动的。

依据图 4-1，从 1981—2017 年我国的经济增长速度来看，大体呈现三个高峰期和三个低谷期，三个高峰期大致为 1981—1988 年、1992—1996 年、2004—2008 年，其他阶段为低谷期。这一时期的经济增长曲线体现了较为明显的周期性和较大的峰谷差，1984 年的经济增

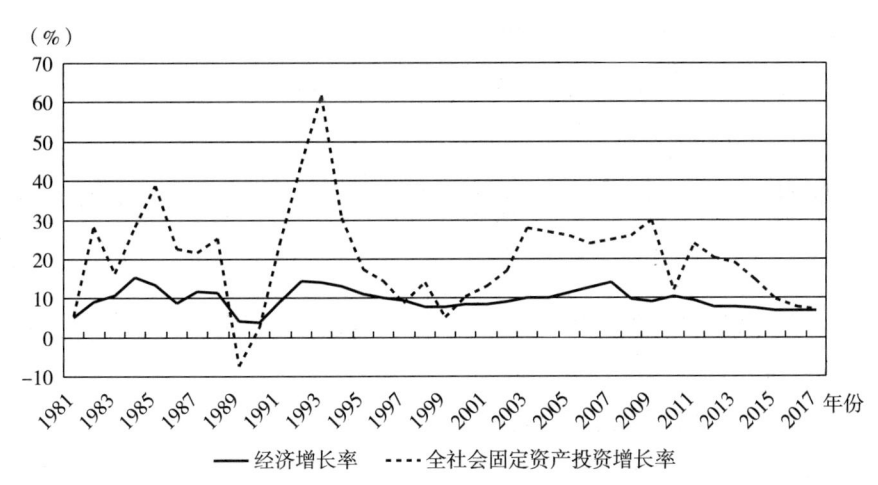

图 4-1　我国经济增长率和全社会固定资产投资增长率（1981—2017 年）

资料来源：国家统计局官网、1981—2017 年《中国统计年鉴》。

长速度为 15.20%，而 1990 年的增长速度仅为 3.84%，2010 年以后，我国经济增长速度呈现低速平缓状态，2010 年当年经济增速为 10.45%，而以后年份均低于 10%，变为个位数增长。这种变化的周期性规律虽然与国际经济波动的时间有契合，但也反映了我国经济增长的内在原因和经济结构变化的自身特征。

依据图 4-1，从我国固定资产投资的增长速度来看，也大体呈现三个高峰期和三个低谷期，三个高峰期为 1982—1988 年、1991—1995 年、2002—2009 年，其余时间为低谷期。这一曲线反映了我国固定资产投资在这一时期呈现了极大的波动性，1993 年的 61.78% 与 1989 年的 -7.22% 相差 69 个百分点，并且仅相隔四年时间。

从我国 1981—2017 年的经济增长曲线与固定资产投资增长曲线的对比分析中可以清楚地看出：凡是我国经济增长速度较高的年份，固定资产投资的增长速度也相应较高；凡是经济增长速度较低的年份，固定资产投资的增长速度也较低。两条曲线波动的规律性总体趋势基本上是一致的，这种状况与我国产能过剩的出现时期是大体吻合的。从曲线的走势来看，凡是经济增长速度高的年份，固定资产投资增长速度也高，而固定资产投资增速的提高也意味着一些领域产能的增长；当经济增长速度出现下降时，社会有效需求必然会随之降低，而此前经济高速增长时期和固定资产投资高速增长时期形成的产能则表现为过剩。上述规律在我国改革开放以来出现的四次产能过剩中得到了验证。

第二节 我国产能过剩的历史沿革和特征

回顾我国经济发展的历程，改革开放以来，我国较大规模的产能过剩大体出现了四次。

一 第一次产能过剩出现于1988—1995年

(一) 产能过剩的形成

改革开放以前，我国在计划经济体制下一直呈现经济短缺状况。1978年开始的改革开放使中国告别了计划经济时代的低效率生产模式，被压抑的消费需求出现了爆发式的膨胀，并直接刺激了相应消费品制造业的迅速扩张。在强劲需求的推动下，纺织、食品、服装、彩电、洗衣机、空调和电冰箱等项目纷纷上马，形成了全国范围内大规模的重复建设。[①] 这种状况既导致了国内市场产品结构的高度相似，也导致了各地区产业结构的高度趋同。这一时期，虽然人们的消费能力快速增长，但与之对应的消费品生产能力则增长更快，出现了生产能力与消费能力的不匹配，产品出现了严重的过剩。应该说明的是，这一时期的消费品过剩不能认为是总量的绝对量过剩，而是由于改革开放初期我国居民的消费水平虽然显著提高，但总体消费能力仍然处于低水平，当时的产能过剩是基于当时的消费能力而言的。

这一时期的产能过剩以家电行业最具代表性。改革开放初期，我国家电行业发展几乎是一片空白，为加快这一行业的发展，中央政府在1978年批准上海市引进第一条彩电生产线，1980年广州万宝从新加坡引进二手设备生产线并生产出中国第一代家用电冰箱。此后，中国家电行业迅猛发展，各省市纷纷从国外引进彩电、洗衣机、冰箱和

---

① 受计划经济时期的遗留矛盾影响，改革开放初期，人们急切需要"温饱型消费"，即能够满足衣食住行等基础性需求的消费，如食品、纺织、服装、彩电、洗衣机、空调等。

空调等生产线,生产能力急剧扩张。据统计,到 20 世纪 90 年代初,全国生产彩电的省(市、区)有 23 个,生产洗衣机的省(市、区)有 29 个、生产电冰箱的省(市、区)有 23 个,纺织、塑料、自行车、钢铁、石油加工、摩托车、化学纤维等许多工业产品分别由近 30 个省(市、区)同时生产。① 各地区重复建设导致了国内市场产品结构的高度趋同,使供给快速扩大,市场竞争日趋激烈。1978 年,全国洗衣机年产量仅有 4000 台,到 1985 年洗衣机年产量达到 887.2 万台;电冰箱从 1978 年的 2.8 万台增加到 1988 年的 757.63 万台,仅 1988 年一年就增加了 356 万台。② 与此同时,这一时期,不仅产品结构相类似,产业结构也很相似。据有关部门测算,当时,地区工业结构与全国工业结构的相似系数达 90% 以上的省(市、区)有 22 个。③ 在重复建设的推动下,国内市场生活消费品的供给快速增加,但是,由于居民收入水平的限制,人们的消费能力并没有相应地增长,由此导致市场供大于求,出现了较严重的产品过剩现象。

(二)本次产能过剩的特征

这一时期以家电行业为代表的产能过剩和产能平衡,具有以下两个特点。

1. 集中体现在消费品领域

这与改革开放初期我国居民消费需求被迅速释放、消费能力迅速提升直接相关。在消费需求和消费能力提升的情况下,直接刺激的生产能力提升必然是与之对应的消费品。所以,这一阶段的过剩更多地表现为"产品过剩"④,产品过剩与目前讨论的制造业出现的严重产能过剩是有区别的。因为这一时期受收入水平限制人们的消费能力还相对较低,就绝对需求量来说,家电和轻纺等产品的生产能力还远远

---

① 方度:《解决经济建设中"大而全、小而全"和盲目重复建设问题的研究》,《宏观经济管理》1997 年第 1 期。
② 产业转型升级课题组:《结构转型与产能过剩:理论、经验与政策》,人民出版社 2017 年版,第 137—140 页。
③ 简新华、陈志祥:《增加有效供给,促进经济增长》,《理论前沿》2000 年第 22 期。
④ 高越青:《"中国式"产能过剩问题研究》,博士学位论文,东北财经大学,2015 年,第 78—79 页。

没有满足人们的消费需求欲望。总体上看，市场上呈现出产品过剩与产品短缺并存的矛盾。

2. 产能过剩的形成起初是国家计划指导，此后去产能由市场调节完成

在改革开放初期，我国家电行业实行的仍然是定点生产资格认证和引进设备批准制度。因此，在家电行业的设立与设备的引进中，政府扮演着非常重要的角色，在起步时生产能力的形成中起了主导作用。但是，随着生产能力与社会需求的不匹配，直至产能过剩的出现，使市场作用在调解过程中显得越来越重要。在国家停止新增厂点设立的同时，在市场中进行的"价格大战"、"质量大战"等推动了过剩产能的市场出清，也推动了家电行业的整合重组。

二 第二次产能过剩出现于1996—2002年

（一）产能过剩的形成

我国的这一次产能过剩是在市场经济基本形成的条件下出现的。1992年以邓小平发表"南方谈话"为标志，我国形成了新的一轮投资和基本建设热潮，经济发展呈现高速增长态势。1992—1994年的经济增速分别为14.24%、13.96%和13.08%，与1992年之前的个位数增长相比保持了两位数的增长速度，且1992—1994年的全社会固定资产投资增长率分别为44.43%、61.78%和30.37%，而1989—1991年增速仅为-7.22%、2.42%和23.85%。经济的高速增长和固定资产投资的快速增长，从表观上显示了需求的强劲。与此同时，高速增长的固定资产投资也在多个领域形成了生产能力的极度扩张。需特别指出的是，当时我国的技术创新能力还明显不足，产业结构优化调整的意识明显不强，固定资产投资的方向仍是关注于现实的直接需求。这种状况不可避免地形成了低水平的重复建设和低档次的总量扩张，也导致了产能过剩于1996年开始显现。1996年，全国28种主要工业品生产能力利用率为60%，产能过剩涉及国民经济多个领域，包括纺织业、家电行业、装备制造业等。到1997年，工业消费品供过于求的比重近40%，其中，化工类和建筑装饰类产品的供过于求程度均超过1倍以上，五金交电和纺织品产品供过于求的程度均超过50%，消费品市场

供过于求的比例1998年为33.8%,1999年则超过70%。①

恰逢此时,1997年7月由泰国引发的亚洲金融危机爆发,并迅速波及到东南亚国家。亚洲是我国主要的贸易伙伴和投资伙伴,随着亚洲金融危机的爆发和蔓延,亚洲国家和地区经济急剧动荡,由此对我国贸易出口带来巨大影响和冲击,致使我国外贸出口极度萎缩。在内外双重夹击的形势下,我国于1997年开始出现了经济增长放缓的趋势。1997年,经济增长率回落到8.8%,到1998年,经济增长率跌至7.8%,与之相对应的国内需求自然出现下降。中央政府对上述产能过剩的状况已经有所察觉,1994年,为控制经济过热带来的通货膨胀,出台了适度从紧的财政政策和货币政策。这些举措虽然控制了通货膨胀,实现了经济发展的"软着陆",但是,由于宏观调控作用的惯性下滑,加之外部(东南亚金融危机)的巨大冲击,国内出现了市场需求下滑、库存积压增多,固定资产投资下降、银行不良资产数额巨大、失业人员增多等的经济不景气状况。②1996年,固定资产投资增长率由1994年的30.37%降至14.46%,1997年更是降至8.85%。与此同时,居民的边际储蓄倾向上升,此前边际消费倾向基本保持在60%—80%区间波动,1997年下降到55%左右,居民消费需求降低,社会消费品零售总额增速就要下降,我国社会消费品零售总额增速从1996年的20.1%降至1997年的10.2%。③上述多重因素的共同作用,使我国多个行业出现明显的产能过剩状况,这些过剩行业包括纺织、家电、钢铁、水泥、机床和造船等。

(二)本次产能过剩的特征

1. 产能过剩出现在经济高速增长之后,直接原因在于低水平重复建设

在这次产能过剩出现之前,经济持续的高速增长和固定资产持续

---

① 杨正位:《当前产能过剩程度的思考及应对之策》,《中国金融》2006年第16期。
② 李江涛:《产能过剩:问题、理论及治理机制》,中国财政经济出版社2006年版,第46—48页。
③ 王枭:《中国产能过剩问题研究——基于政府投资的分析视角》,博士学位论文,东北财经大学,2015年,第48页。

的高投入导致了产能的过度扩张。这一阶段的产能扩张创新性不强，低水平重复建设特征明显，一旦内外需求恢复到正常状态，产能过剩便立即显现。它清晰地警示我们：短时期的高速增长和高投入是与可持续发展的要求直接相悖的。

2. 政府调控力度不足

这次过剩产能的出现与各级政府预先调控不到位有重要关联。在这一时期，人们仍然关注的是经济的快速增长，投入的规模扩大，更多注重的是数量而不是质量，关心的是相关经济指标而不是实实在在的经济效益。政府虽然也下发了一些文件，明确表示在一些产能过快增长的领域，要限制投资规模，但实际落实并不理想，导致事实上一些领域产能不降反增，如钢铁、水泥、家电等。

3. 政府直接介入特定行业的去产能

在这一时期，政府直接介入了纺织行业的压锭限产化解产能。综合运用了行政手段、法律手段和市场手段，出台了针对纺织行业化解产能的具体财政政策和金融政策，这是在市场经济条件下我国政府直接运用行政手段、经济杠杆和法律手段共同实施化解产能的第一次尝试，由此开启了我国淘汰落后产能政策调控的"先河"。但是，在这次尝试中，有很多政策仅限于对国有企业实行，如下岗职工安置、破产企业资产处置等，显现了对国有企业和民营企业的不同待遇。

三 第三次产能过剩出现在2003—2007年

（一）产能过剩的形成

在政府各项经济政策的调控下，从2003年开始，全国经济运行企稳步入上升通道。特别是住房制度的改革，带动了房地产投资的热潮，房地产的发展为制造业生产扩张提供了巨大的市场，加上城镇化步伐的加快和对外贸易的平稳持续增长，我国经济运行很快进入到新一轮增长周期的上升通道，反映经济景气程度的"三驾马车"即投资、消费和出口需求全面增长。具体表现在：①全社会固定资产投资快速增长，经济增速持续加快。从表4-1可以看出，我国固定资产投资增长率2003—2007年分别为27.74%、26.83%、25.96%、23.91%和24.84%，平均保持近26%的高速增长。同期，我国经济增长速度分别为 10.03%、10.09%、11.31%、12.68% 和 14.16%，平均增速为 11.65%。②社会投资需求强劲，货币供应量不断增长。2003—2007 年我国的货币供应量（M0、M1、M2）增长率基本保持在两位数以上（见图 4-2）。③对外贸易快速增长，国际收支保持盈余。从 2005 年开始，我国进出口贸易增长改变了过去五年的逆差，出现持续的顺差。外汇储备新增额在 2003 年达到 1168 亿美元，比上年增长 40.8%，也是我国外汇储备首次超过 1000 亿美元，此后四年外汇储备新增额持续增长，年平均增幅超过 30%。①

(%)	2003年	2004年	2005年	2006年	2007年	2008年	2009年	2010年	2011年	2012年	2013年	2014年	2015年	2016年	2017年
M0	14.3	8.7	11.9	12.7	12.2	12.7	11.8	16.7	13.8	7.7	7.2	2.9	4.9	8.1	3.4
M1	18.7	13.6	11.8	17.5	21.1	9.1	33.2	21.2	7.9	6.5	9.3	3.2	15.2	21.4	11.8
M2	19.6	14.7	17.6	16.9	16.7	17.8	28.5	19.7	13.6	13.8	13.6	12.2	13.3	11.3	8.2

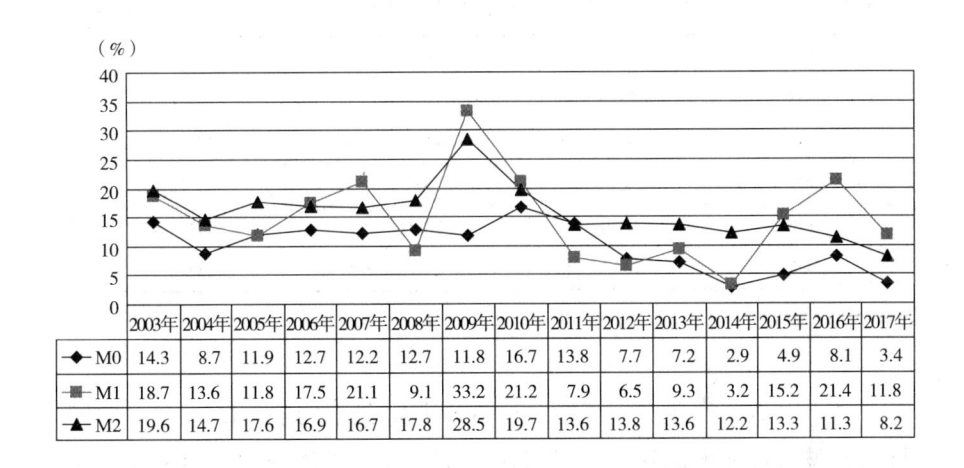

图 4-2 2003—2017 年我国货币供应量增长率

资料来源：国家统计局官网、2003—2017 年《中国统计年鉴》。

但是，在总体经济运行良好的情况下，部分地区和产业出现了投资过热和热门产业一哄而上的现象，上一阶段没有完全解决的产能过剩问题在这一轮建设热潮中更加突出。不仅部分产业生产能力大大超过市场需求，而且还出现了地区产业结构雷同的现象。

一方面，在利益驱动下，新建和扩建了一批不符合国家规定和市场供过于求的项目，致使部分产业出现严重的产能过剩。随着我国城

---

① 高越青：《"中国式"产能过剩问题研究》，博士学位论文，东北财经大学，2015 年，第 83 页。

镇化进程步伐的加快和住房制度改革,房地产业投资迅速升温,带来原材料市场的强劲需求和价格的上涨。在利益驱动下,很多地区新建和扩建了大批钢铁、水泥、玻璃、电解铝等项目,2004—2008 年,这些行业投资平均增速基本保持在 30% 以上[1],造成这些产业产能迅速扩张,使这些本已就存在着产能过剩问题的产业面临更加严峻的产能过剩形势。2003—2007 年,粗钢、水泥、电解铝产量逐年提高,具体如表 4-2 所示。

表 4-2　　　　2003—2007 年钢铁、水泥、电解铝产量　　　单位:万吨

年份	粗钢产量	水泥产量	原铝(电解铝)产量
2003	22233.6	142355.73	1316.54
2004	28291.09	164397.78	1288.61
2005	35323.98	188191.17	1577.13
2006	41914.85	209925.86	1961.39
2007	48928.80	220984.08	2314.14

资料来源:国家统计局官网、2003—2007 年《中国统计年鉴》。

另一方面,产业结构雷同、区域产业特色不明确。随着经济的发展和科技进步速度的加快,我国在"十一五"发展规划中确定要加快以电子信息、新材料和新能源、生物工程和先进制造等为代表的高新技术产业的发展。地方政府在盲目跟风、相互攀比的思想指导下,又纷纷掀起对电子信息、新材料、新能源和生物医药工程等高新技术项目的投资热潮,致使高新技术产业也面临着重复建设和过度竞争的问题。[2] 当时我国已建成的集成电路生产线超过 20 条,但还有十几个省市在忙于规划和认证。各地的高新技术产业发展规划基本集中在集成电路、纳米材料、计算机网络和软件产业等,致使这 4 个产业的同构性分别达到 35%、48%、59% 和 74%。有关专家认为,这种状况是

---

[1] 黄键柏等:《产能过剩的发展趋势和治理对策研究》,经济科学出版社 2017 年版,第 14—15 页。

[2] 张蕾:《警惕高新技术产业重复建设》,《科技信息》2003 年第 7 期。

继前期彩电、冰箱等家电行业和钢铁、水泥等基础原材料行业出现重复建设和产能过剩之后，新出现的以新材料、生物工程、信息技术产业为代表的新一轮重复建设。总体来说，我国经济发展在这一阶段的内外环境都向着好的方向发展。但上述情况的出现，使我国经济运行又面临着与前一时期积极财政政策背景下不同的新的经济问题，即企业投资增幅过大，供求关系出现转折，通胀压力增加，重复建设严重，部分行业出现严重的产能过剩。

（二）本次产能过剩的特征

1. 明显的周期性影响

这一阶段的产能过剩在多个行业发生。在此期间，我国整体的经济运行态势是偏热的，国民经济运行、固定资产投资、货币供应量、财政收入和外贸进出口等都呈现高速增长态势。经济状况的偏热，既增多了需求量，也增大了对投资的吸引力。大规模投资的实施，使相应行业的产能迅速增长积蓄，这种经济高速增长、投资高速增长、产能高速积蓄，是典型的周期性产能过剩的形成走势。由于投资和产能积蓄的惯性，一旦经济运行状况发生变化，产能过剩就会立即表现出来。从这一阶段我国的整体运行趋势看，由于经济偏热的运行状况不可能长期持续，产能过剩则必然会在一定过程后显现出来。

2. 经济运行的阶段性影响

有人把这一阶段称为我国经济发展的黄金时期，各项经济指标的高速增长，给人们带来了经济欣欣向荣的景象。特别是城镇化进程的加快，房地产市场的快速升温，基础设施建设的大量上马，引发了经济发展到一定阶段所固有的特殊需求。这种需求在我国很鲜明的特征就是拉动了钢铁、水泥等基础原材料及重化工业的发展。同时，由于人们对产业转型升级的期盼和新兴产业的热衷，一些高新技术产业受到人们的追捧，饥不择食、慌不择路地投资这些新兴领域，导致这些领域的投资建设一哄而起、一拥而上，这也是人们在处于渴望产业转型升级，而方向又不太明确时呈现的一种阶段性状态。

3. 凸显转轨时期的体制性影响

产能过剩虽然从本质上是一种经济现象，但在我国由于体制和历史的原因，又存在导致产能过剩的特殊原因。在这一阶段，正是我国市场经济体制已经起步建立，但尚不完善成熟，政府虽然努力将管理经济的方式由计划模式向市场模式转变，但计划与市场的交织还时常呈现出来。在此期间，我国民营经济已经同步兴起，在很多领域和行业已经成为投资主体。对于如何引导民营经济健康发展，如何以法律法规规范民营经济的经营行为，还没有一整套成熟完善的工作机制和工作体系。这时财政分级管理、分灶吃饭的优越性明显显现，地方政府增加财政收入的积极性显著提高，争投资和上项目的热情空前高涨。上述一系列管理体制上的相关因素交织在一起，使这一阶段产能过剩的出现和延续呈现明显的体制性特征。这种体制性特征在政策制定上表现出两个特点：一是国务院各部委发现了产能过剩的苗头和趋势，频繁下发文件，控制过剩产能增长；二是过剩产能在各级文件命令严控增长的情况下，实现了快速增长，出现了"密集发文控制增长，实际产能快速增长"的怪圈。同时，这一阶段政府有关部门对某些产业产能的总体走势预判不准确。例如，在钢铁产业，一方面政府部门严控钢铁产能增长，高喊过剩；另一方面钢铁市场的需求则快速增加，反映了政府有关部门没有准确把握钢铁市场的实际需求状况。

四 第四次产能过剩出现于 2008 年至今

（一）产能过剩的形成

对于这一时期过剩产能的出现与化解，有学者将其分为两个阶段，即 2008—2011 年为第一个阶段和 2012 年至今为第二个阶段，如果对这一时期产能过剩的出现、演变、化解的过程进行分析会发现，这一时期产能过剩的出现与化解具有很强的连续性，本书认为，作为一个周期来研究有利于发现其中的内在规律性。

2007 年下半年美国次贷危机爆发，并引发国际金融危机，这次危机在全球的迅速蔓延，使世界经济发展增速骤减。我国作为已经走向全球经济一体化的经济体也受到了明显冲击，特别是一些与国际贸易直接相关的领域和实体经济遭受了重创。2008 年经济增长速度为 9.63%，比 2007 年的 14.16% 降低了大约 4.5 个百分点，中国经济增速明显减缓，经济下行压力加大。2008 年 11 月，国务院常务会议提出，为应对经济环境对中国经济发展不利的影响，必须采取灵活审慎的宏观经济政策，并决定实行积极的财政政策和适度宽松的货币政策。为此，我国政府出台了以扩大内需、扩大基本建设规模、增大金融贷款投入为基本内容的经济刺激政策。具体包括：增加固定资产投资、到2010年年底投资4万亿元、扩大货币的供应量和放松金融管制等，将4万亿元资金主要投向了基础设施建设工程、民生工程、生态环境和灾后重建等方面。从政策着力点看，这些政策是侧重于刺激需求的。为应对金融危机对我国实体经济的影响，我国政府又提出了十大产业振兴计划，包括钢铁、汽车、船舶、纺织、石化、轻工、有色金属、装备制造、电信及物流业，以达到保增长、促需求和调结构的目的。十大产业振兴计划的推出，使投资者对这些产业的市场需求预期看好，大量资金纷纷进入这些行业。

在一系列政策引导下，此前实施的钢铁、水泥和电解铝等产业的压减产能行动基本停止，一大批新上马的国内基本建设项目又刺激了这些产业产能的继续增长。2008年我国粗钢产能为6.6亿吨，而当期需求仅为5亿吨左右①，其中，国内表观消费量4.53亿吨，出口0.6亿吨，产能过剩超过1亿吨。2009年上半年钢铁产业完成投资1400亿元，在建粗钢产能0.58亿吨，据工信部统计，2009年，我国的粗钢产能达到7亿吨左右，比2008年不降反增0.4亿吨，在出口萎缩、内需下降和库存增加的压力下，2009年钢铁产业销售利润率同比下降53.4%。2008年，我国水泥产能扩张到18.7亿吨（另有在建产能6.2亿吨，已核准还未开工的产能2.1亿吨），而当年实际水泥产量仅为14亿吨。在传统资源型产业产能持续增加的同时，一些新兴产业如光伏产业、风电装备产业也出现了明显的重复建设倾向。例如，多晶硅是信息产业和光伏产业的基础材料，2008年，我国多晶硅产能2万吨（另有在建产能大约8万吨），而当年实际产量仅4000吨左右，产能过剩明显。

---

① 国务院：《国务院批转〈发改委等部门关于抑制部分行业产能过剩和重复建设引导产业健康发展的若干意见〉的通知》（国发〔2009〕38号），2009年9月26日。

(二) 本次产能过剩的特征

1. 政府刺激经济增长的政策措施加速了过剩产能的形成

2008年下半年开始，美国的次贷危机引发了全球的经济衰退。为遏制我国经济在这次全球性的经济波动中出现剧烈下滑，国务院出台了一系列刺激经济增长的相关措施，其中影响最大的就是四万亿元资金的投入。为刺激经济增长，此前正在实施的化解钢铁、水泥等产能过剩的措施被终止。新的经济刺激政策又制造了对钢铁、水泥等原材料的新需求，使产能继续进一步增加，产能过剩呈加速积蓄状态。

2. 产能过剩呈现多产业分布状态

以前同一时期出现的产能过剩大都分布在相似或相关产业中，这次产能过剩的产业分布出现了很大差异，既有作为基础原材料的钢铁、水泥、平板玻璃、电解铝和煤化工等传统产业，也有多晶硅、风电设备等新兴产业。产能过剩产业的这种分布状态，既是我国经济发展阶段性特征的体现，也是前期经济调控政策后遗症的体现。作为经济发展阶段性特征的体现，由于我国在当时既要推进大规模的基础设施建设，导致大量基础原材料产业的产能扩张；同时又要大力发展战略性新兴产业，在规划不到位、各地一哄而起的情况下，风电设备、多晶硅等新兴产业出现了产能过剩。作为前期经济政策调控的后遗症，主要是以扩大内需、刺激需求的政策，刺激了基础原材料产能急剧扩张，当需求不能持续时，产能呈现过剩状态。

3. 一边化解产能，一边产能又增长

这一特征在钢铁、水泥和平板玻璃三个产业体现得尤为明显，这三个产业的产能过剩早在2003年就已经显现。为此，国务院曾专门下发文件限制这三个行业的产能增长，但这三个行业的产能在压减过程中却呈现了不降反增的态势。特别是2008年国际金融危机爆发后，我国面临着全球经济下滑和国内市场需求萎缩的形势，中央政府为维持国内经济的稳定增长所采取的经济刺激政策，使这三个产业明显增大了市场供应。这一时期，产能扩张也屡创新高，致使这三个产业的现有产能至今居高不下，为现在推进去产能增大了工作量。

4. 政府的政策调控呈现由需求侧向供给侧转变的态势

回顾从 2008 年至今我国政府调控经济的导向，可以明显地反映出由偏重需求侧管理向偏重供给侧管理转变。2008 年、2009 年出台的经济刺激政策，都是以扩大需求和刺激消费为基本着力点的。2015 年 11 月提出供给侧结构性改革以后，政府调控经济的着力点非常鲜明地表现为推行供给侧结构性改革。这一转变体现了我国政府对经济发展现实的准确认识，反映了经济发展内在规律的本质要求，为我国经济结构的优化和经济的长远发展提供了新的动力。

5. 去产能强调市场化运作和各种手段的综合运用

本轮去产能是在市场化程度显著提升的环境下进行的。对于这一时期的去产能工作，中央政府从一开始就提出"政府引导、市场化解"的基本原则。在实际操作中，各地也都采取了一些因地制宜、行之有效的措施，收到了明显的效果。特别是在推进供给侧结构性改革、去产能作为供给侧结构改革首要任务的背景下，国务院对于去产能提出了"企业主体、政府推动、市场引导和依法处置"的指导原则，并陆续出台了一系列相关政策。其基本宗旨就是要使去产能坚持在市场化原则指导下推进，利用市场机制和经济杠杆，倒逼企业主动压减过剩产能，引导有效产能向优势企业转移，增强技术创新内在动力，鼓励优势企业走出国门，消化国内产能（纪敏等，2017）。[①] 强调各种市场化手段和其他各种手段的综合运用成为这一时期的重要特征。

第三节　我国治理产能过剩的政策轨迹

一　治理第一次产能过剩的政策回顾

20 世纪 80 年代末期到 90 年代初，我国发生了第一次产能过剩，

[①] 纪敏、张翔、赵天奕：《本轮去产能成效、问题及历史经验梳理》，《新金融评》2017 年第 4 期。

中央政府高度重视经济运行中出现的新问题，并及时采取相应的政策措施加以解决。

（一）收缩计划指标，抑制产能扩张

为了控制部分产业的过热投资和重复建设，1985年6月，国务院下发了《关于加强电冰箱工业管理、控制盲目引进的通知》（国发[1985]77号），1993年8月，国家计委制定了《关于加强固定资产投资宏观调控具体措施的通知》，由国务院批转下发（国发[1993]59号），1994年1月，国务院发布《关于继续加强固定资产投资宏观调控的通知》（国发[1994]1号），要求避免盲目布点和重复建设，加强项目审批管理，并且要求项目审批工作必须以国家中长期发展规划为依据，严控固定资产投资规模。为此，政府相关部门有计划地收缩了设厂和定点指标，其中将电冰箱厂从116个减少到41个，引进电冰箱产品数量从1350万台削减到822万台。① 但政府的举措并没有有效控制我国家电产业产能的迅速扩张。到1995年，我国家用洗衣机产量为952.4万台，电冰箱产量为918.54万台，电视机产量为3496.23万台，比1985年分别增长了6.9倍、5.3倍和1.1倍。产能的迅速扩张并没有市场需求的有效支撑。从1992年以后，家电产业产能利用率逐年下降，出现了严重的产能过剩，直接导致了一批企业亏损，一批企业的倒闭，也加速了家电产业的规模整合和品牌整合。

（二）调整财政政策和货币政策

为了给1988年出现的经济过热降温和缓解通货膨胀的压力，1989年中央适时地提出了治理整顿的方针，实施"适度从紧"的财政政策，对过热的经济给予恰当的宏观调控，以达到"高增长、低通胀"新的经济发展态势。但宏观调控又抑制了增长，到1989年下半年，国民经济跌入低谷，市场需求下滑，商品库存积压严重，企业生产陷入困境。从1989年第四季度起，宏观调控政策转为刺激经济增长，1990年年初下调存款贷款利率，扩大货币供应和信贷规模，连续

---

① 国务院：《国务院批转〈国家计委、国家经贸委、轻工业部关于加强电冰箱工业管理、控制盲目引进的报告〉的通知》（国发[1985]77号），1985年6月16日。

两年实行的是"紧"基调下的"松"配合。

二 治理第二次产能过剩的政策回顾

20世纪90年代后期到21世纪初,我国发生了第二次产能过剩,国务院及各部委陆续出台了多项政策文件,对产能过剩问题进行治理。

(一)加强宏观调控,出台相关政策

1996年有关部门提出钢铁产业存在重复建设问题,并出台了严格控制钢铁工业新开工项目的相关政策。1997—1998年,相关部门继续认为钢铁产业存在重复建设,并延续了1996年严格控制新开工项目的做法。1999年年初,关于《做好钢铁工业总量控制工作的通知》由国家经贸委正式发布,该文件对当时钢铁产业由于重复建设和结构不合理所导致的产能过剩给予高度重视,明确提出,1999年的钢产量要比1998年实际产量压缩10%,各地三年内不再批准新上钢铁项目,未经批准的项目要一律停止建设。已经停产的企业和生产线不得再恢复生产,其设备就地淘汰不得转移。这次政策措施力度之大反映了政府对治理过剩产能的决心,同月还发布了《淘汰落后生产能力、工艺和产品的目录》。1999年8月,《工商投资领域制止重复建设目录(第一批)》由经贸委正式颁布,该文件涉及钢铁、有色金属、石化、煤炭、黄金、化工、医药、电子、机械、电力和轻工等17个产业201项内容,其中涉及钢铁产业的高炉炼铁、转炉炼钢等15个项目。为做好2000年的去产能工作,国家经贸委对当年过剩产能产业的总量控制做出了具体安排,特别是对钢铁产业的总量控制下达了2000年生产总量控制的目标,提出了淘汰落后生产能力、工艺和产品,严格项目审批,制止低水平重复建设,严控产能投资增加,加快产业结构调整,促进产品升级换代的政策方向和措施。2001年和2002年,由于扩张性政策的刺激,市场需求迅速升温,进出口贸易持续扩大。此时,政府对钢铁产业投资规模和产量控制不像之前那么严格,使钢铁产业的固定资产投资规模有所增大。

(二)强化财政职能,采取积极的财政政策

为应对亚洲金融危机,我国政府开始实施宏观调控,从1998年

开始实施积极的财政政策。实施以扩大内需为目的的"双松"政策，通过增加投资来弥补出口和消费对经济增长贡献率下滑带来的需求缺口。主要政策措施包括：一是增发国债。1998 年增加发行 1000 亿元长期建设国债，用于加强城市基础设施、农林水利、交通通信、城乡电网、环境生态建设、中央直属储备粮库等方面的改造和建设，1999 年发行 1100 亿元国债，2000—2002 年每年发行 1500 亿元国债，从 1998—2002 年政府累计发行长期建设国债 6600 亿元，以扩大政府采购和投资力度。增发的长期建设国债，每年就可拉动经济增长 1.5—2 个百分点①。二是向四大国有商业银行发行 2700 亿元特别国债全部用于银行资本金，以提高银行资本充足率。三是提高钢材、煤炭、水泥、纺织品原料和轻工产品等产品的出口退税率，以扩大外贸出口。四是开征储蓄存款利息所得税，大幅度提高职工工资等，以刺激消费需求。五是实行财政赤字预算。1998—2002 年，中央预算赤字分别为 460 亿元、1803 亿元、2299 亿元、2599 亿元、3098 亿元。与此同时，实行积极的货币政策，加大货币供应量。无论是流通中的现金（M0）、狭义货币（M1），还是广义货币（M2），其供应量的增长速度都高于 GDP 的增长速度。积极的财政政策和金融手段对于扩大内需特别是扩大投资需求和消化产能发挥了重要的作用。到 2002 年，全国 GDP 增长达到 9.1%，是继 1997 年之后连续五年 GDP 增长率首次超过 9% 以上，我国经济终于停止了持续回落的状态。

（三）政府出台政策，直接介入产能过剩严重的产业实施去产能

在这一时期，我国政府直接主导实施的去产能是纺织行业。20 世纪 80 年代，我国的纺织行业利润水平明显高于其他工业行业。其具体表现为纺织行业的成品价格偏高、产品附加值偏高、纺织企业总体盈利水平偏高，加之纺织行业技术门槛较低，可以大量容纳劳动就业，使当时我国的纺织行业吸引了大量新增投资，一度成为全球最大的纺织品生产国，产量占世界的 1/5。② 但是，到 20 世纪 90 年代，纺

---

① 胡培兆：《淡出扩张性政策强化供给管理》，《经济学家》2004 年第 1 期。
② 资料来源：Wind 资讯、中国行业经济数据库。

织行业整体利润水平遭遇断崖式下跌，大量企业亏损，产品严重积压，职工收入明显下降。为了治理纺织行业已经显现的产能过剩问题，中央政府从1998年开始实施了由政府主导的以行政手段为主的纺织行业去产能。1998年2月，国务院下发了《关于纺织工业深化改革调整结构解困扭亏工作有关问题的通知》，按此文件要求，用1998—2000年三年的时间淘汰纺织行业棉纺锭1000万锭，占全国纺织总生产能力的25%以上，分流安置120万名下岗职工，实现纺织行业全行业扭亏为盈。

此次化解纺织行业过剩产能，政府在以下七个方面制定了具体的政策措施。[①]

第一，分级财政补贴和银行贷款补贴。政策规定纺织行业每压缩淘汰1万锭纺织生产能力，给予企业财政补贴300万元（按中央政府承担50%、地方政府承担50%的比例分担）。此外，安排金融机构贷款200万元，地方财政给予贴息扶持。

第二，提高出口退税率。这是专门针对纺织行业的政策，即对出口的纺织品，其出口退税率统一提高到11%；政府对出口的纺织机械提供出口信贷和全额退税优惠政策。

第三，实行特殊的兼并破产政策。在化解过剩产能过程中，鼓励优势企业对劣势企业实施兼并重组，对纺织行业允许实施政策性破产，明确规定破产企业资产清算后出售资产的收益可首先用于安置下岗分流职工，余额再用于其他债权人依法按比例分配。

第四，实行特殊的土地政策。政策规定棉纺织企业在去产能中，对土地使用权的处置收益，可全额用于企业分流安置下岗职工和偿付债务。

第五，特殊安排银行呆坏账准备金核销规模。对去产能中纺织行业应核销的银行债务，政策允许金融机构用特殊安排的呆坏账准备金进行核销。

第六，实行纺织行业特殊的职工分流安置政策。政策要求各地建

---

① 国务院：《关于纺织工业深化改革调整结构解困扭亏工作有关问题的通知》（国发[1998]2号），1998年2月27日。

立下岗职工再就业服务中心,为下岗职工提供技术培训,缴纳养老保险、医疗保险等服务,对符合条件的职工实施提前退休政策。

第七,鼓励地方因地制宜制定特殊政策。在认真落实上述中央统一政策的前提下,鼓励地方政府因地制宜、因企制宜,制定更符合实际、更便于操作的具体政策。这一阶段,治理产能过剩的政策文件归纳整理如表4-3所示。

表4-3　　　　　　　　1998—2002年主要政策文件

颁布时间	文件名称	颁布部门	文件号	去产能重点措施
1998年2月27日	关于纺织工业深化改革调整结构解困扭亏工作有关问题的通知	国务院	国发[1998]2号	压缩淘汰落后棉纺锭;做好企业兼并破产、以产定人、下岗分流、减员增效、核销银行呆坏账准备金规模的计划安排;分流安置下岗职工,控制新增棉纺生产能力等;用三年左右时间,淘汰落后产能,扭亏为盈
1999年1月14日	关于做好钢铁工业总量控制工作的通知	国家经贸委	国经贸运行[1999]29号	(1)1999年钢产量比1998年实际产量压缩10%,严控进口钢材,全年进口控制在700万吨;(2)严控高污染高能耗的落后生产设备和生产线;(3)钢铁行业控制总量要与结构调整相结合。三年内各地不再批准新上钢铁项目
1999年8月9日	工商投资领域制止重复建设目录(第一批)	国家经贸委	国家经贸委令第14号	为制止重复建设,加快行业调整和改组步伐,国家经贸委公布了《工商投资领域制止重复建设的项目名单》,涉及17个行业、20个项目。其中钢铁行业就涉及15个项目。目的是引导工商企业、金融部门和社会公众向有利于加快产业结构调整和优化升级的方向投资

续表

颁布时间	文件名称	颁布部门	文件号	去产能重点措施
2000年6月1日	关于下达2000年钢铁生产总量控制目标的通知	国家经贸委	国经贸冶金〔1999〕1212号	为遏制钢铁产量增长势头，2000年钢铁工业总量控制目标为1.1亿吨，钢材1亿吨，钢产量比1999年减少1200万吨，通过关闭小钢铁、淘汰落后生产设备压减产能
2002年4月15日	关于制止电解铝行业重复建设势头的意见	国家计委、经贸委	国发〔2002〕29号	控制新建电解铝项目审批，清理整顿现有电解铝建设项目，严格执行国家环保标准，防止电解铝生产企业污染环境，各级银行严控电解铝项目贷款

资料来源：根据中华人民共和国中央人民政府网公布的政府文件整理。

三　治理第三次产能过剩的政策回顾

这一轮产能过剩与前两轮产能过剩相比市场环境发生了很大变化。我国市场经济体制的建设不断深化，市场调配资源的能力明显加强，大约90%的商品价格都是由市场供求决定，民营经济发展迅速，社会投资日趋活跃。同时，随着居民收入水平不断上涨，人们的消费结构也在发生变化，由满足吃穿用的低端消费品需求为主，向着住游行的中高端消费品和休闲产品为主转换，由此带动了重化工业的快速发展。为了使这一阶段出现的产能过剩问题得以有效化解，我国政府给予了高度重视，调整宏观经济运行政策，出台多个专项政策文件，对产能过剩进行治理。

（一）有针对性地出台专项政策

针对不同行业产能过剩的不同情况，2003—2007年，国务院及相关部委陆续出台了多个专项政策文件，有针对性地提出了化解相关行业过剩产能的目标要求和政策措施。2003年年底，国家发改委等九部门联合制定的《关于制止钢铁电解铝水泥行业盲目投资若干意见》由国务院办公厅批转下发，该文件明确了为制止钢铁、电解铝和水泥三个行业生产能力过剩状况的蔓延，改变市场无序竞争、资源浪费和环境污染的局面所要采取的行政、经济和法律等政策措施。从2004年4月起，国务院相继出台《关于清理固定资产投资项目的通知》《政府核准的投资项目目录》《关于进一步加强产业政策和信贷政策协调配合控制信贷风险有关问题的通知》等相关文件，对遏制过剩产能、制止重复建设提出了一系列明确具体的要求。特别是2004年7月国务院出台的《关于投资体制改革的决定》（以下简称《决定》）和与其配套的《关于调整部分行业固定资产投资项目资本金比例的通知》，是我国自建立市场经济体制以来，有关固定资产投资管理体制的最大变革。该《决定》在强调固定资产投资要坚持市场化导向并下放了部分项目审批权的同时，对某些行业新上项目在审批程序、土地供应、信贷资金投放和环保标准等方面提出了更加严格的要求。同时强调坚决清理过剩产能行业的违规项目，严禁产能过剩行业增加投资和扩大产能。在这些政策的作用下，2004年钢铁产业固定资产投资增长率增速大幅度下降。2005年继续执行上一年严格的产能调控政策，同年7月发改委发布了《中国钢铁产业发展政策》，以政策文本形式提出钢铁产业市场准入和项目审批的管制政策。2005年12月，国务院制定并颁布实施了《促进产业结构调整暂行规定》，提出要重点推进钢铁、有色、电力等产业节能降耗技术改造，对高消耗、高污染、技术落后的工艺和产品实施强制淘汰制度。进入2006年，国务院明确提出，要对产能过剩行业加快产业结构调整，并于3月下发了《关于加快推进产能过剩行业结构调整的通知》（以下简称《通知》），该《通知》指出，过度投资、盲目进入和低水平重复建设等是导致钢铁、电解铝、汽车等行业产能过剩问题的主要原因。《通知》强调要坚持以市场为导向，综合运用经济、法律和必要的行政手段遏制产能过剩问题蔓延。2007年，发改委出台了《关于加快推进产业结构调整，遏制高耗能行业盲目再度扩张投资的紧急通知》。这一系列政策文件的目的，就是通过对固定资产投资的调控，控制新开工项目，加快对过剩行业产业结构调整来化解过剩产能。这些政策措施虽对抑制过剩产能的蔓延、推动过剩产能行业的产业结构调整起到过一定的作用。但从总体上看，这些治理文件的下发并没有使治理目标完全实现。这一阶段治理产能过剩的政策文件归纳整理如表4-4所示。

表4-4　　　　　　　　　2003—2007年主要政策文件

发布时间	文件名称	颁布部门	文件号	去产能的重点措施
2003年12月23日	发改委等九部门《关于制止钢铁电解铝水泥行业盲目投资若干意见》的通知	发改委、国土资源部、环保部、银监会、财政部、中国人民银行、工商总局、建设部、质检总局	国办发〔2003〕103号	（1）对钢铁行业要加强产业政策和规划导向，严格市场准入，强化环境监管，抓好用地管理和信贷管理；（2）对电解铝行业做好规划引导和项目管理，调整经济政策和整顿开采秩序等；（3）对水泥行业强化产业政策引导，严格市场准入，完善资源管理等。政策目的：遏制这些行业过度投资和重复建设
2004年4月30日	关于进一步加强产业政策和信贷政策协调配合控制信贷风险有关问题的通知	发改委、中国人民银行、银监会	发改产业〔2004〕746号	（1）强化产业政策和信贷政策协调配合，严控信贷资金流入低水平项目；（2）调查分类，分别处理。停止对列入禁止类目录的行业和项目的贷款，并限期淘汰。政策目的：促进产业结构优化升级，提高经济增长质量，抑制部分行业低水平盲目扩张
2004年7月16日	关于投资体制改革的决定	国务院	国发〔2004〕20号	确立企业投资主体地位、完善投资体制、加强和改善投资宏观调控和监督管理。其中，5000万吨及以上工业储量铁矿的新开发项目、涉及增加产能的炼铁项目、炼钢项目和各种轧钢项目由地方政府审批改为由国务院投资主管部门（国家发改委）会同有关部门核准，特别重大项目由国务院审批

续表

发布时间	文件名称	颁布部门	文件号	去产能的重点措施
2005年12月2日	促进产业结构调整暂行规定	国务院	国发[2005]40号	(1)各级政府要严格控制对过剩产能行业的盲目投资,坚决制止低水平重复建设,对落后产能依法严格限制和严格管理;(2)作为改革发展的重要任务,要积极推进产业结构的调整和优化;(3)完善政策体系建设,健全监管机制
2006年3月12日	关于加快推进产能过剩行业结构调整的通知	国务院	国发[2006]11号	(1)加快推进产能过剩行业结构调整;(2)提高市场准入标准,严控新项目、坚决淘汰落后产能;(3)推进技术改造和企业并购重组;(4)强化信贷、土地、建设、环保和安全等政策与产业政策的协调配合
2006年6月14日	关于控制钢铁工业总量淘汰落后加快结构调整的通知	发改委、商务部、国土部、环保部、海关部署、质监总局、银监会、证券会	发改工业[2006]1084号	(1)确定"十一五"期间淘汰1亿吨落后炼钢产能;(2)严控新增产能,淘汰落后产能;(3)支持技术改造和创新,推动钢铁企业联合重组;(4)强化行业自律,落实责任制;(5)对于产能过剩行业的进口设备所应缴纳的关税和进口环节增值税海关不予减免;(6)对落后钢铁企业提高用水和用电价格
2007年4月29日	关于加快推进产业结构调整,遏制高耗能行业再度盲目扩张投资的紧急通知	发改委	发改运行[2007]933号	(1)严控钢铁、电解铝、水泥等产能过剩行业新增产能;(2)对鼓励高耗能产业发展的优惠政策坚决予以取缔;(3)严格市场准入,提高行业准入门槛,淘汰高耗能和高污染的落后产能;(4)对不符合产业政策、市场准入条件和国家明令淘汰的高耗能项目,不提供授信支持

资料来源:根据中华人民共和国中央人民政府网公布的政府文件整理。

(二) 强化财税政策在遏制过剩产能中的作用

在这一时期，国家的相关政策已经开始强调要注重用市场化方式淘汰落后产能和遏制过剩产能的发生和蔓延。为此，相关政策文件中进一步强化了财政政策的地位和作用，并注意将财税政策与市场化运作有机结合。这一时期出台文件中的财税政策强调了以下几点：一是对各地的税收优惠政策进行全面清理，明令要求各地必须废止与税法和中央政策不一致的地方优惠政策，还市场一个公平、公正的税负环境；二是对企业技术进步和兼并重组等给予必要的财税支持；三是要清理过剩产品的出口税负，要重新对低端出口产品征收关税。

四 治理第四次产能过剩的政策回顾

2008年国际金融危机爆发，对我国国民经济运行产生了明显影响，我国此时也正在经历第四次产能过剩。对此，政府给予了高度关注，并采取了相应措施，可以说，本轮去产能从规模和力度上是最大的一次。

(一) 加强宏观调控，密集出台抑制过剩产能的政策文件

由于国际金融危机的发生，经济运行呈下行态势，相当一批行业出现了产能过剩。面对这种情况，国务院及有关部委相继出台一系列有关去产能的政策文件。2009年9月，由国家发改委等九部委制定的《关于抑制部分行业产能过剩和重复建设引导产业健康发展的若干意见》，即（国发［2009］38号）经国务院批转下发执行，明确提出钢铁、水泥、平板玻璃、煤化工、多晶硅、风电设备、电解铝、造船、大豆压榨等行业出现严重的产能过剩，已成为我国经济运行的突出问题。文件要求对钢铁、水泥等高耗能和高污染产业"坚决控制总量"，对多晶硅、风电设备等新兴产业"要防止投资过热和重复建设"。各地要加快结构调整，坚决抑制部分行业的产能过剩和重复建设。围绕国发［38］号文件，环保部、国土部、发改委和工信部等出台了部门性政策。2009年11月，工信部下发了《关于分解落实2009年淘汰落后产能任务的通知》，提出了2009年要完成的淘汰落后产能的具体任务。2010年4月，国务院发布了《关于进一步加强淘汰落后产能工作的通知》（以下简称《通知》），《通知》指出，加快淘汰落后产能

有利于促进经济增长方式转变，推进产业结构调整和提高经济增长质量和效益，淘汰落后产能也是加快节能减排，减少环境污染的有力举措。《通知》对钢铁、水泥、电力和煤炭等行业化解过剩产能及淘汰落后产能等工作作出了具体安排。在2012年12月召开的中央经济工作会议上，就化解产能过剩工作，习近平总书记明确要求，要按照"尊重规律、分业施策、多管齐下和标本治理"的原则，利用金融危机形成的倒逼机制，准确预测产能过剩行业的发展趋势，有针对性地制定产能过剩行业的结构调整方案和去产能方案。① 2013年5月13日，李克强总理指出，要强化宏观调控政策措施的针对性、有效性和权威性，坚决完成遏制过剩产能行业盲目扩张的硬任务。

这一轮去产能政策最具指导性的文件是2013年10月国务院颁布的《关于化解产能严重过剩矛盾的指导意见》（以下简称《意见》）。《意见》确定钢铁、水泥、电解铝、平板玻璃和造船五个行业为现阶段去产能的重点行业，对这五个行业要在严格控制产能增长的前提下，强力压减现有产能。《意见》对这五个行业去产能提出了明确的工作要求，制定了具体的政策保障措施，规划了未来五年去产能的"路线图"。② 2013年11月，发改委和工信部下发了《贯彻执行国务院〈关于化解产能严重过剩矛盾的指导意见〉》；2014年7月，工信部下发《部分产能严重过剩行业产能置换实施办法》；2015年5月，国务院下发了《关于推进国际产能和装备制造合作的指导意见》等文件，以推动治理我国产能过剩问题。

（二）中央提出供给侧结构性改革，去产能成为首要任务

从2008年以后，由于我国经济增长的阶段性原因和世界经济发展状况变化的影响，我国经济开始进入中低速增长时期。2014年10月，"新常态"被正式写入了党的十八届四中全会公报，按照适应新常态要求，一方面要以科技创新为经济发展的新动力；另一方面从优

---

① 《中央经济工作会议举行，习近平、李克强讲话》，中华人民共和国中央人民政府网，http：//www.gov.cn/ldhd/2012 - 12/16/content_ 2291602. htm，2012年12月16日。

② 李正旺、周靖：《产能过剩的形成与化解：自财税政策观察》，《改革》2014年第5期。

化结构的角度,要对过剩产能实施实质性的化解。2015年11月10日,在中央财经领导小组第十一次会议上习近平总书记做了重要讲话,首次提出了"供给侧改革"。① 由此引发社会各界的高度关注。对于编制国民经济和社会发展第十三个五年规划,李克强总理明确要求要在供给侧和需求侧两端同时发力,努力促进我国产业结构向中高端迈进。11月18日习近平总书记在APEC会议上再次提到"供给侧结构性改革"。同年12月召开的中央经济工作会议指出,要着力推进供给侧结构性改革,提高供给结构的灵活性和适应性,要全力抓好去产能、去库存、去杠杆、降成本、补短板五大任务(以下简称"三去一补一降"),把去产能作为供给侧结构改革的第一项任务。至此,各地对去产能的重视程度空前提高,去产能的步伐明显加快,去产能的效果也日趋明显。

与此相适应,国务院及各部委密集出台了一系列政策文件,对去产能做了战略部署和总体安排。2016年2月,国务院以国发〔2016〕6号文件出台了《关于钢铁行业化解过剩产能实现脱困发展的意见》、以国发〔2016〕7号文件出台了《关于煤炭行业化解过剩产能实现脱困发展的意见》,明确了钢铁、煤炭行业化解过剩产能的总体安排和目标,拟订了2016年度产能压减或退出计划,确定了钢铁产业化解过剩产能的主要任务和政策措施。提出未来五年钢铁行业淘汰1亿—1.5亿吨产能、煤炭行业压减10亿吨产能。围绕国发〔2016〕6号和国发〔2016〕7号文发改委、工信部、环保部、财政部、国家税务总局、人社部、银监会等部委相继出台了部门政策文件。从人员安置、财政奖补、税收优惠、债务处置等多个方面提出了要求,明确了措施,细化了政策,多角度全方位地支持、推进钢铁煤炭等行业尽快完成去产能任务,实现脱困转型发展。在国务院和相关部委一系列政策的推动下,我国化解过剩产能、淘汰落后产能工作取得了一定成效,完成了政策确定的既定目标。这一阶段治理产能过剩的政策文件归纳整理如表4-5所示。

---

① 张占斌:《中国供给侧结构性改革》,人民出版社2016年版,第1—2页。

表 4-5　　　　　　　　2009—2017 年去产能主要政策

发布时间	文件名称	颁布部门	文件号	主要措施
2009 年 9 月 26 日	关于抑制部分行业产能过剩和重复建设引导产业健康发展的若干意见	发改委、工信部、监察部、财政部、国土资源部、环保部、人民银行、质检总局、银监会、证监会	国发〔2009〕38 号	（1）提出部分行业盲目投资、低水平扩张导致生产能力过剩，不仅包括钢铁、水泥等传统行业，还涉及多晶硅、光伏发电等新兴产业；（2）抑制产能过剩和重复建设的措施包括严格市场准入、加强环境监管、依法用地、完善信贷政策、严格审批程序、构建信息发布制度、实行问责制
2009 年 11 月 25 日	关于分解落实 2009 年淘汰落后产能任务的通知	工信部	工信部产业〔2009〕588 号	提出要认识淘汰落后产能的重要性，综合采取相关措施，完成 2009 年淘汰落后产能任务。其中，全国要淘汰落后炼铁产能 1000 万吨、炼钢 600 万吨。并对各地做了淘汰落后产能的任务分解
2010 年 2 月 6 日	关于进一步加强淘汰落后产能工作的通知	国务院	国发〔2010〕7 号	规定了钢铁、电力、水泥等 9 个重点行业，按期淘汰落后产能的具体目标任务，并就分解落实目标责任、强化政策约束和激励机制、完善监督检查机制等做了详尽规定
2010 年 6 月 17 日	关于进一步加大节能减排力度加快钢铁工业结构调整的若干意见	国务院	国办发〔2010〕34 号	抑制钢铁产能过快增长，加大淘汰落后产能力度；强化节能减排，加快兼并重组；大力实施企业技术创新和进步、推进国内铁矿开发和"走出去"战略的实施，同时加强组织协调

续表

发布时间	文件名称	颁布部门	文件号	主要措施
2010年10月13日	部分工业行业淘汰落后生产工艺装备和产品指导目录	工信部	工信部产业[2010]第122号	确定了严重浪费资源、污染环境、不具备安全生产条件、需要淘汰的落后生产工艺装备和产品目录。目的是加快淘汰落后产能,促进工业结构优化升级
2011年4月18日	关于做好淘汰落后产能和兼并重组企业职工安置工作的意见	人力资源和社会保障部	人社部发[2011]50号	对淘汰落后产能和兼并重组企业的职工安置提出总体要求,包括促进职工再就业,搞好职工社会保险关系接续和转移,处理好劳动关系,做好职业培训
2013年1月22日	关于加快推进重点行业企业兼并重组的指导意见	工信部、发改委、财政部、人社部等13个部委	工信部联产业[2013]16号	推进重点行业并购重组,鼓励企业"走出去"。到2015年,前10家钢铁企业集团产业集中度达到60%左右,形成3—5家具有核心竞争力和较强国际影响力的企业集团
2013年10月15日	关于化解产能严重过剩矛盾的指导意见	国务院	国发[2013]41号	明确提出我国现阶段产能严重过剩行业为钢铁、水泥、电解铝、平板玻璃、船舶。严禁新增产能、清理违规落后产能,淘汰落后产能,优化产业结构,建立长效机制
2014年7月31日	部分产能严重过剩行业产能置换实施办法	工信部	工信部产业[2014]296号	为淘汰落后产能和过剩产能,明确了产能置换的原则、要求和实施方式
2015年5月16日	关于推进国际产能和装备制造合作的指导意见	国务院	国发[2015]30号	推动钢铁、有色、建材、铁路等13个重点行业国际产能和装备制造合作。要分类施策,有序推进

续表

发布时间	文件名称	颁布部门	文件号	主要措施
2016年2月4日	关于钢铁行业化解过剩产能实现脱困发展的意见	国务院	国发[2016]6号	提出钢铁行业化解过剩产能的总体安排和目标,确定2016年度产能压减或退出计划,提出钢铁产业化解过剩产能的主要任务和政策措施。从2016年开始,五年再压粗钢产能1亿—1.5亿吨
2016年2月5日	关于煤炭行业化解过剩产能实现脱困发展的意见	国务院	国发[2016]7号	提出了煤炭行业化解过剩产能的总体要求、主要任务、政策措施和组织保障措施
2016年3月3日	关于支持钢铁煤炭行业化解过剩产能实现脱困发展的意见	国土资源部	国土资规[2016]30号	对钢铁煤炭行业新增产能项目的用地、用矿必须严格控制,依法依规处置退出企业的土地和并购重组及转产企业的土地,对矿产资源优化配置给予支持政策
2016年4月13日	关于化解钢铁煤炭行业过剩产能实现脱困发展中做好职工安置的意见	人社部、国家发改委、工业和信息化部、财政部、民政部、国资监察委、全国总工会	人社部发[2016]32号	对钢铁、煤炭行业化解过剩产能中的职工安置提出了总体要求,明确了安置与分流去产能产业职工的渠道和措施。对企业内部职工分流、职工转岗就业创业、距法定退休年龄不足五年人员实行退养、财政购买公益性岗位安置职工、妥善处理破产兼并重组中的劳动关系和做好社会保障衔接工作等方面做出了具体安排

续表

发布时间	文件名称	颁布部门	文件号	主要措施
2016年4月15日	关于积极发挥环境保护作用促进供给侧结构改革的指导意见	环保部	环大气[2016]45号	提出"三去一补一降"中环保措施。包括加强环境硬约束，推动去除落后和过剩产能；严格环境准入，促进新增产能质量；落实环境治理任务，强化创新驱动
2016年4月17日	关于支持钢铁煤炭行业化解过剩产能实现脱困发展的意见	环保部、国家发改委、工业和信息化部	环大气[2017]47号	严格建设项目环境准入，彻底清理违法违规项目，调查钢铁煤炭行业环保状况，督促企业实现全面达标排放，依法征收排污费
2016年4月27日	关于做好化解钢铁煤炭行业过剩产能中职工安置工作的有关安排	人社部办公厅、国务院国资委办公厅	人社厅发[2016]57号	要做好钢铁煤炭产能过剩行业职工安置的具体工作，各地人社部门要抓紧制定具体实施办法，建立信息采集报送机制，加强总结报告和组织责任落实
2016年4月30日	关于推进供给侧结构性改革促进产业转型升级的指导意见	国家发展和改革委员会	发改产业[2016]934号	确定农业、制造业、服务业和新兴产业供给侧结构改革和产业转型升级的着力点。制造业包括推动制造业智能化、绿色化、高端化和国际化。政府要加快职能转变、突出制度供给、强化市场作用和培育创新能力，以促进产业转型升级，向中高端迈进
2016年5月12日	工业企业结构调整专项奖补资金管理办法	财政部	财建[2016]253号	确定中央财政预算安排用来支持地方政府和中央企业推动钢铁煤炭行业化解过剩产能工作的奖补资金的具体实施方案

续表

发布时间	文件名称	颁布部门	文件号	主要措施
2017年4月17日	关于做好2017年钢铁煤炭行业化解过剩产能实现脱困发展工作的意见	国家发展和改革委员会	发改运行〔2017〕691号	处置"僵尸企业",淘汰落后产能,清理违规违法产能和控制新增产能,把握好去产能的力度和节奏;做好职工安置和社会稳定工作;处置好资产债务、发挥专项奖补资金作用,建立化解和防范产能过剩的长效机制等。提出了2017年钢铁煤炭去产能的具体实施方案

资料来源:根据中华人民共和国中央人民政府网公布的政府文件整理。

五 近年来我国治理产能过剩的财政政策梳理

财政政策是政府调控经济运行和保证经济持续稳定发展的重要手段之一,中央政府在治理产能过剩过程中要运用财政政策来调整经济运行。无论是财政支出政策,还是税收增减调控政策,或是财政体制的改革与完善,都会对宏观与微观的供求关系产生影响(刘尚希等,2018)。[1] 近年来,就治理产能过剩的财政政策来看,其指导思想和主要内容集中体现在以下几个文件中。

2013年10月,国务院出台了《关于化解产能严重过剩矛盾的指导意见》(以下简称《指导意见》)。《指导意见》是这一时期有关去产能工作的重要文件,此后国务院相关部委大多是依据《指导意见》制定并出台了相关具体政策。《指导意见》有关财政政策的内容主要包括[2]:①对产能严重过剩行业实施结构调整和产业升级,中央财政要加大支持力度,地方财政也要专项安排配套资金予以支持;②对产

---

[1] 刘尚希、樊轶侠、封北麟:《"去产能"财政政策分析、评估和建议》,《经济纵横》2018年第1期。

[2] 国务院:《关于化解产能严重过剩矛盾的指导意见》(国发〔2013〕38号),2013年9月26日。

能严重过剩行业压减过剩产能,中央财政利用淘汰落后产能奖励资金等渠道并适当扩大规模予以支持;③支持鼓励企业在去产能中实施兼并重组,提高市场竞争力,要通过完善税收政策予以支持;④鼓励去产能企业"走出去",其出口到境外的设备、产品享受出口退税政策;⑤鼓励资源深度利用和循环经济,对生产高标号水泥、高性能混凝土及处置城市垃圾、污泥和产业废弃物等要给予税收优惠支持。《指导意见》提出的化解产能过剩的财税政策目标是加快产能过剩行业的产业结构调整、推进产能过剩行业的产业优化升级。去产能的具体路径是淘汰落后过剩产能、推进企业兼并重组、鼓励技术进步与创新、实施产能国际合作和资源综合利用等。

2016年2月,对钢铁和煤炭两个去产能的重点行业,国务院又专门下发了指导意见(国发〔2016〕6号①和国发〔2016〕7号②),明确了钢铁、煤炭行业化解过剩产能的政策措施,其中提出的财政政策措施主要包括:一是对钢铁煤炭行业在去产能过剩中的人员分流给予专项奖补资金支持;二是鼓励支持去产能企业实施兼并重组,采用债务重组和破产清算等方式,加快对"僵尸企业"的处置,加快实现"僵尸企业"的市场出清;三是专项奖补资金的使用要结合地方退出产能进度、困难程度和职工安置情况,对地方实行梯级奖补;四是完善税收政策。加快推进铁矿石资源税从价计征改革,推动扩大增值税抵扣范围,继续落实钢铁企业余热余压发电资源综合利用税收优惠政策;五是停止执行加工贸易项下进口钢材保税政策,体现税负公平;六是运用市场化手段妥善处置企业债务和银行不良资产,对金融机构呆坏账核销的金融政策要认真落实,对金融机构加大抵债资产处置力度要给予财税政策支持。

2016年4月,财政部、国家税务总局联合印发了《关于钢铁煤炭行业化解过剩产能实现脱困发展的意见》,具体细化明确了支持钢铁、

---

① 国务院:《关于钢铁行业化解过剩产能实现脱困发展的意见》(国发〔2016〕6号),2016年2月4日。
② 国务院:《关于煤炭行业化解过剩产能实现脱困发展的意见》(国发〔2016〕7号),2016年2月5日。

煤炭两个行业化解过剩产能的相关财税政策：一是安排专项奖补资金支持过剩产能的化解。二是实施税收优惠政策，包括出口退税、公平税负、支持循环经济和资源综合利用的相关政策，落实化解过剩产能的金融政策等。三是落实对企业重组和破产的财税政策支持。包括对钢铁煤炭企业重组或破产等给予税收优惠、享受退出土地出让收入、执行《企业破产法》和《企业财务通则》的相关规定等。四是通过专项建设资金支持符合条件的钢铁煤炭项目。

2016年5月，财政部发布《工业企业结构调整专项奖补资金管理办法》，确定中央财政预算安排专项奖补资金1000亿元，实行梯级奖补，支持地方政府和中央企业推动钢铁煤炭行业去产能，并规定了奖补资金实施的具体方案。近年去产能主要财政政策如表4-6所示。

表4-6 近年去产能的主要财政政策

发布时间	文件名称	文号	目标任务	政策措施
2010年2月6日	关于进一步淘汰落后产能工作的通知	国发[2010]7号	加大淘汰落后产能力度	(1) 发挥差别电价和资源性产品价格改革等价格机制在淘汰落后产能中的作用，强化税收对节能减排的调控引导作用，完善落实资源税和环境保护税费的征收制度。(2) 充分发挥中央财政现有去产能和结构调整资金渠道的作用，支持地方政府推进淘汰落后产能的工作。中央资金重点支持淘汰落后产能中职工安置和企业转产等事项。各地区要也要相应安排配套资金。(3) 对去产能任务重并且完成好的地区和企业给予鼓励，对这些地区和企业在技术改造、节能减排、投资项目核准备案、土地开发利用、各种方式的融资等方面给予资金和政策等倾斜支持

续表

发布时间	文件名称	文号	目标任务	政策措施
2010年9月21日	中央财政关闭小企业专项补助资金管理办法	财企［2010］231号	节能减排，淘汰落后产能	财政补助资金的重点是围绕促进节能减排、淘汰落后生产能力和安全隐患治理。重点关闭高耗能、高污染和安全隐患多的小企业
2011年4月20日	淘汰落后产能中央财政奖励资金管理办法	财建［2011］180号	安排奖励资金，淘汰落后产能	安排淘汰落后产能中央财政奖励资金专项资金，适用于国务院文件规定的多个行业。确定了三年淘汰落后产能中央财政奖励范围和门槛。其中对钢铁行业设定的门槛是：2011—2012年按年度分别对200立方米、300立方米及以上炼铁高炉和20吨、30吨及以上炼钢转炉及电炉的淘汰给予奖补；2013年对400立方米及以上炼铁高炉、30吨及以上炼钢转炉及电炉的淘汰给予奖补
2013年1月22日	关于加快推进重点行业企业兼并重组的指导意见	工信部联产业［2013］16号	加快产业转型发展，提高产业集中度和国际竞争力	中央财政淘汰落后产能奖励资金，重点支持通过并购重组淘汰落后产能的企业，并加大奖励力度
2013年10月15日	关于化解产能严重过剩矛盾的指导意见	国发［2013］41号	控制相关过剩产能行业规模，提升发展质量，建立长效机制	（1）对产能严重过剩行业实施结构调整和产业升级，中央财政和地方财政给予资金支持；（2）适当扩大中央财政淘汰落后产能奖励资金规模；（3）通过完善税收政策支持鼓励企业实施兼并重组，提高市场竞争力；（4）鼓励去产能企业"走出去"，享受出口退税政策；（5）对资源深度利用和循环经济给予税收优惠支持

续表

发布时间	文件名称	文号	目标任务	政策措施
2016年2月4日	关于钢铁行业化解过剩产能实现脱困发展的意见	国发〔2016〕6号	加快淘汰落后产能,优化结构	(1)加强奖补资金支持。设立结构调整专项奖补资金,对地方去产能中人员分流安置给予奖补。(2)使用专项奖补资金要结合地方退出产能进度,实行梯级奖补。(3)调整和完善税收政策。加快铁矿石资源税从价计征改革,推动扩大增值税抵扣范围;对钢铁企业利用余热余压发电,享受税收优惠。(4)落实公平税负,停止执行加工贸易项下进口钢材保税政策
2016年4月25日	关于钢铁煤炭行业化解过剩产能实现脱困发展的意见	财建〔2016〕151号	对钢铁煤炭行业化解过剩产能给予财税政策支持	(1)调整专项奖补资金的渠道,支持去产能中的人员安置;(2)继续实施钢铁煤炭行业出口退税、公平税负、增值税抵扣、资源综合利用等税收政策优惠;(3)对企业实施兼并重组和破产清算给予财税会计支持。如税收优惠、享受退出土地出让收入等
2016年5月12日	工业企业结构调整专项奖补资金管理办法	财建〔2016〕253号	安排专项奖补资金	确定中央财政预算安排用来支持地方政府和中央企业推动钢铁煤炭行业化解过剩产能工作的奖补资金的具体实施方案

资料来源:根据中华人民共和国中央人民政府网公布的政府文件整理。

第四节 去产能宏观调控政策评述

我国的产能过剩是改革开放以来发生的一种经济现象,按照四次产能过剩在我国出现的时间划分,我国治理产能过剩的措施及各级政府出台的相关政策也是与四次产能过剩的出现相对应的。梳理分析30多年来我国针对产能过剩出台的相关政策可以看出,政策的变化体现了我国经济体制改革进程的变化,体现了人们对经济规律认识深度的变化,体现了我国市场经济体制成熟程度的变化。这些政策在不同时期虽对我国化解过剩产能都发挥过历史性作用,但今天看来确有很多不足需要完善。这些不足和需要完善之处主要体现在以下四个方面:

一 习惯于采用行政手段

产能过剩是市场经济条件下一种经济现象,去产能应该遵循市场经济的运行规则,行政手段是计划经济体制调控经济的手段,从本质上看,与市场经济是不协调的。但我国的市场经济体制脱胎于计划经济体制,其市场经济的运行规则是逐步建立和逐步走向完善的,我国计划经济的思维方式仍然有着很大的惯性。面对产能过剩问题的出现,最习惯的方式就是采用行政手段。这一特征在钢铁产业去产能过程中表现得尤其明显。我国钢铁产业最早出现产能过剩是在1996年左右,此后,政府一直在实施对钢铁产业产能过剩的处置,但采用的方式基本是行政手段为主,包括按年度下达具体压减产能任务、设定每年产量控制目标、上收项目审批权、提高项目资本金比例等方式抬高行业准入门槛。这些以行政命令为主的调控方式,虽然态度严厉,但效果并不理想,特别是出现了行政指令的判断与市场实际运行状况明显相悖的误判。政府对钢铁产业市场需求的预测与现实市场运行出现的偏差如表4-7所示。

表4-7 政策文件对钢铁产业市场需求预测和实际运行状况

预测政策	对市场预测或控制目标	市场实际运行状况
1999年经贸委《关于做好钢铁工业总量控制工作的通知》	1999年钢产量比1998年压缩10%,为1.03亿吨,全年进口钢材控制在700万吨	实际粗钢产量为1.24亿吨,表观消费量为1.36亿吨,全年进口钢材为1486万吨
2000年经贸委《关于做好2000年总量控制工作的通知》	2000年对钢铁产业总量控制目标为1.1亿吨,钢材1亿吨,钢产量比1999年减少1200万吨	实际产钢1.29亿吨,钢材1.31亿吨,进口钢材为972吨

续表

预测政策	对市场预测或控制目标	市场实际运行状况
2001年经贸委《关于做好钢铁工业2001年总量控制工作的通知》	2001年总量控制目标为钢产量1.15亿吨，钢材1.05亿吨	实际钢产量为1.52亿吨，钢材产量为1.61亿吨，钢材净进口972万吨
2002年经贸委《关于做好钢铁行业2002年总量控制工作的通知》	2002年年总量控制目标为钢产量1.25亿吨	实际钢产量为1.82亿吨，表观消费量为2.115亿吨
2003年国家发改委《关于制止钢铁行业盲目投资的若干意见》	2005年年底形成3.3亿吨钢铁生产能力	2005年粗钢实际产量为3.5亿吨，表观消费量为3.4亿吨，已建成产能为4.3亿吨
2006年发改委等九部门《关于控制钢铁工业总量淘汰落后加快结构调整的通知》	钢铁工业产能严重过剩	2006年累计粗钢、生铁、钢材产量同比增长18.5%、19.8%、24.5%
2009年国务院批转《关于抑制部分行业产能过剩和重复建设引导产业健康发展意见的通知》	2009年钢铁需求量为5亿吨	2009年钢铁产量和表观消费量均为5.7亿吨左右
2009年国务院办公厅《钢铁产业振兴规划》	2011年钢铁需求量为5亿吨	2011年粗钢产量为6.9亿吨，表观消费量为6.6亿吨

资料来源：根据中华人民共和国中央人民政府网公布的政府文件整理。

实际情况表明，钢铁产业的市场走势，不但没有按行政指令所期盼的那样控制住总量，反而实现了产量和产能双增长。

二 偏重于对需求侧发力

从我国产能过剩的历史演进过程看，每次产能过剩的出现和治理措施都是与当时经济发展的波动及变化相对应的。长时间以来，我国经济增长一直靠有力的市场需求来拉动，特别是长时间持续的投资和出口的快速增长更对我国的经济增长做出较大贡献。市场的有效需求是经济发展的动力，如果市场需求能够持续和提升，对经济发展的促进作用也会随之持续和提升。在这一历史时期，我国的经济发展是在低基数和低水平上起步的,这种状况自然使我国的经济增长空间相对较大,一定时期内市场需求相对旺盛。但需求对经济增长的拉动是需要一定条件的,如果支撑有效需求的各种因素发生变化,需求对经济增长的拉动也会出现变化。对我国来说,长时间需求对经济增长拉动的效应使人们产生了在需求侧发力调控经济的习惯,这一点在以往我国产能过剩的治理中也得到了体现。2008年国际金融危机爆发,为防止中国经济出现硬着陆,政府出台了4万亿元财政资金和10万亿元信贷资金,同时拉动了大量社会资本的跟进(这种做法是典型的以财政政策刺激需求的方式)。这些资金主要投向了基础设施建设领域,政府主导的庞大投资计划极大地刺激了国内原材料市场需求的增长,自然拉动了钢铁、水泥等原材料生产能力在短时间内的迅速扩张。但当以政府投资引导的刺激需求的政策逐步淡出后,市场需求急速萎缩,此前形成的生产能力立即转化为过剩产能。当过剩产能出现后,政府仍试图用扩大需求的方法消化过剩产能。最典型的就是对钢铁产业通过调整出口税收政策,鼓励出口,增加国际市场需求。1998—1999年为降低亚洲金融危机对我国经济运行的冲击,扩大钢材出口,政府将钢材出口退税率由9%上调到15%。① 到2004年,我国为加快环境污染治理和促进钢铁产业结构的优化升级,分三次下调了钢材产品的出口退税。为应对2008年年底爆发的国际金融危机,我国政府在当年年底将税号为7311、7315项下的3种钢材的出口退税率提高到11%,在2009年3月将各种类型钢材的出口退税提高到9%,同年6月又将各类钢材出口退税提高到13%。② 这个政策一直延续到2010年。

偏重于从需求侧发力,虽然通过刺激需求可以在一定程度上扩大市场空间,增大消费量,使产能的过剩状态在短时间内得以缓解,但是,靠刺激而产生的需求是不能持久的,如果产业自身结构不能优

---

① 陈剩勇:《中国政府的宏观调控为什么失灵——以1996年以来中国钢铁产业的宏观调控为例》,《学术界》2013年第4期。

② 财政部、国家税务总局:《关于进一步提高部分商品出口退税率的通知》(财税[2009] 88号),2009年6月3日。

化、产品不能升级，其生命力不会持续持久。

三　局限于产能总量的压减

回顾我国去产能的工作历程，可以看出，每个阶段在对去产能做出规划任务时都提出了工作目标和工作要求，对工作目标也做到了数量化，即把压减产能的任务具体到了各个年度。2013 年，国务院《关于化解产能严重过剩矛盾的指导意见》确定 2015 年年底前淘汰炼铁和炼钢落后产能分别为 1500 万吨，并在此基础上，重点推进河北、山东、辽宁、江苏、山西和江西等地区钢铁产业结构优化调整，压减钢铁产能总量 8000 万吨以上；2016 年，国务院下发的《关于钢铁行业化解过剩产能实现脱困发展的意见》提出，2016—2020 年，用五年时间压减粗钢产能 1 亿—1.5 亿吨。这些政策虽然也都对结构优化和产业升级提出了要求，但在实际工作中，最便于衡量的就是产能的压减数量，这就导致了只要在数量上完成了产能压减任务，似乎就意味着全面完成了去产能的相关任务。至于结构优化、产业升级等软约束，由于无法进行具体评价，最终往往不了了之。这种状况使我国的去产能过程没有同时成为产业升级和结构优化的过程。表现为完成去产能任务就是总量的压减，当市场再次出现需求增长时，产能又在原有技术水平上实现复苏和扩张。近 20 年来，钢铁产业的产能变化充分说明了这一点。从 20 世纪 90 年代中期开始，我国压减钢铁产能所对应的品种是线材、螺纹钢和小型型材等基本建设所需要的钢材，直到现在压减钢铁产能的所对应品种仍然包括线材、螺纹钢和小型型材。这说明以往去产能的政策安排注重了产能总量的压减，对在去产能过程中同步推进结构优化和产业升级的力度不够、效果不明显，没有很好地做到去产能与产业结构的同步推进。

四　财政政策效果单一

去产能需要财政政策的扶持和引导。我国的经济管理体制经历了由计划经济体制向市场经济体制转变的过程，政府对在市场经济条件下如何调节经济运行也经历了由不熟悉到逐步熟悉的过程。因此，财政政策作为政府调控引导经济走向的主要工具，在作用于去产能中也经历了不断完善和提升的过程。

我国在市场经济体制下第一次出现的产能过剩是在20世纪90年代初，以家电产业的过剩为代表，对这次产能过剩国家并没有出台具体的调控政策，也没有制定和实施专门的财政政策。我国最早就产能过剩出台的财政政策是20世纪90年代后期针对纺织行业去产能提出的。该项政策针对纺织行业化解过剩产能的直接需要，采用中央财政和地方财政分担的方式，从六个方面直接给予补贴。此后，对去产能直接按产能压减量给予补贴，一直是有关去产能财政政策的主要内容。

这一做法一直到2013年仍然在延续。对去产能按照产能压减量直接给予财政补贴，可以解决去产能企业的燃眉之急，特别是对于筹集去产能减员分流员工的安置费用发挥了很好的作用。但这种政策效应也有很大的局限性，政策着力点是去产能后的收尾和善后，政策目标是使去产能中的减员职工得到安置，职工生活得到基本保障。这样的政策目标与财政政策应该发挥的作用是很不相称的。财政政策作为政府调控引导经济运行的主要手段之一，对去产能的作用还应包括：构建对过剩产能的倒逼机制、促其尽快退出市场、建立产业升级的引导机制、促进过剩产能行业的转型升级、妥善处置债务问题、化解金融风险，等等。自2015年中央提出推进供给侧结构改革把去产能作为五大任务之首以来，扩大财政政策在去产能中的作用范围，提升财政政策在去产能中的作用效果，丰富财政政策在去产能中的作用方式，已经成为人们的共识和现实的需要，并且在国家及相关部委的政策文件中逐步得到体现。

综上所述，分析梳理我国去产能政策的历史沿革，分析研究我国去产能工作的现实需要和未来走势，在总结既有成功经验的基础上，去产能政策应着力推进四个转变：一是由以行政手段为主向市场化运作的转变；二是由偏重于需求侧发力向供给侧为主，对供给需求双方发力的转变；三是由单纯去产能压减总量向去产能与转型发展同步推进转变；四是财政政策由注重定向补贴向构建调控机制，完善调控引导体系，融入市场化运作转变。

这四个转变在工作中表现为政策体系和政策目标的变化，其背后反映的是经济管理体制的改革和市场经济体制的完善。财政政策作为政府整个政策体系的重要组成部分,在实现上述四个转变中要担当重要角色和发挥重要作用。我国财政政策的转变与创新,按照供给侧结构改革的要求已经开始起步,但需要创新的空间依然很大,完善的任务依然很重,特别是对增强财政政策的实用性和可操作性,地方政府和基层企业还有强烈的期盼。去产能过程中财政政策的创新是下一步应当认真做好并不断完善的一篇大文章。

第五章　钢铁产业产能利用现状与实证分析

长期以来，钢铁产业作为重要的基础性产业，为国民经济建设提供了重要的原材料保障，为相关产业的快速发展提供了有力支撑。然而，近20年来，我国的钢铁产业一方面产能快速扩张；另一方面由于供需脱节，产能过剩矛盾日益显现。自我国改革开放以来，每一轮产能过剩都涉及钢铁产业，致使钢铁产业成为政府化解产能过剩调控的重点。目前，中国经济已从高速增长转向高质量发展阶段，因前期经济高速增长而使产能急剧扩张的钢铁产业下一步将继续面临着化解过剩产能、优化产业结构、加快产业升级、提升产业整体竞争力的紧迫形势和艰巨任务。

第一节　我国钢铁产业产能利用现状及特征

一　我国钢铁产业发展概况

（一）产量不断增长

钢铁曾经被人们称为"工业基础中的基础"、一个国家"实力中的实力"，计划经济时代，我国曾提出工业"以钢为纲"的口号。20世纪的"大跃进"时期，我国提出"超英赶美"的口号，也是以钢铁的产量为重要标志的。改革开放以后，我国经济与社会发展快速发展，固定资产投资持续高速增长，造成了对钢铁产品的强劲需求，这也就形成了改革开放以后我国钢铁工业产能与产量的快速增长。据统计，1978年，我国粗钢产量为3178万吨，到1996年，粗钢产量达到1.06亿吨，首次超越美国和日本，中国钢产量成为世界第一。2003

年达到 2.2 亿吨，2005 年达到 3.6 亿吨，2006 年达到 4.2 亿吨，2008 年达到 5 亿吨，2010 年达到 6.3 亿吨，2013 年达到 8.2 亿吨，2003—2013 年中国钢产量连续实现了 2 亿吨、3 亿吨、4 亿吨、5 亿吨、6 亿吨、7 亿吨和 8 亿吨的七次跨越。2001—2016 年，钢产量年均增长率为 12.33%，其中，2002—2005 年四年增长率都在 20% 以上，达到年均增长率 23.6%。1998—2017 年我国粗钢产量变化情况如图 5-1 所示。

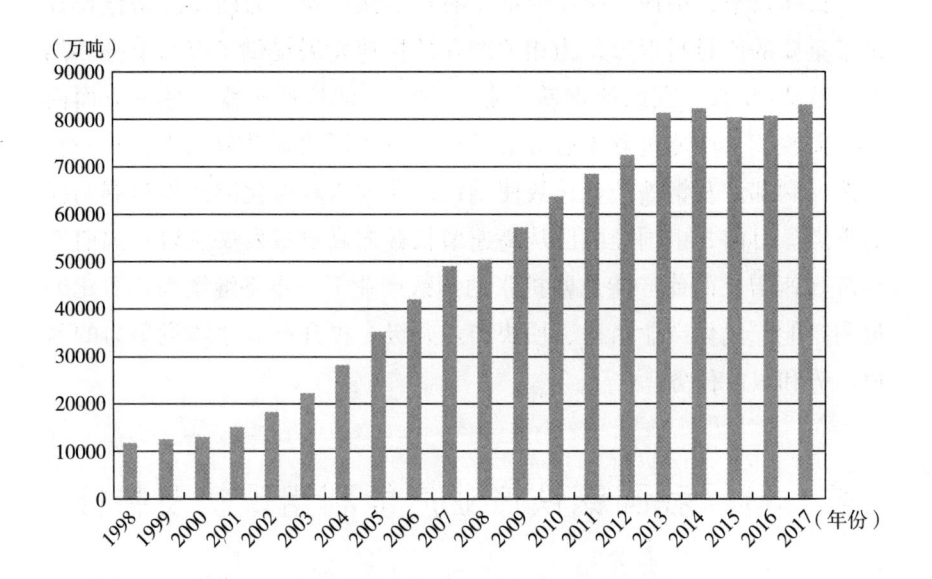

图 5-1　1998—2017 年我国粗钢产量变化情况

资料来源：国家统计局官网、1998—2017 年《中国统计年鉴》。

钢铁产业作为国民经济的基础性原材料产业，是伴随着我国经济的高速增长带来的巨大市场需求而发展壮大的。钢铁产业的市场规模在每一轮经济增长周期中都得到了不同程度的扩张，特别是在这一轮经济增长过程中更是获得了快速扩张。2006—2017 年我国钢铁产量的供需平衡情况如表 5-1 所示。

从表 5-1 可以看出，2006 年，我国的钢铁产量为 42285 万吨，净出口为 3318 万吨；到 2017 年，钢铁产量已经达到 83173 万吨，净

表 5-1　　　　　2006—2017 年中国粗钢供需平衡情况

年份	粗钢产量（万吨）	增速（%）	净出口（万吨）	表观消费（万吨）	增速（%）	实际消费（万吨）	增速（%）
2006	42285	19.64	3318	38847	10.00	38933	10.08
2007	49490	17.04	5198	44104	13.53	43822	12.56
2008	50031	1.09	4488	45380	2.90	45274	3.25
2009	57357	14.64	241	57106	25.84	55088	21.75
2010	62751	9.40	2560	60098	5.24	59684	8.34
2011	69481	10.73	3269	66094	9.98	66111	10.77
2012	72445	4.27	4173	68120	3.07	68105	3.02
2013	81566	12.59	4774	76618	12.48	76060	11.68
2014	82300	0.90	7964	74040	-3.36	75063	-1.31
2015	79846	-2.98	9799	69691	-5.88	70089	-6.63
2016	80837	1.24	9561	70929	1.78	70812	1.03
2017	83173	5.70	6213	76768	8.20	72500	7.70

资料来源：国家统计局官网、2006—2017 年《中国统计年鉴》、中国钢铁工业协会。

出口达到 6213 万吨。不断增长的钢铁产量，不仅满足了国内各类建设对钢材的需要，也为我国钢铁产业参与国际化经营创造了条件。

（二）结构性矛盾日趋明显

自 1996 年我国粗钢产量突破 1 亿吨，中国钢产量就一直保持在世界第一的位置。2016 年，全球粗钢产量 16.2850 亿吨，我国粗钢产量 8.0837 亿吨，世界主要国家钢产量及占全球钢产量的比重如表 5-2 所示。

从表 5-2 中可以看出，截至 2016 年，我国的粗钢产量已经接近全球产量的一半。由于经济发展的阶段性原因和我国在劳动力、要素资源等方面的比较优势，世界钢铁产业的发展重心转向我国，我国已成为世界最大的钢铁生产国。尽管中国钢铁产量远超其他国家，但我国钢铁产品结构尚不尽合理，发达国家特钢产品比例一般为 15%—25%，我国特钢产品比重仅为 8%—10%，日本、美国特钢比重占比分别为 25% 和 20% 左右。此外，我国高附加价值、高技术含量的板材和管材比重为48%左右，低于世界平均水平。我国钢铁产品虽有一定量的出口，但大多为中低端产品，从国外进口的钢铁产品基本为高端产品，显示了我国钢铁产品具有附加价值低的特点。[①] 由于结构性矛盾的显现，我国钢铁产业开始呈现总量过剩与结构性过剩并存的状况。

表5-2　2016年世界主要国家钢产量及占全球钢产量的比重

	全球	中国	日本	韩国	美国	德国	俄罗斯	印度	巴西	英国
产量（亿吨）	16.28500	8.08370	1.04800	0.68600	0.78600	0.42100	0.78800	0.95600	0.30200	0.06467
比重（%）	100	49.6	6.4	4.2	4.8	2.6	4.8	5.9	1.9	0.4

（三）产业集中度呈现低水平状况

产业集中度是指该产业的生产经营集约程度，一般用该产业中最大的几家企业的产品销售量或生产要素拥有量占整个产业的比重来表示。从总体上说，集中度高就表明该产业中几个大企业具有较大的经济支配能力，或者说具有了一定的垄断能力。集中度低就表明产业中企业分散经营程度高，目前国内一般采用粗钢集中度指标来度量我国钢铁产业的集中程度，粗钢产量增减直接影响集中度指标。我国钢铁产业集中度CR10变化如图5-2所示。

由图5-2可以看出，我国钢铁产业市场集中度严重偏低，这种市场结构直接造成钢铁产业大者不强，小者不弱。这种状况不仅直接削减规模经济效益，而且由于分散重复建设导致产能过剩。

二　钢铁产业产能利用现状

2008年国际金融危机以来，发达国家经济体经济增速放缓，国际需求下滑严重，新兴经济体国家也面临严峻挑战，我国经济增长速度持续放缓，面对国内外的经济形势，我国钢铁产业的发展受到了严峻挑战。

---

① 杨振：《产能过剩调控政策与治理体系研究》，中国社会科学出版社2017年版，第58—59页。

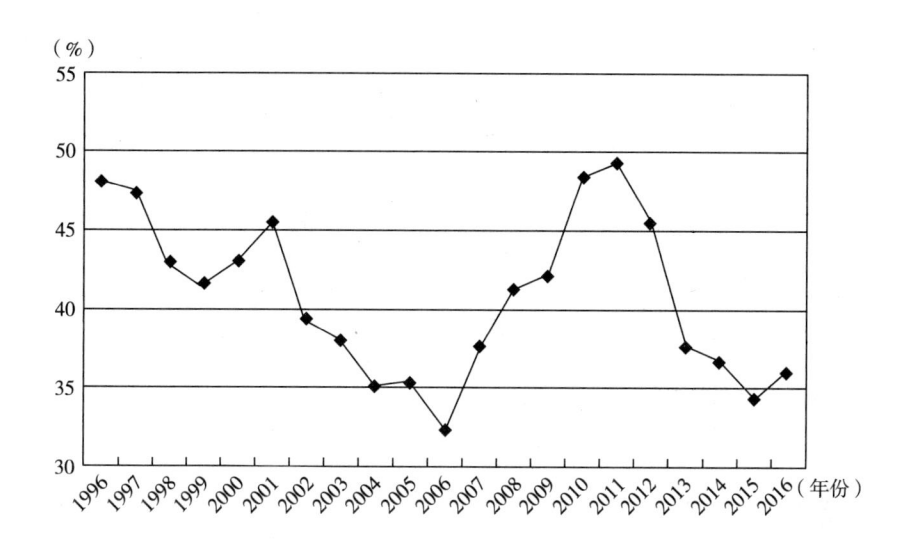

图 5-2　我国钢铁产业集中度 CR10 变化（前十大钢企粗钢产量占比）

资料来源：中国钢铁工业协会。

（一）产能不断增长，产能利用率下降

在钢铁产业生产规模不断扩大的同时，市场需求却没有同步扩大。2012 年以来，随着国民经济增长速度放缓，钢铁产品市场需求与产量增速显著放缓，同时，国际市场也呈现疲软不振的需求状态。在这样的条件下，我国钢铁产业的产能利用率出现下降，产能过剩日趋严重。1996—2016 年我国粗钢产能利用率如图 5-3 所示。

从图 5-3 可以看出，我国钢铁产能利用率在 1998 年以前基本都在 80% 以上，1998 年后产能利用率回落到了 80% 以下，但基本维持在 65%—80%。按照国际公认的 79% 的产能过剩警戒线，已经属于比较严重的产能过剩。从 2004 年开始，中国粗钢实际产能利用率继续逐年走低，其间除 2009 年达到 81% 和 2010 年达到 82% 外[1]，其他年份我国粗钢产能利用率都在 70% 以下。2016 年，粗钢实际产能利用率仅为 67%，然而，产能还在继续增长，已属于非常严重的产能过剩。

---

[1]　2008 年国际金融危机，政府投资 4 万亿元进入市场，产能利用率出现上升。

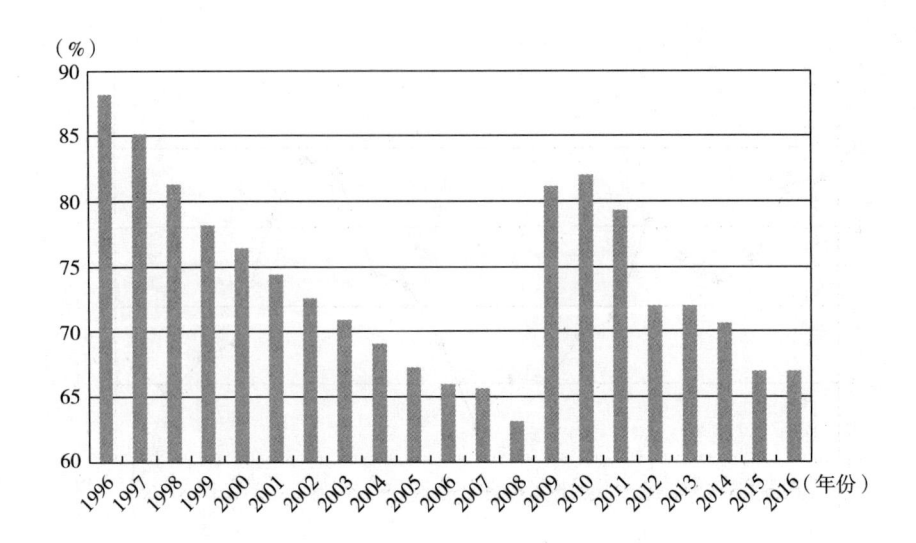

图 5-3 1996—2016 年中国粗钢产能利用率

资料来源：Wind 资讯。

（二）产品价格低位波动，产业利润率下滑

经济效益指标如产品价格、资金利润率等是评价产能是否过剩及过剩程度的辅助性指标。[①] 近年来，我国钢铁产业产量不断增加、产业过度竞争、市场需求不振，且产品呈现同质化，致使钢材产品的供给大大超过市场需求，从而使产品价格下降，行业利润率下滑。

2012 年，我国 80 家重点大中型钢铁企业累计实现销售收入 35441 亿元，同比下降 4.3%；实现利润 15.8 亿元，同比下降 98.2%；销售利润率几乎为零（只有 0.04%）。

2013 年，我国 80 家重点大中型钢铁企业实现利润 228.85 亿元。全行业主营业务收入达到 88608 亿元，同比增长 7.5%；实现利润 2588 亿元，销售利润率 2.9%，处于工业行业最低水平。

2014 年，我国 80 家重点大中型钢铁企业实现利润 304 亿元，同比增长 40.4%，销售利润率只有 0.9%。

2015 年，钢铁行业出现全行业亏损。80 家重点大中型钢铁企业

[①] 蒋秀兰、王晓奕：《河北钢铁产能过剩化解对策》，《开放导报》2015 年第 3 期。

实现销售收入 28890 亿元，同比下降 19.05%；实现利润 -645 亿元，由盈转亏。2008—2015 年我国 80 家重点大中型钢铁企业年利润走势如图 5-4 所示。

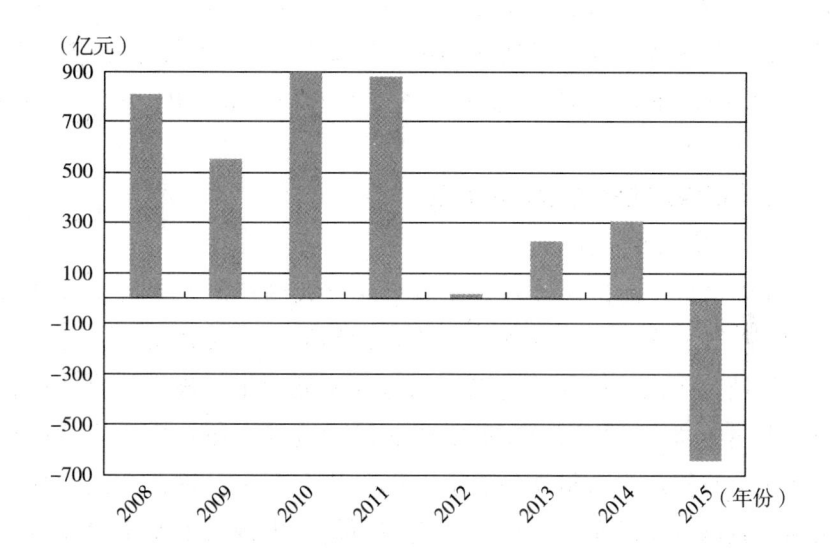

图 5-4　我国 80 家重点大中型钢铁企业年利润趋势（2008—2015 年）
资料来源：工信部网站。

（三）钢铁产业去产能初见成效

长期以来，钢铁产能过剩成为困扰政府、市场和企业的一大顽疾。2015 年 12 月召开的中央经济工作会议，将"去产能"列为 2016 年五大供给侧结构性改革的任务之首。从 2016 年开始，中央政府各部委密集出台一系列化解过剩产能的政策措施。2016 年 2 月 4 日，国务院下发了《关于钢铁行业化解过剩产能实现脱困发展的意见》（国发 [2016] 6 号）提出了钢铁行业化解过剩产能的总体安排和具体目标，拟订了 2016 年度产能压减或退出计划，确定了未来五年钢铁产业去产能的主要任务和政策措施。

目前，钢铁产业紧紧围绕"去产能"这一主线，认真贯彻落实党中央国务院决策部署，以壮士断腕的决心和切实有效的举措实施去产能。2016 年，我国化解钢铁过剩产能 6500 万吨，大大超过 2016 年原计划 4500 万吨的化解任务。2017 年，化解钢铁过剩产能超过 5000 万吨，超额完成全年钢铁去产能任务。2018 年 3 月 5 日，李克强总理在《政府工作报告》中提出，2018 年要再压减钢铁产能 3000 万吨。① 工信部在《钢铁工业调整升级规划（2016—2020 年）》、工信部《关于印发钢铁工业调整升级规划（2016—2020 年）》（工信部规〔2016〕358 号）中，确定了钢铁产能利用率要由 2015 年的 70% 提高到 2020 年 80% 的目标。

三 钢铁产业产能过剩的特征

（一）阶段性特征

我国钢铁产能出现过剩明显地表现出我国经济发展的阶段性特征。改革开放之前，我国基础设施建设和城乡居民住房改善等基本建设领域欠账尤其明显，所以，在这些领域发生大规模且持续增长的投资属于这一特定历史发展阶段必然的选择。而在这些领域的投资必然会直接产生对钢铁的需求，也必然会产生对钢铁产能增加的拉动。我国本身就是一个巨大的消费市场，大规模的基本建设自然形成大规模的钢材市场需求。当经济发展到一定阶段，基本建设的投资增长由高速转向趋缓以后，钢材的需求量自然会降低，产能过剩的现象自然就会显现。因此，我国的钢铁产能过剩具有明显的经济发展的阶段性特征。需要说明的是，现在的产能的过剩，表现为现有产能超过了现实的有效需求。我国正处在城镇化加速的进程中，基础设施建设还会在今后维持一定规模，所以，对钢铁的需求还是较长时期存在的，但是，要把产能控制在与现阶段有效需求大致吻合的状态中。

（二）持续性特征

与其他行业曾经出现的产能过剩相比，钢铁产业的产能过剩持续的时间最长。从 1998 年国家经贸委发文提出控制钢铁产能增长到目前钢铁去产能仍在进行中，持续了近 20 年的时间。一个产业的产能

---

① 李克强：《政府工作报告》（2018 年 3 月 5 日在第十三届全国人民代表大会第一次会议上），《人民日报》2018 年 3 月 23 日第 1 版。

从发现过剩到控制压减产能,持续这么长时间,并且呈现产能一边控制一边增长的奇怪现象,为其他行业所没有。其原因是多方面的,但其中最主要的原因是基本建设项目对钢铁产业的特殊需求和经济社会发展起步上升阶段对钢铁的特殊拉动。在此期间,我国正逢经济社会快速发展,正逢持续较长时间的大规模基本建设,这既为钢铁产业提供了较长时间的市场需求,也对钢铁产能的增长持续了较长时间的拉动。

(三) 体制性特征

我国钢铁产业的产能过剩具有明显的体制性特征。市场对钢铁的强劲需求,产生于我国经济社会发展特殊时期。我国拉动经济增长,应对世界经济危机,在较长时间内把投资作为主要手段之一,政府主导的体制性投资对钢铁产能的扩张发挥了重要作用。在这一时期,政府主导实施的大规模基础设施建设和城镇化发展都使市场对钢铁产品产生了强劲需求,国家扩大信贷资金规模所选择的项目也直接拉动了钢铁产品消费。此外,我国分灶吃饭、分级管理的财政体制所诱发的地方政府的投资冲动,也对钢铁产能的形成产生了重要作用。

(四) 结构性特征

我国钢铁产业的产能过剩,目前呈现总量性过剩与结构性过剩并存的状态。所谓总量性过剩,是指我国现有钢铁产能大大超过市场的有效需求,产能利用率明显偏低;所谓结构性过剩有两层含义:一是我国钢铁产业低端产品严重供过于求,而高端产品自己不能生产,还需要大量进口;二是在生产装备上,我国既拥有居世界先进水平的成套钢铁生产装备,同时也大量存在低端落后的生产装备。按2011年版钢铁产业目录规定,我国还有1/3以上的钢铁冶炼装备属于限制类装备,应限期淘汰。因此,我国化解钢铁过剩产能,既要在化解总量性过剩上下功夫,直接压减产能总量;更要在调结构上下功夫,调优品种结构,调优装备结构,实现钢铁产业总体的优化升级。

第二节 钢铁产业产能利用状况宏观影响因素量化分析

我国出现的产能过剩，既有市场经济共有规律作用的原因，也有我国特殊的体制性和政策性原因，在这些原因的共同作用下，产能过剩成为现实。与此同时，产能过剩以何种程度表现出来，还受到宏观环境中相关因素的影响。经济运行是一个有机的整体，驱动经济运行的因素有多个方面，这些因素相互作用和相互影响，每一个因素的变化都可能使其他的因素发生改变，对这些因素的交互作用可以用量化分析的方法解释。

产能过剩作为经济运行中的一种现象，其出现和走势同样也要受到各相关因素的影响。分析这些因素以什么方式影响产能过剩、对产能过剩的影响程度有多大，有利于我们把握产能过剩的变化趋势，准确认识治理产能过剩的着力点，使治理产能过剩的措施更有针对性。基于这样的考虑，本章以我国现阶段去产能最具代表性的钢铁产业为例，运用 VAR 方法选取相关指标，量化分析相关因素对钢铁产业产能利用状况的影响，判断这些因素对钢铁产能利用率的影响程度。

一 指标选取与变量释义

本模型选用钢铁产能利用率作为因变量指标。产能利用率是目前人们公认的反映产能过剩状况最具代表性的指标，它是指实际产量与设计生产能力的比值，即生产过程中已被利用的生产能力和可用生产能力的比例，它反映了企业的生产能力是否真正得到有效利用。很显然，产能利用率高，说明市场需求量大，行业开工率足，不存在产能过剩；产能利用率低，说明市场需求量小，生产设备闲置，行业开工率低，存在产能过剩。产能的不同含义具有不同的用途，在分析某一产业是否出现产能过剩时，所用的产能一般为统计产能，即对该产业存在的产能经统计汇总后获得的总量指标，这其中不排除在统计汇总过程中不同的上报单位所报送的产能含义不尽相同，但是，由于其基本能反映产能的存在状况，汇总后可用于分析产能的总体趋势，故可以作为变量获得的基本来源。

本章采用的数学模型是向量自回归法，因变量是粗钢产能利用率，自变量选择的指标为 GDP 增速、固定资产投资增长率、财政支出、货币和准货币（M2）供应量增长率、粗钢产量增长率。之所以选择上述几个指标作为本模型的自变量，因为这些指标是反映宏观经济走势最具代表性的指标，其增减变化反映着经济运行的波动与变化。其中如财政支出、货币和准货币（M2）供应量增长率等指标都是政府调控引导经济的主要指标，其增减变化反映着政府引导经济走势的意图和愿望。GDP 增速和固定资产投资增长率是经济走势的"晴雨表"，这两个指标既受到财政支出和货币供应量指标的引导与推动，同时又是财政支出和货币供应量两个指标作为政府引导经济走势的调控对象。这些指标共同反映了经济运行的态势，其波动变化也影响并决定着市场供求结构和供求关系的改变。由于钢铁产业属于基础原材料产业，与 GDP 增速和固定资产投资有强烈的关联关系，这些指标的变化对其冲击和影响非常明显。因此，用这些指标作为自变量分析其对钢铁产能利用率的影响程度有很重要的现实意义。

（一）GDP 增速

GDP 是我国应用非常广泛反映国民经济发展整体状况的统计指标。对这一指标的客观性和准确性，近年来，人们虽多有议论，但至今尚未找到可以替代 GDP 来反映国民经济总体状况的总量指标。国际上也是以此来反映一个国家经济发展的总规模和总水平。一般来说，凡是 GDP 增速提高，经济发展速度加快的历史阶段，市场需求量必然会相应增长。如果是投资拉动型的 GDP 增长，则会表现为基本建设项目增加，钢材的需求量增加，将会拉动钢铁产能的增长。如果 GDP 增速趋缓，需求量下降，现有产能不能充分利用，过剩产能将会产生。

（二）固定资产投资增长率

固定资产投资是国民经济增长的重要支撑。从现实来看，固定资产投资可以直接引发对生产资料和消费资料的需求。由于固定资产投资表现为基本项目建设，对钢材这种生产资料的需求非常直接和具体。固定资产投资量增大,钢材需求量就增大;固定资产投资增速加快,钢铁产业增加产能的进程就会加快。我国房地产升温、高铁和高速公路等基本建设项目规模的增大,都会对钢铁产生大量的需求,因而也会拉动钢铁产能的增长。

(三) 国家财政支出

国家财政支出包括中央财政支出和地方财政支出。财政支出固然有量入为出的基本原则,但是,国家可以根据国民经济发展变化的不同状况,采取宽松的财政政策或紧缩的财政政策,财政政策的松紧不同不仅对市场需求产生直接影响,而且会对社会资本的投资产生引领和拉动作用。钢材作为基本建设的原材料,对于政府投资的宽松和紧缩具有强烈的敏感性,这种敏感性既可以表现为市场供应量的增减变化,也可以表现为生产能力的增减变化。

(四) 货币和准货币 (M2) 供应量增长率

货币供应量是各国政府调控经济走势的重要手段。货币供应量增加,则货币流动性增强,市场交易呈现活跃状态,市场需求量相应增长;反之,货币供应量减少,则货币流动性降低,市场交易削减,市场有效需求降低。在我国,货币供应量增加会导致固定资产投资的直接增长,会推动基本建设项目的上马,自然也会增大钢材的需求量。所以,M2 的变动对钢材市场需求量的影响是直接的,对钢铁产能的增长拉动也是明显的,因而将这一指标作为钢铁产能利用率的影响因素非常必要。

(五) 粗钢产量增长率

粗钢是钢产量的直接承载体,人们通常使用粗钢产量来反映一个国家在一定时期的钢铁产量。总体来说,生铁是粗钢的原料,钢材是粗钢的再加工产品,把握了粗钢产量就把握了一个国家一定时期内的钢铁产量。因此,粗钢产量就是钢铁产能利用率的最直接的反映。

二 构建 VAR 模型

(一) VAR 模型简介

1980 年,西姆斯提出 VAR 模型 (向量自回归模型) 的分析方法。[1]

---

[1] Sims, C. A., "Macroeconomics and Reality", *Econometrica*, Vol. 48, No. 1, 1980, pp. 1–47.

这一方法采用多方程联立的形式对相互关联的时间序列系统进行预测，并从动态角度对随机扰动项对变量系统的冲击进行分析，以此说明各种相关经济冲击对经济变量的影响。在模型的每一个方程中，为了回避结构化模型的要求，VAR 方法通过把系统中的每一个内生变量作为系统中全部内生变量的滞后值的函数来构造模型，来估计全部内生变量的动态关系。此后，恩格尔和格兰杰（1987）提出了协整理论方法①，提出了非平稳序列模型建立的新方法。其基本观点是：在两个及两个以上非平稳时间序列存在一种平稳线性组合的条件下，则非平稳时间序列之间存在协整关系，这种线性组合就是协整方程。在此基础上，约翰森（1995）等把协整方程引入了 VAR 模型的应用分析之中。

VAR 模型的数学表达式如下：

$$y_t = A_1 y_{t-1} + A_2 y_{t-2} + \cdots + A_p y_{t-p} + BX_t + \varepsilon_t, \ t = 1, 2, \cdots, T \quad (5.1)$$

式中，y_t 表示 k 维内生变量向量，X_t 表示 d 维外生变量向量，T 表示样本个数，$k \times k$ 维矩阵 A_1，A_2，$\cdots$，A_p 和 $k \times d$ 维矩阵 B 表示要被估计的系数矩阵，ε_t 表示 k 维扰动向量，并且假定 ε_t 是白噪声系列，即 $E(\varepsilon_t) = 0$，$E(\varepsilon_t \varepsilon'_t) = \sum$，并且 $t \neq s$。

（二）VAR 模型的理论框架

本书的具体步骤如下：

第一步：平稳性检验。② 在大多数情况下，时间序列都是非平稳的。因此，在建立 VAR 模型之前，应该对时间序列的平稳性进行检验，本书使用 ADF 法进行检验。

检验要应用三个模型表达式：

$$\Delta x_t = (\rho - 1) x_{t-1} + \sum_{i=1}^{p} \theta_i \Delta X_{t-i} + \varepsilon_i \quad (5.2)$$

---

① Engle, R. F. and Granger, C. W. J., "Co-integration and Error Correction: Representation, Estimation and Testing", *Econometrica*, Vol. 55, No. 2, 1987, pp. 251-276.
② 张群、冯梅、于可慧：《中国钢铁产业产能过剩的影响因素》，《数理统计与管理》2014 年第 2 期。

$$\Delta x_t = \alpha + (\rho - 1)x_{t-1} + \sum_{i=1}^{p} \theta_i \Delta X_{t-i} + \varepsilon_i \tag{5.3}$$

$$\Delta x_t = \alpha + \beta t + (\rho - 1)x_{t-1} + \sum_{i=1}^{p} \theta_i \Delta X_{t-i} + \varepsilon_i \tag{5.4}$$

按照式 (5.4)、式 (5.3)、式 (5.2) 的顺序依次进行检验,当检验未能通过零假设时,表明不存在单位根,则时间序列平稳。

第二步:协整检验。为了保持合理的自由度并消除自相关,在协整检验之前,需要明确 VAR 模型的最大滞后期数。本书采用 LR 统计量、FPR、AIS、SC 准则进行判断。

为进行协整检验,本书采用约翰森协整检验法,滞后期数为 p 的 VAR 模型表达式为[①]:

$$y_t = A_1 y_{t-1} + A_2 y_{t-2} + \cdots + A_p y_{t-p} + Bx_t + \varepsilon_t, \quad t = 1, 2, \cdots, T \tag{5.5}$$

对式 (5.5) 进行差分变换,使非平稳的序列变平稳,得到下式:

$$\Delta y_t = Hy_{t-1} + \sum_{i=1}^{p-1} \Gamma_i \Delta y_{t-i} + Bx_t + \varepsilon_t \tag{5.6}$$

式中,Δy_t 和 Δy_{t-i} 都是由平稳的序列构成,$y_{1,t-1}$, $y_{2,t-1}$, $\cdots$, $y_{l,t-1}$ 之间是否具有协整关系的条件是 Hy_{t-1} 的序列是零阶单整的,而矩阵 H 的秩是关键因素。假设矩阵 H 的秩为 r,会有 $r=0$、$r=1$ 和 $0<r<l$ 三种情况出现。分析表明,$r=0$ 和 $r=1$ 不存在,因此,只有 $0<r<l$ 可取。因为非零特征根的数量就是矩阵 H 的秩,以此来判断协整关系是否存在,同时确定协整向量的秩。

设 $\lambda_1 > \lambda_2 > \cdots \lambda_l$ 为特征根,应用特征根迹检验的原理为:

H_{r0}: $\lambda_r > 0$, $\lambda_{r+1} = 0$,

备选假设为:

H_{r1}: $\lambda_{r+1} > 0$

对应的检验统计量为:

$$\mu_r = -T \sum_{i=r+1}^{l} \ln(1 - \lambda_i), \quad r = 0, 1, \cdots, l-1$$

[①] 韩国高、曹白杨:《外部需求冲击与我国工业产能利用水平波动——基于 VAR 模型的实证分析》,《数学的实践与认识》2015 年第 22 期。

当 μ_0 显著不为 0 时，接受假设 H_{00}（r = 0），说明存在 k 个单位根，不存在协整向量，不具有协整关系；当 μ_0 显著为 0 时，拒绝原假设 H_{00}，表明至少存在一个协整向量，需要对 μ_1 继续进行显著性检验。当 μ_1 显著不为 0 时，通过原假设 H_{10}，仅存在一个协整向量。按照这个逻辑依次检验，一直到假设 H_{r0} 被接受为止，说明存在 r 个协整向量。

第三步：因果检验。本书选取格兰杰因果检验法对变量进行因果检验，以方程中变量系数的显著性为判断标准，当 y_0 显著时，表明在长期内 x 对 y 存在格兰杰因果关系；当 x_0 显著时，表明 y 对 x 存在格兰杰因果关系。如果至少有一个 θ_i 的估计系数显著时，表明在短期内 x 对 y 有格兰杰因果关系；若至少有一个 β_i 的估计系数显著，表明在短期内 y 对 x 有格兰杰因果关系；若被估计系数都具有统计显著性，则表明变量 x 和 y 存在短期的和长期的双向格兰杰因果关系。

第四步：脉冲响应与方差分解。VAR 模型是一种非理论性模型，它通常不是对一个变量的变化对另一个变量的影响进行分析，而是研究当一个误差项发生变化或模型受到某种冲击时，给内生变量当前值和未来值所带来的影响，这种方法就是脉冲响应函数方法。在 VAR 模型中，对第 i 个变量的冲击不仅直接影响第 i 个变量，还会通过模型的动态结构传导给所有其他内生变量。其基本思想如下：

$$\begin{cases} x_t = a_1 x_{t-1} + a_2 x_{t-2} + b_1 z_{t-1} + b_2 z_{t-2} + \varepsilon_{1t}, \\ z_t = c_1 x_{t-1} + c_2 x_{t-2} + d_1 z_{t-1} + d_2 z_{t-2} + \varepsilon_{2t}, \end{cases} t = 1, 2, \cdots, T \quad (5.7)$$

式中，a_i、b_i、c_i、d_i 为参数，$v_t = (\varepsilon_{1t}, \varepsilon_{2t})'$ 为扰动项，假设白噪声向量的性质如下：

$$\begin{cases} E(v_t) = 0, \quad \forall t \\ VAR(v_t) = E(v_t v'_t) = \begin{pmatrix} \sigma_1^2 & 0 \\ 0 & \sigma_2^2 \end{pmatrix}, \quad \forall t \\ E(v_t v'_s) = 0, \quad \forall t \neq s \end{cases} \quad (5.8)$$

假设式（5.8）中的系统从 0 期开始活动，$x_{-1} = x_{-2} = z_{-1} = z_{-2} = 0$，第 0 期的扰动项 $\varepsilon_{10} = 1$，$\varepsilon_{20} = 0$，且其后均为 0，即 $\varepsilon_{1t} = \varepsilon_{2t} = 0$（t = 1, 2, …），称为在第 0 期给 x 以脉冲。

对于 x_t 和 z_t 的变化,在第 0 期时,令 $x_0=1$,$z_0=0$,将结果代入式 (5.7),在第 1 期时,$x_1=a_1$,$z_1=c_1$,再把结果代入式 (5.7),在第 2 期时,$x_2=a_1^2+a_2+b_1c_1$,$z_2=c_1a_1+c_2+d_1c_1$,以此进行计算,设结果为 x_0,x_1,x_2,x_3,…,将之称为由 x 的脉冲引起的 x 的响应函数;同理,将 z_0,z_1,z_2,z_3,… 称为由 x 的脉冲引起的 z 的响应函数。

方差分解是对每一个结构冲击对内生变量变化的贡献度进行分析,从而对不同结构冲击的重要性进行综合评价。因此,方差分解提供了对模型中变量产生影响的每个随机扰动的相对重要性信息。其思路如下:

$$y_{it} = \sum_{j=1}^{k} (\Psi_{0,ij}\varepsilon_{jt} + \Psi_{1,ij}\varepsilon_{jt-1} + \Psi_{2,ij}\varepsilon_{jt-2} + \Psi_{3,ij}\varepsilon_{jt-3} + \cdots) \quad (5.9)$$

式中,k 是变量个数,式 (5.9) 括号中的内容是第 j 个扰动项 ε_j 从无限过去到现在时点对第 i 个变量 y_i 影响的总和。因为 ε_{jt} 无序列相关,求方差为:

$$E[(\Psi_{0,ij}\varepsilon_{jt} + \Psi_{1,ij}\varepsilon_{jt-1} + \Psi_{2,ij}\varepsilon_{jt-2} + \cdots)^2] = \sum_{q=0}^{\infty} (\Psi_{q,ij})^2 \sigma_{jj}^2,$$
$$i,j=1,2,\cdots,k,\ t=1,2,\cdots,T \quad (5.10)$$

式 (5.10) 是用方差的形式,将第 j 个扰动项对第 i 个变量的从无限过去到现在时点的影响进行评价,假设扰动项向量的协方差矩阵 Σ 是对角矩阵,则 y_{it} 的方差是上述方差的 k 项简单和:

$$\mathrm{VAR}(y_{it}) = \sum_{j=1}^{k} \left\{ \sum_{q=0}^{\infty} (\Psi_{q,ij})^2 \sigma_{jj}^2 \right\} \quad (5.11)$$

式 (5.11) 表明 y_{it} 的方差可分解成 k 种不相关的影响,本书采用相对方差贡献率 (RVC) 来分析各个扰动项对 y_{it} 的方差的贡献度,RVC 的计算公式为:

$$\mathrm{RVC}_{j \to i}(\infty) = \frac{\sum_{q=0}^{\infty} (\Psi_{q,ij})^2 \sigma_{jj}}{\mathrm{VAR}(y_{it})} = \frac{\sum_{q=0}^{\infty} (\Psi_{q,ij})^2 \sigma_{jj}}{\sum_{j=1}^{k} \left\{ \sum_{q=0}^{\infty} (\Psi_{q,ij})^2 \sigma_{jj} \right\}},$$
$$i,j=1,2,\cdots,k \quad (5.12)$$

RVC 是以第 j 个变量基于冲击的方差对 y_{it} 的方差的相对贡献率为

依据，以此来分析第 j 个变量对第 i 个变量的影响。事实上，如果模型满足平稳性条件，则 $\Psi_{q,ij}$ 随着 q 的增大呈几何级数性的衰减，所以，不需要用 s = ∞ 项的 $\Psi_{q,ij}$ 和，只需取有限的 s 项，可得近似的 RVC：

$$RVC_{j \to i}(s) = \frac{\sum_{q=0}^{s-1}(\Psi_{q,ij})^2 \sigma_{jj}}{\sum_{j=1}^{k}\left\{\sum_{q=0}^{s-1}(\Psi_{q,ij})^2 \sigma_{jj}\right\}}, \quad i, j = 1, 2, \cdots, k \quad (5.13)$$

当 $RVC_{j \to i}(s)$ 大时，表明第 j 个变量对第 i 个变量的影响大；反之，当 $RVC_{j \to i}(s)$ 小时，表明第 j 个变量对第 i 个变量的影响小。

三 钢铁产业产能过剩影响因素的实证分析

本章选取 2001 年第二季度到 2017 年第二季度的数据[①]对我国钢铁产业产能过剩的影响因素进行实证分析。

第一步：变量的平稳性检验。VAR 模型的建立要求系统中的变量具有平稳性，即模型中每个变量都是平稳的或者是存在协整关系的同阶单整序列。因此，本书首先对所研究问题的相关数据进行单位根检验，以检验其平稳性。本书采用 ADF 单位根检验法分别对粗钢产能利用率（CN）、GDP 增速（GDP）、固定资产投资增长率（GDZC）、财政支出（CZZC）、货币和准货币（M2）供应量增长率（HB）、粗钢产量增长率（CG）六个变量进行检验。检验结果如表 5 - 3 所示。

表 5 - 3　　　　　　　　ADF 单位根检验结果

	检验类型 (C, T, K)	ADF 值	5% 的显著性水平	10% 的显著性水平	判断结论
CN	(C, T, 4)	-4.04	-3.48	-3.17	平稳
DCN	(C, T, 0)	-10.14	-3.48	-3.17	平稳
GDP	(C, N, 4)	-3.64	-3.48	-3.17	平稳
DGDP	(C, N, 9)	-4.65	-3.49	-3.18	平稳

---

① 国家统计局、Wind 资讯、《中国钢铁工业年鉴》。

续表

检验类型 (C, T, K)	ADF 值	5%的显著性水平	10%的显著性水平	判断结论
GDZC	(C, N, 3)	-2.99	-3.48	-3.17	不平稳
DGDZC	(C, N, 3)	-10.29	-3.49	-3.17	平稳
CZZC	(C, T, 3)	-1.72	-3.48	-3.17	不平稳
DCZZC	(C, T, 2)	-37.07	-3.48	-3.17	平稳
HB	(C, N, 3)	-2.19	-2.91	-2.59	不平稳
DHB	(C, N, 2)	-10.86	-2.91	-2.59	平稳
CG	(C, N, 3)	-2.95	-2.91	-2.59	平稳
DCG	(C, N, 6)	-6.96	-2.91	-2.59	平稳

注：检验类型（C, T, K）分别代表截距项、趋势项和滞后项；N 没有相应的项。

检验结果表明，原有的时间序列数据在5%的显著性水平下不是全部平稳的，而一阶差分后在5%的显著性水平下均平稳，故这六个变量均为一阶单整过程。

第二步：滞后期数选择与协整检验。约翰森协整检验是以 VAR 模型为基础的检验方法，在协整检验之前，先要确定 VAR 模型的最优滞后期数。运用 VAR 模型中的 AIC、SC 和 LR 等信息准则共同来选择模型的最优滞后期数，得到 VAR 模型的最优滞后期数为4，结果如表5-4所示。

表5-4　　　　　　　VAR 模型最优滞后阶数的确定

Lag	LogL	LR	FPE	AIC	SC	HQ
0	-1680.306	—	4.14e+16	55.28873	55.49636	55.37010
1	-1392.678	509.2432	1.09e+13	47.03863	48.49202	47.60823
2	-1298.525	148.1764	1.67e+12	45.13195	47.83110	46.18977
3	-1191.431	147.4736	1.77e+11	42.80100	46.74591	44.34705
4	-1101.438	106.2210*	3.61e+10*	41.03075*	46.22142*	43.06502*

注：*表示在5%的显著性水平下显著。

确定滞后 4 期为 VAR 模型的最优滞后期数后，用 Eviews 软件估计的 VAR 模型的拟合优度为 0.98，表明模型中的粗钢产能利用率可以非常好地用其余 5 个变量的滞后 4 期的值表示。因为协整检验的最优滞后期数比 VAR 模型的最优滞后期数少 1 期，因此，6 个变量进行协整检验的滞后期为 3，结果如表 5-5 所示。

表 5-5　　　　　　　变量及约翰森协整检验结果

假设	特征值	迹统计量	0.05 恰界值	概率**
没有 1 个*	0.629486	156.3615	95.75366	0.0000
至多 1 个*	0.488882	95.79682	69.81889	0.0001
至多 2 个*	0.368904	54.85632	47.85613	0.0096
至多 3 个	0.219654	26.77814	29.79707	0.1072
至多 4 个	0.157051	11.64902	15.49471	0.1746
至多 5 个	0.019918	1.227267	3.841466	0.2679

检验结果表明根据最大特征根统计量和迹统计量，在 5% 的显著性水平下变量之间存在长期协整关系。

为了保证 VAR 模型下的协整关系有意义以及脉冲响应函数的稳定性，需要对模型的稳定性进行检验，模型稳定的条件是特征多项式的根的倒数都在单位圆内部。检验结果如图 5-5 所示。

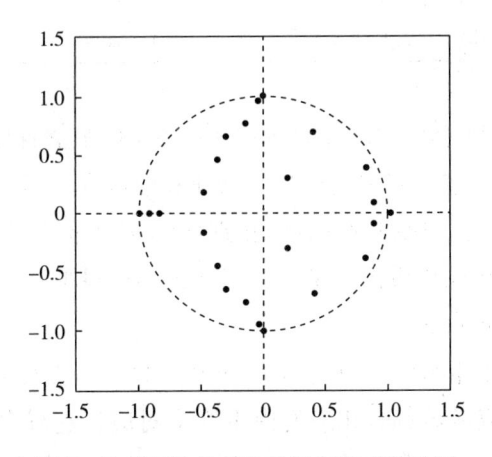

图 5-5　VAR 的 AR 特征多项式逆根图

特征方程的所有单位根均在单位圆内,说明 VAR 模型是稳定的、有意义的,可以进行后续脉冲分析和方差分解的操作。

第三步:格兰杰因果检验。协整检验只是证明了粗钢产能利用率(CN)、GDP 增速(GDP)、固定资产投资增长率(GDZC)、财政支出(CZZC)、货币和准货币(M2)供应量增长率(HB)、粗钢产量增长率(CG)之间存在长期均衡关系,而对于这种均衡关系是否形成因果关系,还要继续进行验证。对各指标做格兰杰因果检验,结果如表 5 - 6 所示。

表 5 - 6　　　　　　　　格兰杰因果检验结果

滞后期数:4

Null Hypothesis:	样本数	统计	概率
GDP 不是 CN 的格兰杰原因	61	10.0559	4. E - 06
CN 不是 GDP 的格兰杰原因		6.23751	0.0004
GDZC 不是 CN 的格兰杰原因	61	12.1605	5. E - 07
CN 不是 GDZC 的格兰杰原因		2.72166	0.0393
CZZC 不是 CN 的格兰杰原因	61	5.97306	0.0005
CN 不是 CZZC 的格兰杰原因		0.75804	0.5573
HB 不是 CN 的格兰杰原因	61	1.55182	0.2011
CN 不是 HB 的格兰杰原因		1.12040	0.3570
CG 不是 CN 的格兰杰原因	61	2.25364	0.0758
CN 不是 CG 的格兰杰原因		1.49499	0.2172

格兰杰因果检验得出,在滞后 4 期、5% 的显著性水平下:

(1) GDP 增速、固定资产投资增速和财政支出是粗钢产能利用率的格兰杰原因,会对钢铁产能过剩的形成构成不同程度的影响。

(2) 货币和准货币供应量增长率和粗钢产量增长率与粗钢产能利用率不构成因果关系。

第四步:脉冲响应分析与方差分解。对于模型中每一个误差项,每一个脉冲响应函数都有相应的内生变量对应,这样含有 6 个内生变量的模型将含有 36 个脉冲响应函数。本书只对 GDP 增速(GDP)、固定资产投资增长率（GDZC）、财政支出（CZZC）、货币和准货币（M2）供应量增长率（HB）、粗钢产量增长率（CG）这5个变量对粗钢产能利用率（CN）的冲击的脉冲响应函数进行分析。在图5-6中，横轴表示冲击作用的滞后期数，纵轴表示产能利用率的响应情况，实线表示CN对自变量的冲击的反应情况，虚线表示正负两倍标准差偏离带。

由图5-6（a）可以看出，给当期GDP增速的一个正冲击后，粗钢产能利用率表现出一个较大的正向响应，该正向响应在第2期达到最大值，在第3期开始产生负向冲击，在第8期达到最大后开始消除。这表明在期初，GDP的快速增长会拉动投资增长，需求量增大，产能利用率上升。但是，由于产能增长的惯性，在后期，产能增速大于市场需求，过剩产能形成，产能利用率下降。

由图5-6（b）可知，固定资产投资增长率的一个正向冲击会在期初迅速给粗钢产能利用率带来负向冲击，从第7期转为明显的正向冲击并且影响逐渐增加。这表明产能利用率的增长相对于固定资产投资的增长有一个滞后期，固定资产投资的增长从长期来看会形成对钢铁需求的增长，会导致产能利用率的提高，但同时也会拉动产能的增长。

由图5-6（c）可知，财政支出的一个正冲击会在期初对粗钢产能利用率带来微弱的正向冲击，在第3期开始产生负向冲击并逐步增加。这表明财政支出的增长向社会释放了加大基本建设投资、钢铁消费量将要增加的信号，诱使钢铁产能进一步增加。但在此期间，钢铁产能的增长速度超过了消费量的增长速度，使粗钢产能利用率持续下降。

由图5-6（d）可知，货币和准货币（M2）供应量增长率的一个正冲击会对粗钢产能利用率带来明显的负向冲击，在第3期开始产生正向冲击，正向冲击于第5期结束后产生持续的明显的负向冲击。这表明货币供应量的大量增长会诱导对钢铁产能盲目投资的增长，从而出现过剩产能，导致产能利用率下降。

由图5-6（e）可知，粗钢产量增长率的一个正向冲击在期初会给粗钢产能利用率带来明显的负向冲击，在第3期达到最大值后产生持续的大幅度的正向冲击。这表明粗钢产量的变化与粗钢产能利用率

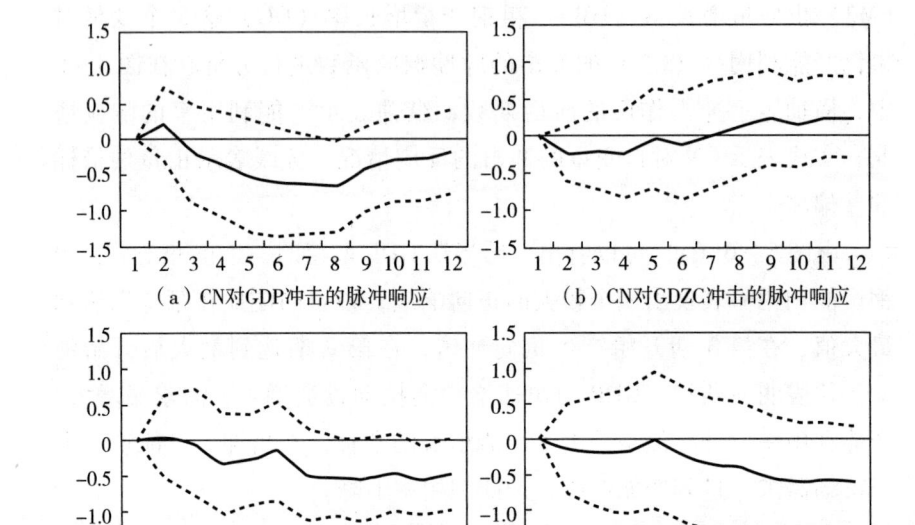

的变化成正比,只要粗钢产量增加,粗钢产能利用率就会相应增长。

(a) CN对GDP冲击的脉冲响应

(b) CN对GDZC冲击的脉冲响应

(c) CN对CZZC冲击的脉冲响应

(d) CN对HB冲击的脉冲响应

(e) CN对CG冲击的脉冲响应

图 5-6　粗钢产能利用率对各指标的脉冲响应

对各指标进行方差分解,得出各指标的冲击对产能利用率的贡献率如图5-7所示。

图5-7结果表明,随着时期的增加,粗钢产量增长率和GDP增速的方差贡献率最大,平均贡献率分别为8.99%和6.4%;其次是财政支出和货币和准货币(M2)供应量增长率;固定资产投资增长率的方差贡献率相对较不显著。

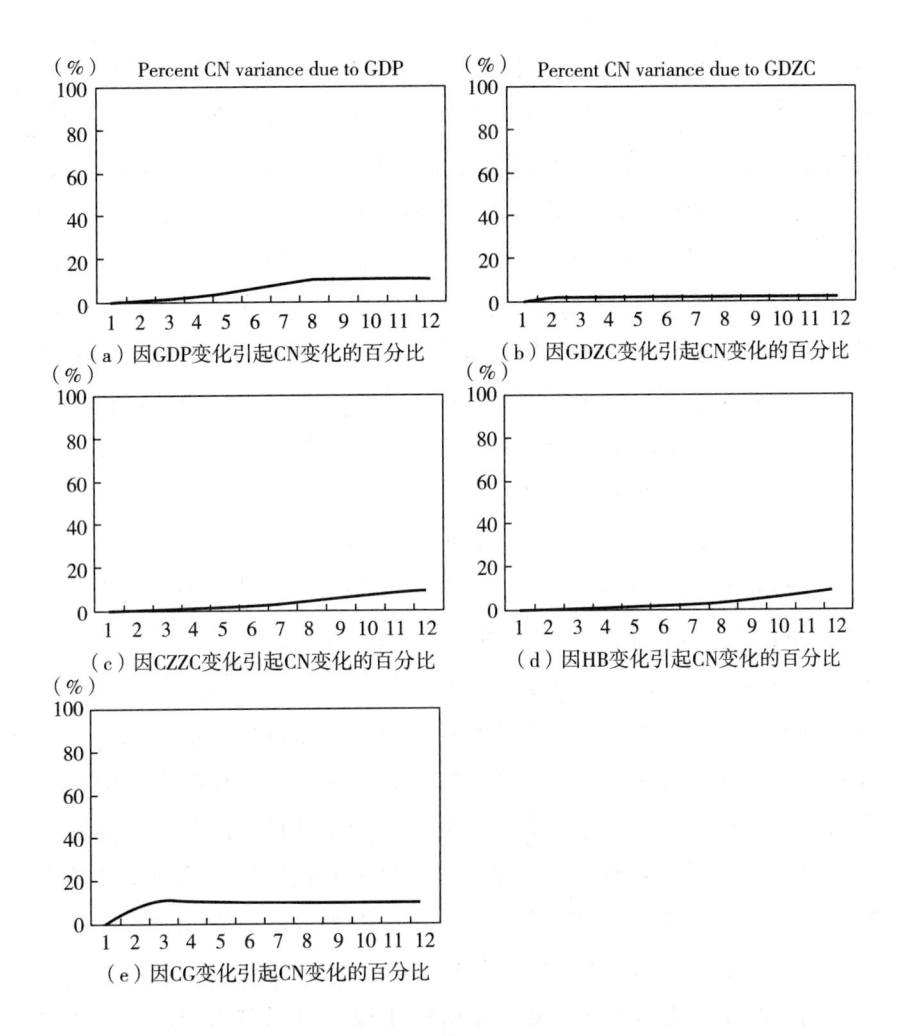

(a) 因GDP变化引起CN变化的百分比

(b) 因GDZC变化引起CN变化的百分比

(c) 因CZZC变化引起CN变化的百分比

(d) 因HB变化引起CN变化的百分比

(e) 因CG变化引起CN变化的百分比

图 5-7　各指标的冲击对产能利用率的贡献率

四　模型分析结论和启示

基于2001年第二季度到2017年第二季度钢铁产业相关的季度样本数据，本书建立向量自回归（VAR）模型重点分析了影响钢铁产业产能过剩的因素，实证研究得出如下结论：粗钢产能利用率和GDP增速、固定资产投资增长率、财政支出、货币和准货币（M2）供应量增长率、粗钢产量增长率存在一种长期的均衡关系。在这种均衡中，粗钢产能利用率和GDP增速对钢铁产能过剩问题有较大的影响且会产生长远效应,12 期的平均方差贡献率分别为 8.99% 和 6.4%;财政支出、货币供应量和固定资产投资增速对产能过剩问题的影响相对较小,12 期的平均方差贡献率分别为 3.53%、2.97% 和 1.34%。

通过模型分析可以看出,GDP 增速、固定资产投资增长率、财政支出、货币和准货币(M2)供应量增长率、粗钢产量增长率这 5 个指标均对粗钢产能利用率有不同程度的影响。这些影响在不同的阶段既可以是有效的市场需求,使产能利用率提高、供应量增加、产能过剩状态缓解,也可以使市场需求萎缩,致使钢铁产量下降、产能利用率降低、产能过剩状态加重。基于这些自变量指标的变化对钢铁产能利用状况的影响,我们可以从中得到以下启示:

(一)财政政策要致力于经济的平稳运行

分析表明,凡是 GDP 增速、固定资产投资增长率、财政支出、货币和准货币(M2)供应量增长率、粗钢产量增长率出现波动,产能利用率也随之出现波动,这也意味着产能过剩是经济波动的周期性产物。为此,努力实现宏观经济的平稳运行对防止过剩产能的出现具有非常重要的现实意义,只要宏观经济保持平稳运行,市场需求就不会出现不规则的波动,相关产业的投资就会趋于理性,过剩产能的发生与蔓延就会受到有效遏制。对此,财政政策的选择应当致力于经济平稳运行目标的实现,既要防止经济过热,也要防止经济过冷。

(二)发挥好财政政策对消费需求的引导作用

财政政策作为政府调控经济走势的手段,可以对市场需求走势通过产生重大影响。它既可以通过积极的财政政策扩大市场需求,也可以通过紧缩的财政政策抑制市场需求,无论是刺激需求还是抑制需求,政府对经济发展取向的意图都可以在其中得到体现。也就是说,刺激需求和抑制需求都可以是有选择和有既定方向的,事实上,这就是在调整经济走势,在以需求引导结构调整。从模型分析可以看出,我国财政支出不同时期的变化对钢铁产能利用率有着不同的影响,这与过去一段时间我国在财政支出方向的选择直接相关。在以基本建设为重要领域来扩大内需、刺激消费的背景下,钢材的需求量自然随之增长,产能也随之增加;而一旦财政支出力度发生改变,原有产能的利用程度必然下降，出现产能过剩。同时，由于货币和准货币（M2）供应量的波动与财政支出的波动密切相关，并且投资方向也是高度趋同的，因此，两个变量都对钢铁产能利用率产生影响。这一分析结果给我们的启示是：在财政支出被用作调整经济发展走势时，一定要选择有利于产业结构优化、有利于经济可持续发展的引导方向。要通盘考虑财政支出导向对经济发展各个因素和各个环节的影响，防止顾此失彼，尤其要防止因财政政策导向的偏差引发过剩产能发生。

（三）合理调控固定资产投资增长速度

对于钢铁产业来说，国内固定资产投资增长速度变化一直对产业发展产生着重要影响。由于钢铁产业的特殊属性，使钢铁产业的运行状况对固定资产投资增长变化天然敏感。通过模型分析可以看出，钢铁产能利用率与固定资产投资增长速度两者之间存在明显的关联关系。固定资产投资一直是反映我国宏观经济走势的一个重要指标，凡是经济增长在高位运行阶段，固定资产投资一般也处于高速增长阶段；凡是经济运行处于低位运行阶段，固定资产投资增长也处于低位运行状态。多年来，我国一直把投资拉动作为刺激经济增长的主要着力点之一，凡是经济出现下滑，政府就要用增加固定资产投资来刺激经济的复苏与增长，这就使固定资产投资这个指标在我国处于非常敏感的位置。即经济高增长，固定资产投资也高增长；经济下滑，政府则要通过刺激固定资产投资来恢复经济增长。固定资产投资指标的这种变化趋势也直接影响了钢铁产业产能利用率变化，固定资产投资持续的高速增长必然会拉动钢铁产能的持续扩张。目前，我国经济发展已经进入新常态，靠大规模的投资来拉动经济增长已经不为我国现实经济条件所允许，经济的中高速平稳运行要求固定资产投资也要保持平稳增长。只要固定资产投资保持平稳增长，钢铁产能就不会出现大的波动，产能过剩状况也将有效化解。从这个意义上说，保持固定资产投资的稳定增长，不仅有利于钢铁产业化解过剩产能，而且也有利于整个国民经济的健康发展。

第六章 产能过剩成因的财政因素分析

对产能过剩问题，我国政府一直都给予了高度重视，并及时出台各种政策，对产能过剩问题进行治理。从 2006 年开始，几乎每年的中央经济工作会议都把对某些行业的产能总量控制作为下一年度经济工作的重点，但是，产能过剩问题仍然存在，且有越发严重的趋势。现实已经在提示人们，深入剖析产能过剩在我国长期存在的原因，找出每次出现大规模产能过剩之后政府出台的调控政策都没能根治产能过剩的缘由，是真正有效治理产能过剩的前提和基础，否则就难以避免产能过剩的重复出现。① 导致产能过剩的原因是多方面的，既有市场经济的周期性原因，也有我国特殊国情下的体制性原因。在我国特殊的体制性原因中，同样是多种因素在发挥作用，但其中财政体制与财政政策发挥着重要的作用。在此，仅对产能过剩形成原因中的财政因素进行专门分析，以期为有关去产能的财政政策创新研究提供依据。

第一节 财政体制对地方政府的利益诱导因素

我国地方政府是承上启下的行政主体。一方面，地方政府要对中央政府负责，执行国家的相关法律法规，完成中央政府下达的任务；另一方面，地方政府还要全面负责本地区经济社会建设与发展的任务，要统筹社会和谐和改善地方民生。地方政府的这些功能在很大程

---

① 韩保江、韩心灵：《"中国式"产能过剩的形成与对策》，《改革》2017 年第 4 期。

度上要通过制定和实施适用的财政政策来体现和完成，而地方政府对财政政策的制定和选择在很大程度上要取决于本地区的财力支撑状况，这就使地方政府本能地追求地方的经济利益，从而与产能过剩的形成产生了联系。

一 分级财政体制的利益诱惑

在分税制财政体制确立前，我国财政体制大致经历了统收统支型财政体制（1949—1978 年）、收支分成型和财政包干型体制（1978—1993 年）。改革开放后，我国财政体制的最大变革，就是由中央财政的统收统支变为中央与地方财政分级、分权、分责的"分灶吃饭"体制。我国于 1994 年开始全面实行分税制，分税制财政体制是在划分中央政府与地方政府事权范围的基础上，确定各自的支出范围，同时按照税种来划分中央和地方政府预算收入、各层级间和地区间的差别通过转移支付来进行调节的一种分级管理的财政体制。[①] 这种财政体制在确立后的 20 多年时间里，虽有局部调整，但总体一直呈现延续状态。这种分级财政体制最大的好处就在于打破了财政体制的"大锅饭"，赋予了地方政府较独立的经济利益，使地方政府的各种利益都直接与地区经济发展状况挂钩，由此极大地调动了地方财政增收节支的积极性。这种财政分级体制，既反映了不同地区财政收支状况的差别，也明确落实了地方财政的权力和责任。对地方政府来说，本地区经济增长状况如何、就业率高低变化在很大程度上取决于本地投资数量变化和投资项目的多少。在区域经济运行体系中，地方政府事实上具有"准市场主体"的地位，其相关活动和行为具备了"经济人"的特征。[②] 正是由于这种体制的上述特征，使地方政府在努力增加地方财政收入上一直保持着持续的冲动，这种冲动在很大程度上要通过增加投资和增加项目建设来实现。

对地方政府来说，只要能够在本地区内投资建厂，能够增加本地

[①] 孙文基等：《财政与金融概论》，经济管理出版社 2009 年版，第 168 页。
[②] 李平、江飞涛、王宏伟等：《中国的经济结构调整与化解产能过剩》，经济管理出版社 2016 年版，第 31 页。

区税收，地方政府都会持积极鼓励态度。因此，多年来，招商引资、上新项目一直是地方政府非常热衷的事情，也是地方政府抓经济工作最重要的抓手。在这种情况下，地方政府对投资项目的选择，不是把产业政策、市场潜力、项目的科技含量等放在应有的重要位置去考虑，而是把项目能否落地、项目能否投产、项目能否纳税和项目能否安置本地劳动者就业等放在优先考虑位置。由此使地区产业结构相似化状况日趋加重，使投资者跟风上热门行业的做法盛行，使过剩产能的发生和延续得不到有效控制，长此积蓄下来，形成行业整体的产能过剩。由于财政分权、财政"分灶吃饭"体制是我国现阶段特有的财政体制，这种体制的利益诱惑，自然成为中国式产能过剩的特殊诱因。

二 经济指标增长导向的官员考核晋升机制激励

这是地方政府热衷于干预经济运行的另一个重要原因。由于长期以来对地方官员的政绩考核以经济指标的增长为主，致使地方政府官员有很强的内生动力去全力促进本地区经济的快速增长。在这种考核体制下，身处行政体系之中的地方政府官员自然要关心自身工作业绩的认可状况和发展前途，自然要通过努力促进本地区投资的增长、项目的增多来实现本地区经济的快速发展。周黎安等（2005）曾按上述考核体制的运行规则，运用我国改革开放以来省级层面的相关指标，分析验证了地方政府官员的政绩评价与地方经济发展之间的相关关系。分析验证的结论是：省级层面的政府官员的升迁概率和相应省份的以 GDP 为主要指标反映的经济发展状况呈现显著的正相关关系。[①]一个地区以 GDP 指标为主的经济增长在很大程度上受投资增长的影响，为此，地方必然要加强招商引资，引进企业进驻本地区，以期实现地方加快经济发展意图，这就促使地方政府利用自身拥有的权力，招商引资时采取低价出让土地甚至免费供地、给予各种政策补贴、担保银行贷款等，使一些企业所上项目没有经过可行性论证、不进行市

---

① 李平、江飞涛、王宏伟等：《中国的经济结构调整与化解产能过剩》，经济管理出版社 2016 年版，第 33 页。

场供需分析，只为获得政策优惠和低成本土地资源，就一哄而上，投入某个项目。甚至地方政府为了引进投资和上项目，降低环境标准，使企业对环境污染和生态破坏应承担的责任与补偿没有在其产品成本中体现，使企业获得的利润率超过了社会平均利润率，由此吸引了更多的企业进入该行业，进而加重了行业性的产能过剩及对生态环境的破坏。

地方财政利益和地方官员政绩考核机制的双重激励，必然会导致地方政府在现实经济活动中利用税收优惠和土地供应优惠等政策吸引投资，进而引发企业的投资冲动，导致产能过剩的发生。产能过剩的实质是过度投资，而导致过度投资发生的背后原因是基于 GDP 增长的政绩考核体制和地方财政的利益诱惑。①

三 部分产业自有特征推动地方政府投资热情

一些产业因其与多个其他产业关联度高，具有高投入和高产出的特点，是地方政府的利税大户，财政收入的重要来源。为此，地方政府对这类产业的招商引资具有极高的热情，并给予其各种优惠政策，致使这类产业过度投资，造成产能过剩。我国钢铁产业产能过剩的屡禁不止，越调越严重的状况就是一例。钢铁产业是典型的资本密集型产业，更是产业关联度大的产业，它的上游涉及采矿业、能源产业、交通运输业等；下游与机械工业、汽车制造、建筑业、房地产、交通运输等各种重要的产业密切相连。可以说钢铁产业对一个地区的经济发展、财政收入、促进就业等具有举足轻重的作用。在许多地区，钢铁产业是当地的支柱产业，钢铁企业是当地的纳税大户。钢铁企业在当地的投资或扩大生产规模可以为当地显著增加就业机会，明显推动经济增长。这既有利于地方政府业绩的提升、财政收入的增加，又有利于当地居民就业状况的改变。为此，各级地方政府都有着强烈的动机去招商引资来本地投资建厂或推动本地钢铁企业增资扩建。争相为这些企业提供更低价的土地、优惠的税收，并且还协调投资所需要的

---

① 唐志军、庞景景：《三重约束下的政企合谋：我国体制性产能过剩的形成逻辑》，《内蒙古社会科学》2017 年第 9 期。

贷款。由此带来地方钢铁产业的重复投资、过度竞争，导致供给大于需求，进而导致产能过剩。

第二节　财政利益诱导下地方政府对过剩产能的助推因素

由于现行财政体制的利益诱导，争投资和上项目成为地方政府发展本地经济的优先选择，而要把这种愿望变成现实，还需要一系列的行政措施。如果说由于现行财政体制的利益诱导，地方政府天然具有争投资、上项目的愿望是"动机"，而通过地方政府行政职能和行政权力的作用，使项目真正落地则是"动作"。由于项目实施目的的特殊性和片面性，促成项目落地的行政措施必然会出现偏差，这一切对产能过剩的最终形成都起到了重要作用。地方政府通过行政行为助推产能过剩的形成，主要表现在以下三个方面。

一　以要素价格扭曲实施变相补贴

从市场经济的一般意义上分析，市场应该是一个信息透明、具有自我调节、自我完善机制的理想运行系统。市场的自我调节、自我完善功能的实现，是通过价格信号的引导来实现的。如果价格信号不准确，就会出现市场信息失灵，对市场发展和投资方向发出错误的引导信息，导致投资方向和市场选择背离真实的市场需求状况，加重供给与需求两者之间的结构性矛盾，致使某些行业表现为产能过剩状态。这种价格信号的失灵，是对市场运行机制的一种扭曲，是对市场正常发展走向的一种误导。这种价格扭曲特别是要素价格的扭曲在我国某些产业产能过剩形成中发挥了重要作用。分析我国以钢铁产业为代表的产能过剩的形成过程，生产要素供应价格扭曲，主要通过以下三种途径反映出来。

（一）土地价格

土地是任何生产经营活动都不可缺少的要素资源，也是我国一直严格管控的紧缺资源。但现实中土地资源虽然在名义上区分为国家所有和集体所有两种形态,但实际的土地处置权基本上是由地方政府掌控的。在我国农村,土地的权属性质为当地农民"集体所有",但作为所有者主体的"集体"是一个虚置概念,使"集体所有"的产权界定模糊不清。在现实土地处置中,由于"集体"产权主体缺位,使地方政府自然成为土地"集体所有"的产权代理人或产权的实际行使者。在现行体制下,地方政府既是土地市场供应的管理者,也是掌握土地资源处置权的拥有者,更是扭曲土地要素价格的直接受益者。一方面,地方政府通过出售土地可以获得大量可支配的财政收入;另一方面,通过以不同的价格向投资者供应土地,使投资人在本地投资建厂获得财政收入。例如,一些地方政府对工业用地、房地产开发用地和商业用地执行不同的价格,对工业用地给予低地价甚至零地价。在很多情况下,地方政府以土地供应价格作为招商引资的优惠条件来吸引投资人,这其中不乏以优惠价格将土地提供给产能过剩的产业。此外,地方政府对某些产能过剩的投资人以"以租代征"的方式,擅自改变土地用途,对大量从农民手中直接获取承包土地的做法视而不见,客观上纵容了投资人以超低价格获得土地资源的行为。[①]

(二) 资源价格

钢铁产业的资源要素主要包括矿石资源和水资源等。目前,我国地方政府对水资源的管控严重不到位,对企业取水用水,既缺乏必要的监管,更没有准确的计量。相当一批企业,特别是坐落在中心城市规划区以外的企业,用水成本近乎为零,有些地方政府反而将这种疏于管理的状况解释为发展环境的优化。对于钢铁企业生产所需要的矿石资源,有些地方政府为吸引投资,直接将矿石资源配置给钢铁企业投资人由其自行开采,使其获得低于市场价格的矿石资源,如果就近建厂,还可大大降低物流成本。

(三) 环境容量价格

在生态建设的大背景下,环境容量事实上是一种资源。企业排放

---

① 因为从农民手中租用的土地所支付的租金只要高于农民种植农作物的收益,即为农民所接受,在此承租企业支付给农民的租金是远低于土地实际价格的,且可以分期支付。

废气、废水、废渣就是占用环境容量，就应该支付占用环境容量的成本。对此，一方面，企业要加强环保治理，减少污染物向环境空间的排放；另一方面，企业在经过治理实现按标准排放后支付环境资源税。很显然，企业规模越大，污染物排放就越多，所要支付的成本就要相应增加。这本来是一个完全可以顺畅运行的管理机制，但是，在环境污染的执法权掌握在地方政府的情况下，这个运行机制可以被改变。要么对企业的超标排放视而不见，要么对企业应支付的污染物排放的税费收缴不到位，使企业实际支出的环保成本大大低于应当支付的法定数额。在现实经济生活中，环境与资本及其他生产要素一样，其成本的高低会对投资人的投资决策产生重大影响，如果投资人以牺牲环境来换取高盈利水平①，则事实上是一种违法经营。

上述三种情况在钢铁产业产能过剩的形成过程中，都曾以不同的方式发挥着重要作用。按现行财政体制，政府对企业投资人不能够直接进行财政补贴，但上述三种生产要素的供应方式，通过价格扭曲大大降低了投资人的建设成本和经营成本，减少了应当支付的投资和成本，这实际上是地方政府对产能过剩产业以要素价格扭曲方式实现的变相补贴。这种变相补贴使企业的内部成本外部化，进而形成过度投资，最终必然要导致过剩产能的出现。②

韩国高和胡文明（2017）运用 2002—2004 年全国 30 个省份的工业面板数据系统验证了要素价格扭曲与产能利用率显著关联。③ 他们的实证研究发现，要素价格扭曲与产能利用率呈显著负相关关系。要素价格扭曲的增加会降低产能利用率水平，加剧产能过剩的形成。从产业进入和退出壁垒角度看，要素价格扭曲大大压低了生产成本，使进入门槛降低，产能规模扩张迅速，引发重复建设；从技术创新和产

---

① 韩国高：《环境规制、技术创新与产能利用率——兼论"环保硬约束"如何有效治理产能过剩》，《当代经济科学》2018 年第 1 期。

② 张晨阳、刘杰：《地方政府投资补贴与企业产能过剩的诱因分析》，《商业经济》2018 年第 2 期。

③ 韩国高、胡文明：《要素价格扭曲如何影响了我国工业产能过剩？——基于省际面板数据的实证研究》，《产业经济研究》2017 年第 2 期。

业结构角度看，要素价格扭曲会带来生产要素配置错位，降低生产效率、抑制技术创新步伐。

二 执法不到位形成的纵容

我国在社会主义市场经济体制的建立和完善进程中，一直是将法制体系建设作为配套措施同步推进的。改革开放40年来，我国已经制定并实施了一系列有关规范市场秩序、规范市场主体行为、维护公共利益等方面的法律法规。与治理过剩产能相关的资源配置、环保约束、产能总量控制、装备档次控制和产品质量控制等都有一系列的相关法律法规正式颁布实施。如果这些法律法规能够得到认真的贯彻落实，过剩产能的出现将会被有效制止，过剩产能的蔓延将会被有效遏制，过剩产能的总量增加将会受到严厉处罚。但现实中很多与过剩产能有关的法律法规的执行力度被大大地打了折扣，要么是地方政府搞变通、搞宽容；要么是国家相关执法部门对基层的违法行为视而不见，姑息纵容其蔓延和发展。例如，2011年国家发改委颁布的《产业结构调整指导目录》明确规定，以工频炉和中频感应炉为工具生产的"地条钢"为伪劣产品，作为伪劣产品应该坚决取缔，其产能作为落后产能应该坚决淘汰。但直至2016年此类"地条钢"生产仍在全国大面积存在。中央抓住江苏省作为典型集中取缔后，才在全国掀起清理"地条钢"热潮。国家的统一要求是：到2017年6月底完成"地条钢"的清理任务，这也就意味着"地条钢"从2011年被明确为伪劣产品，属于非法生产之后在全国又存在了6年之久，以现实的产能向市场提供产品。如果从2011年产业政策颁布之日起就即行取缔，则这种非法落后产能就不会继续存在，也不应该由中央督导后才实施取缔。

再比如，从2011年开始，国家发改委对钢铁产业就制定了差别电价、差别水价和惩罚性电价的政策，这些政策明确规定对能耗不能达到额定标准的钢铁企业、污染物排放不能达到排放限值的钢铁企业，要与达标企业相比加收电费和水费，即差别电价、差别水价和惩罚性电价。但是，由于此项政策由地方政府实施，地方政府不愿意对本地企业施加过多的压力，全国大多数省份很少或者干脆没有实施这项政策。例如，河北省是钢铁大省，全省11个市均有钢铁企业，但实施这项政策有记载的只有唐山一个市，使国家用经济杠杆调控倒逼过剩产能企业退出市场的执行效果被大打折扣。再比如，按照我国国土资源管理的相关法律法规，上项目和建企业占用土地，都要履行严格的审批手续，要获得合规的用地指标。但是，在地方政府争投资、上项目背景的冲动下，相当一批企业，包括产能过剩企业的项目建设用地没有任何合规的审批手续，其所占用土地多为由地方政府以变通方式为其提供的。如果地方政府严格执行国有土地资源使用的相关法律法规，这些项目的建设将因不能获得土地而无法实施。

三　行政手段越位干预的推动

在我国现行的市场经济体制下，虽然市场机制在资源配置中的决定性作用越来越明显，市场规律的作用范围越来越广泛，但我国各级政府特别是地方政府在社会经济运行中依然处于强势地位，并且在某些方面发挥着引导、干预经济走势的特殊作用。在现实经济生活中，地方政府可以通过地方法规来干预和引导本地的经济生活，可以用行政手段直接插手具体项目建设，可以决定国家相关法律法规和政策规定在本地的执行力度与执行取舍，也可以按照自身利益角度的考虑搞相关政策的变通。地方政府的这些行为，从直观感觉上似乎是创造优化了本地区的经济发展环境，为企业松了绑，为上项目提供了便利。但实际上既是对市场经济运行规律的违背，也是对国家法律法规的违背。地方政府的这些行为是对经济生活的不恰当干预，它既使地方的经济行为与国家的宏观利益、整体利益和可持续发展要求相悖，也给本地的企业存续和发展带来隐患。特别是地方政府用行政干预的方式，为追求眼前利益实施了产能过剩行业的项目建设，在给投资人带来损失的同时，也加重了本地区化解过剩产能的任务，加重了安置职工稳定的社会难度。

第三节　财政政策的宏观刺激因素

现实中，财政政策的效应是多层次和多方面的。在一定的体制和一定的利益格局下，宏观财政政策不仅可以对地方政府的发展取向产生引导与激励作用，更重要的是宏观财政政策及与之相关联的货币政策可以对宏观经济走势产生重要的引导与激励作用。正是由于宏观财政政策的这些特殊作用和功能，使我国产能过剩的形成与演变也与之发生了关联。从我国发生的几次较大规模产能过剩的过程分析，宏观财政政策主动行为的影响都非常明显。① 现实表明，财政政策是影响产能过剩形成的重要原因。

一 财政宏观刺激政策对过剩产能形成的撬动作用

财政政策是引导调控经济走势的重要力量，在特定时期、特定条件下甚至是决定力量。不同的财政政策会导致经济运行出现不同的结果。近年来，在我国几次较大规模的产能过剩形成的波动中，都可以看到宏观财政政策对产能过剩形成的撬动作用。1997年亚洲金融危机爆发，为应对此次危机我国政府实施了积极的财政政策，采取了扩大基础设施建设等具体措施，在明显削弱危机对我国经济影响的同时，也拉动了部分产业产能的增长。2003年部分地区和产业出现过热，经济出现通胀压力，财政政策又从"积极"转为"稳健"，对过热行业进行宏观调控。2008年下半年，由美国次贷危机引发的国际金融危机，对我国经济运行产生了很大影响。为防止我国经济运行出现急速滑坡，财政部从2008年11月开始实施"积极的财政政策"和"适度宽松的货币政策"，2008年第四季度中央和地方政府共安排四万亿元的财政资金，同时撬动了超过20万亿元的社会资金，投向基础设施建设。作为积极的财政政策，最直接的表现就是财政以超出常规的增量财政资金制造市场需求，这种投放不仅仅是产生了直接的消费需求，而且由于财政资金的投向和引导作用，必然会拉动大量的信贷资金和社会资金跟进。在这种情况下，财政资金的投放领域自然会被跟进资金热捧，形成迅速扩张的市场需求。而2008年的四万亿元恰恰是投向了铁路、高速公路、机场（以下简称"铁公机"）等基础设施

---

① 郭长林：《财政政策扩张、纵向产业结构与中国产能利用率》，《管理世界》2016年第10期。

建设领域。资金具体投向如图 6-1 所示。①

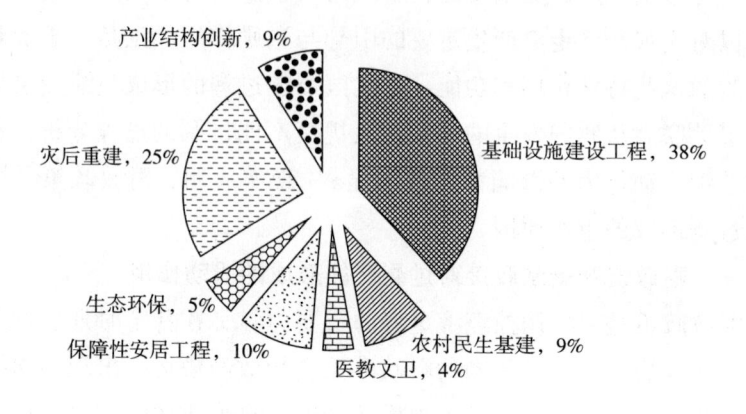

图 6-1 四万亿元投资结构

资料来源：根据国家发展改革委网站数据整理。

政府实施的积极财政政策和适度宽松货币政策，促使短期内固定资产和房地产投资迅速增长，大大刺激了钢铁、水泥等产品的市场需求，同时也扭曲了市场信息，诱导大量资金投向这些产业，在需求和投资的拉动下，这些产业的产能随之迅速扩张。这一时期，我国的钢铁产量和水泥产量的增长都创造了历史新高。2008 年粗钢产量增长率为 2.81%，而 2009 年和 2010 年粗钢产量增长率分别为 13.74% 和 11.37%；2008 年水泥产量增长率为 4.58%，而 2009 年和 2010 年水泥产量增长率则达到了 15.48% 和 14.47%。

但当超强的刺激政策逐渐减弱时，在财政政策和其他相关政策刺激下迅速膨胀而形成的生产能力就会显现出与现实市场需求之间的不协调。一方面，在刺激经济增长时投入的财政资金会随着相关建设项目的完成，转化为相关经济主体的购买力，形成消费品的潜在市场需求；另一方面，在扩张性财政政策刺激下形成的钢铁、水泥等基础原材料产业的产能在财政政策逐步淡出之后显现"过剩"，使这些产业

---

① 王袅:《中国产能过剩问题研究》，博士学位论文，东北财经大学，2015 年，第 54—55 页。

产品的市场价格呈现下降趋势。正是这一时期的宏观刺激政策加剧了钢铁、水泥等产业产能过剩的严重程度，成了人们讨论财政政策对过剩产能形成影响的一个典型例证。

二 银行信贷资金对政府主导产业的青睐

目前，银行的信贷资金是我国企业项目获取资金的主要来源，信贷资金的投放方式与投放取向对经济发展和产业走势都会产生重要影响。从直观上看，银行信贷资金的投向遵从的是货币政策和金融政策，但由于我国的货币政策和财政政策是相辅相成的，财政政策对股份制银行的经营取向有着重大的影响作用。因此，在很大程度上银行信贷资金的投向也要受财政政策的影响，财政政策可以间接或直接地引导和影响银行信贷资金的投向，这就使银行信贷资金对产能过剩的形成发挥了作用。

企业从事生产经营活动需要投入大量的资金，一般要通过融资获得。企业的融资渠道主要有直接融资和间接融资两种方式。在我国现行融资体制下，企业是以间接融资为主要形式的，也就是通过银行的贷款增加自有资金杠杆。在1994年我国国有银行商业化改革之前，金融资源由中央政府统一管理，金融资金的使用由中央政府确定，银行只承担国家金融资源分配任务的落实，银行只是完成政府计划任务的工具，政府对金融资金的使用拥有很大的话语权甚至决定权。1994年后，由于实施了国有银行的体制改革，这种状况在很大程度上得到了改变。目前除三大政策性银行外，我国其他银行均改制成了股份制银行，也建立了现代企业制度，但绝大部分银行的大股东还是政府，事实上还是国有银行或国有控股银行。在这样的体制下，银行还不能做到对吸收的存款安全完全负责，也不能真正做到为其所发放的贷款安全完全负责，一旦出了问题，一般还要由政府承担，通常所说的"预算软约束"就是对政府干预金融活动的一种表述。

股份制银行是自负盈亏的法人组织，其资金运营是以营利为目的的，为此，金融机构首先考虑的是把资金投向大中型国有企业或政府重点支持的产业，这不仅可以获得较高的贷款利息，还可以获得资金安全的保障。即使资金出现问题，最终还是要由政府来承担相应的风险，所以，银行更愿意向大中型国有企业提供贷款。一些国有企业在获得大量信贷资金的同时，将其投向了钢铁、水泥等资本密集型产业的过剩产业。

为了支持本地企业投资，地方政府会帮助企业以各种形式与银行进行协商、沟通和牵线搭桥，引导银行向企业投入金融资源，即使存在一定金融风险，商业银行也不敢拒贷。在政府的影响下，银行将大量金融资源投向了地方政府规划的产业，由此带来重复建设和产能过剩。正是由于银行信贷资金对政府主导产业的深度介入，加速了中国式产能过剩的形成。

第七章　财政政策助力去产能的国际经验及借鉴

产能过剩不是我国特有的现象，在发达国家工业化和后工业化进程中也曾出现过多次产能过剩现象。借鉴他国运用财税政策去产能的经验，对于我国去产能过程中更有效地发挥财政政策作用具有重要的理论和实践参考价值。

第一节　美国的产能过剩及应对的财政政策

一　美国的产能过剩

美国作为世界上经济发达程度最高的国家，在历史上也曾多次出现过产能过剩，而且每次产能过剩都是与周期性的经济衰退和经济危机同步出现。这种过剩可理解为是市场经济运行中周期性的产能过剩。从20世纪初至今，美国先后出现过几次大的产能过剩现象。

第一次产能过剩发生在20世纪40年代后期。这次产能过剩延续了大约15个月，采取的主要方式是以扩张为主的向外输出商品。

第二次产能过剩发生在20世纪80年代中期和90年代初期。这次是以汽车和钢铁等传统制造产业为代表的产能过剩，当时美国工业产能利用率下降到79%—80%，而汽车和钢铁行业的产能利用率都低于79%。面对传统产业的产能过剩，美国并没有单就传统产业实施过剩产能的化解，而是鼓励支持发展第三产业和高新技术产业，实现国民经济整体的产业结构优化和升级。快速发展的第三产业和高新技术产业将原有大量集中在需求已经基本饱和的第二产业（钢铁、汽车）

的生产要素转移出来,释放到了高新技术和第三产业之中,缓解了传统产业产能过剩状况。而以电子信息产业为核心的高新技术产业的发展带来了新的投资增长机会,也给工业生产带来了发展的机遇。

第三次产能过剩发生在 21 世纪初,这次是以对互联网的过度投资引发的以电子信息和通信等高新技术产业为代表的产能过剩。2002—2003 年,这些行业产能利用率从 1995—2000 年的 81.5% 降低到了 73.6%,对这些行业过剩产能的化解采取的最主要措施是企业间的并购重组和整合。①

第四次产能过剩发生在 2008 年前后,当时美国爆发了次贷危机并迅速引发了国际金融危机,使美国实体经济受到严重损害,导致市场需求急剧萎缩,最终使大部分行业出现产能过剩,这次不仅涉及工业领域,还涉及农业领域和服务业领域。② 美国工业内部部分行业的产业利用率变化情况如表 7-1 所示。

表 7-1 美国工业内部分行业产能利用率变化情况　　　　单位:%

行业	1972—2016 年平均值	1994—1995 年高峰期	2009 年低谷期	2016 年第四季度	2017 年第一季度
全部工业	79.9	85.0	66.7	75.8	75.8
制造业	78.4	84.6	63.7	75.1	75.4
耐用品制造业	76.9	83.7	58.3	74.7	75.0
非金融矿产品	73.8	82.6	45.1	64.7	67.0
原料金属	78.6	94.1	49.2	66.5	69.2
金属制品	77.7	84.9	62.2	78.3	79.3
计算机和电子设备制造业	77.6	84.4	70.1	69.9	69.8
汽车及零部件	75.2	7.7	33.8	82.9	81.8
航空航天和其他交通运输设备	74.2	70	73.1	78.5	77.3
非耐用品制造业	80.2	86.0	69.2	76.4	76.8

---

① 周劲、付保宗:《钢企复产对去产能的挑战》,《中国经贸导刊》2016 年第 21 期。
② 盛朝迅:《化解产能过剩的国际经验与策略催生》,《改革》2013 年第 8 期。

续表

行业	1972—2016年平均值	1994—1995年高峰期	2009年低谷期	2016年第四季度	2017年第一季度
食品饮料烟草业	80.7	85.3	75.2	76.8	78.0
纺织品业	79.1	91.8	53.6	71.6	70.7
化学品	76.9	82.1	65.6	74.1	73.7
塑料和橡胶制品	82.2	93.3	58.4	80.9	80.9
采矿业	87	88.6	78.4	79.2	81.6
公用事业	85.6	93.2	78.1	77.0	73.2
高科技产业	77.3	86.5	71.1	72.5	71.7

资料来源：美联储网站。

从表 7-1 中可见，1994—1995 年是美国工业产能利用率的高峰期，其原料金属业、纺织品业、塑料和橡胶制品、公用事业等行业产能利用率超过 90%，而 2009 年是美国工业产能利用率的低谷期，其制造业产能利用率仅为 63.7%，更有一些产业产能利用率低至 50%以下，产能过剩现象严重。产能过剩严重的行业主要集中在汽车、钢铁、纺织、石油等传统制造业。从 20 世纪 90 年代中期至今美国产能利用率如表 7-2 和图 7-1 所示。

表 7-2　　　　　1995—2016 年美国工业产能利用率　　　　单位：%

年份	1995	1996	1997	1998	1999	2000	2001	2002
工业产能利用率	83.9	83.3	84.0	82.7	81.7	81.4	76.1	75.0
年份	2003	2004	2005	2006	2007	2008	2009	2010
工业产能利用率	76.0	78.1	80.0	80.4	80.7	77.7	68.5	73.6
年份	2011	2012	2013	2014	2015	2016		
工业产能利用率	76.3	77.2	77.3	78.6	76.8	75.7		

资料来源：美联储网站。

二　去产能的财政政策及相关对策

美国前后四次发生的大规模的产能过剩现象，虽然引发原因及对社会经济的影响程度具有一定的差别，但作为市场经济发达的国家，美国去产能在主要依靠市场机制进行调节、发挥市场优胜劣汰作用的同时，政府也积极介入，适当采用行政干预和财税政策等手段，促进国内市场需求，扩大国际贸易，推进产能过剩产业向国外转移，在去产能上收到明显效果，积累了一些经验。

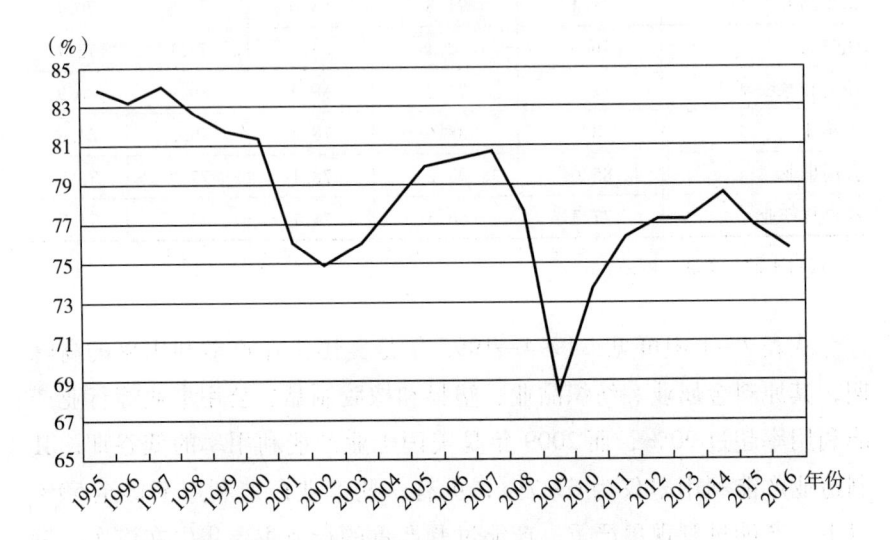

图 7-1　美国 1995—2016 年工业产能利用率

资料来源：美联储网站。

（一）实施减税政策，鼓励并购重组

20 世纪 80 年代以来，美国前后三次经历了严重的产能过剩，并以汽车和钢铁等传统制造产业和电子信息通信等高新技术产业为代表。资料显示，1986—1987 年、1991—1992 年，美国工业产能利用率下降到 79%—80%[①]，2002—2003 年美国工业产能利用率下降到 75%。在市场供求失衡的情况下，企业经营效益下滑，行业总体利润水平下降。为了化解严重的产能过剩，美国借助市场力量，同时辅之以激励性和强制性行政手段，鼓励企业通过实行破产、并购重组淘汰落后产能，让技术落后和经济效益不佳的企业退出市场，以达到淘汰落后产能的目的。

---

① 张明哲：《化解产能过剩的国际经验分析》，《时代金融》2013 年第 10 期。

1. 鼓励并购重组

早在 20 世纪 80 年代初，美国相继颁布了《存款机构解除管制与货币管理法》和《加恩—圣杰曼储蓄机构法》，初步解除了对利率的管制和对金融部门的监管。同时采用了宽松的货币政策，明确鼓励企业在坚持公正、公平、竞争的原则下进行并购重组活动，同时，美国政府大力推行减免税收政策来刺激消费。在一系列政策的刺激下，美国掀起了一波巨大的并购浪潮，出现了并购交易额超过百亿美元的大型或超大型并购，主要集中在石油和钢铁领域。如美国钢铁产业在 20 世纪末期，由于工艺装备落后、冗员负担沉重、资金短缺，经营陷入困境，市场需求下滑，钢材价格不断降低，破产企业增多，最终导致大规模的产能过剩。美国政府为扭转局面，一方面鼓励行业内幸存的企业积极通过联合、并购等方式实现低成本扩张；另一方面通过关税配额和进口许可等措施对钢铁产业进行短期保护，以给钢铁业一个喘息的时间，达到产业结构调整和竞争力提升的目的。正是在这样的政策刺激下，到 21 世纪初，美国钢铁产业基本形成了以美国钢铁公司、国际钢铁集团公司、纽柯钢铁公司和谢维尔钢铁公司为巨头的超大型钢铁公司，垄断着美国钢铁产业的生产经营。值得一提的是，美国政府并不直接介入钢铁企业具体的重组项目，而是利用市场配置资源的力量，按照市场的运行机制进行结构调整和并购重组，淘汰落后产能。由于产业集中度的提高，技术水平的提升，不仅使产业的产能利用率大大回升，摆脱了过度竞争导致的产能过剩，还带来了整个钢铁产业竞争力的提升。[1]

2. 规范破产行为

市场优胜劣汰的竞争机制，会促使那些技术装备落后，产品附加价值低的企业以破产的方式退出市场。为了降低由市场机制化解过剩产能所带来的破坏性损失，美国政府通过法律规范破产程序，并严格管控企业破产的整个流程。[2] 诸如，监管进入破产程序企业已封存债务

---

[1] 郑玉春：《国外化解产能过剩矛盾经验启示》，《冶金管理》2013 年第 11 期。
[2] 张卫国、程臻宇：《化解产能过剩问题研究》，山东人民出版社 2016 年版，第 20—21 页。

的偿还程序、企业提交破产申请需要有对员工进行合理安排的措施等。

3. 出台激励性财政政策

为化解过剩产能,优化产业结构,美国政府充分运用财政和货币政策等行政干预手段。如美国通过了20亿美元税收补贴能源产业的《2005年能源政策法案》,通过对高效能企业的税收减免,鼓励特定节能技术能源产业的结构优化和升级。

(二)加大财政投入,实施产业创新战略

1. 加大研发投资,鼓励创新

创新是企业发展的不竭动力,美国秉承"生产率立国"的战略方针,作为制定各种工业和贸易政策的依据。从现代角度看,生产率的提高绝大部分是科技进步的结果。为此,美国总是展现出一种自由的、原创的和富于发明的心智力量。[1] 可以说美国社会经济的发展史就是一部创新史,在应对产能过剩问题上,也充分体现了美国的创新思想。2009年,美国政府发布了《美国创新战略》,其目的是"推动可持续的发展增长和高质量的就业";2011年又再次发布《美国创新战略》,此次目的是"保持国内经济增长和繁荣"。前后两次发布的创新战略,在出台美国历史上增长幅度最大的研发费用投资安排的同时,突出强调要继续提升美国的创新能力,提升全民教育水平,培养具有创新思维和能力的新生代,通过技术创新实现美国在清洁能源和生物技术等核心领域的全球领先地位。在以创新为驱动力的一系列措施的作用下,2009年10月开始产能利用率逐步上升,特别是电子信息行业的产能利用率上升速度较快。到2013年年初,美国工业产能利用率已达到79.6%,已经与40年来的80.2%的平均利用水平相近。[2]

2. 完善税收优惠,提升产业竞争力

2008年由次贷危机引发的国际金融危机,使美国工业出现了严重

---

[1] 贾根良:《美国学派:推进美国经济崛起的国民经济学说》,《中国社会科学》2011年第4期。

[2] Federal Reserve, *Industrial Production and Capacity Utilization: The 2013 Annual Revision*, Federal Reserve, 2013.

的产能过剩,到 2009 年产能利用率降到 68.5%。为帮助企业渡过危机和化解过剩产能,美国推出了"再工业化"战略,这一战略的实质就是通过创新加快传统产业的更新换代和科技进步,推进实体经济的振兴发展,进而提升产业的整体竞争力。在此期间,颁布实施了"重振美国制造业政策框架""美国制造业促进法案""国家先进制造战略规划"和"国家制造业创新网络"等一系列战略计划用以鼓励本国制造业发展。通过完善先进制造业的创新政策,加大对制造业的财政投入,重点加大对先进材料、生产技术平台、先进制造工艺和数据基础设施四个关键领域的投资,以推动制造业的转型升级。为减少需要进口零部件进行生产企业的成本,减免降低部分进口商品关税。① 这些政策措施在美国的实施,对美国工业的创新活力发挥了极大的激发作用,促使美国的高新技术产业得到迅速发展,使其在制造业中的比重不断上升。最终形成了产业结构不断优化、产业整体竞争力不断提升,产能过剩得以化解的效果。

(三)实施扩张性的财政和货币政策,扩大市场需求

1. 实施扩张性的财政政策

主要采用的是税收杠杆进行调控。从美国经济的发展周期中,每当经济处于萧条时期、市场产品需求不足和企业经营不景气时,为了扩大市场需求,为过剩的产能找到出路,政府都要实施减税政策,主要包括降低税率和缩小税基(如提高征税的起征点、增加免税额度等)。通过税收手段,刺激消费者的消费支出。

2. 实施扩张性的货币政策

主要运用利率杠杆来调节需求,当经济不景气、市场需求疲软时,就采取降低利息政策,来降低资本支出的成本,刺激投资者的投资意愿,增大投资需求。如 1997 年亚洲金融危机爆发,很快波及世界许多国家,美联储为了防止世界金融波动对美国经济造成冲击,于 1998 年 9 月、10 月和 11 月连续三次降低联邦基础利率。2001—2004 年,美联储为了刺激经济恢复增长,连续 10 次调低利率。2008 年国

---

① 余翔:《美国制造业振兴战略的成效及前景》,《现代国际关系》2014 年第 4 期。

际金融危机爆发后，美国又开始新一轮的降息周期，致使利率一直保持在低水平上。

（四）加大贸易保护力度，促进本国企业产品出口

通过贸易保护政策转嫁国内危机是美国擅长采用的策略。在经济不景气程度很严重时，美国政府一般会凭借国家实力，要求主要贸易国扩大对美国产品的进口或强迫贸易国本国货币升值，以此降低对方的出口竞争力，提升本国企业产品的出口竞争力，为自身化解过剩产能和渡过危机争取时间和空间。为扩大国际市场，美国政府倡导并推动世界贸易体系格局变革，改进国家出口管制制度，选择部分高科技领域和行业解除其原有的产品出口限制。为加强贸易保护，促进本国产品的销售，不仅大力提倡购买本国产品，还大幅度提高进口产品的关税，阻止其他国家制造业产品对美国的出口。同时，加强"反倾销"调查[①]和337调查力度[②]，使在这些领域被调查并败诉的企业所在国的产品进入美国市场的难度明显增大，对美国制造业产生了明显的保护效果。[③] 积极推动国际贸易多边谈判，为美国制造业走出国门、抢占全球市场开拓了疆土。贸易保护政策的实施，不仅促进了过剩产能的化解，还为美国制造业成为全球领先者创造了条件。

（五）加大对外援助，引导产业转移

第二次世界大战结束后，受到战争重创的欧洲各国经济低迷、需求锐减，使倚重欧洲市场的美国出口大幅下降。美国工业在快速发展的同时，也引发了严重的产能过剩。1947年，时任美国国务卿的马歇尔提出援助欧洲经济复苏方案，美国从国家战略高度出发，通过了为欧洲提供经济援助的《对外援助法案》，即著名的"马歇尔计划"。

---

① 反倾销调查属于行政调查。在反倾销调查中，如果缴纳了反倾销税，外国产品仍能调入国内市场，但通常会失去竞争优势。

② 337调查属于准司法调查。调查对象为进口产品侵犯美国知识产权的行为以及进口贸易中的其他不公平竞争行为，大部分针对专利或商标侵权行为，少数调查涉及版权、工业设计以及集成电路分布图设计侵权行为以及侵犯商业秘密、假冒经营、虚假广告、违反垄断法等。

③ 李健旋：《美德中制造业创新发展战略重点及政策分析》，《中国软科学》2016年第9期。

在 1948—1952 年，美国对外援助资金数额达到 131.5 亿美元，并将本国因为工业快速发展而形成的过剩产能输送到欧洲，促进了被援助国家国内生产总值的增长。与此同时，也大大推动了美国工业和贸易的发展，化解了美国战后重工业产能严重过剩和外汇储备过剩的状况。① 20 世纪 50 年代后，美国经济重振雄风，成为世界第一大经济体，向世界各地进行产业转移，成为全球产业转移的主导力量，不仅向发展中国家输出劳动密集型、资本技术密集型产业，还向发展中国家输出高新技术的研发和生产工序。② 国际化进程的加快，为美国日后实施全球产业转移战略创造了基础和条件。

第二节 德国的产能过剩及应对的财政政策

一 德国的产能过剩

第二次世界大战前，德国曾经是仅次于美国的第二大经济强国，有着较为丰厚的物质技术基础和熟练的劳动力队伍。德国第二次世界大战后确定以工业立国，依靠其强大的创新能力和制造技术基础经济迅速崛起，用较短的时间发展成为世界经济强国，特别是制造业一直处于世界领先水平。德国在推动本国经济发展战略中实行的是以市场配置资源机制为主，政府辅助引导的方针。在推进工业化进程中，德国也受到产能过剩、市场需求不足等问题的困扰。但总体上说，德国的产能过剩程度较低，这与德国重视创新和产业竞争力提升密不可分。

第二次世界大战后，德国大致经历过三次较大规模的产能过剩。

第一次是 20 世纪六七十年代，特别是 70 年代初由于石油输出国组织限制石油产量，石油价格大幅度上升，带来世界性的石油危机。

---

① 魏琪嘉：《国外治理产能过剩经验研究》，《现代商业》2014 年第 20 期。
② 刘建江、罗双成、凌四立：《化解产能过剩的国际经验及启示》，《经济纵横》2015 年第 6 期。

而在国际市场占有重要地位的德国工业也出现了国际市场需求不足、生产成本提高和产品积压严重的状况。德国传统重工业主要聚集地鲁尔地区先后遇到"煤炭危机""钢铁危机",煤炭和钢铁等产业出现了大规模的产能过剩,相关产业链也陷入发展困境。主导产业的衰败,造成大量能源企业破产倒闭,失业人数急剧增加,人口大量外流,财政收入大幅度减少,环境日趋恶化。①

第二次是20世纪90年代初,由于制造业快速发展及国际市场需求的萎缩,德国制造业产能利用率下降,出现产能过剩的现象。

第三次是2008年由美国次贷危机引发的国际金融危机和2009年的欧债危机爆发后,国际市场需求发生剧烈波动,严重影响到德国的出口贸易,电力出口出现停滞,货物出口大幅度减少,国内订单也出现下降,造成产品库存积压严重,行业利润率下滑。这次金融危机致使德国经济萎缩了4.7%,失业率上升到7.7%,各项产能利用率指标出现下滑,2009年产能利用率下降到72.3%,产能过剩特征明显。② 德国制造业1985—2016年产能利用率如表7-3和图7-2所示。

表7-3　　　　德国制造业1985—2016年产能利用率　　　　单位:%

年份	1985	1986	1987	1988	1989	1990	1991	1992	1993	1994
产能利用率	83.1	84.3	83.5	85.0	88.1	89.2	88.2	83.7	78.8	82.6
年份	1995	1996	1997	1998	1999	2000	2001	2002	2003	2004
产能利用率	84.8	82.0	84.5	85.7	84.7	86.4	84.4	82.3	82.0	83.2
年份	2005	2006	2007	2008	2009	2010	2011	2012	2013	2014
产能利用率	82.9	85.5	87.5	86.7	72.3	80.2	85.4	83.1	82.7	84.0
年份	2015	2016								
产能利用率	84.4	85.0								

资料来源:Wind 资讯。

从图7-2中可见,德国制造业产能利用率在1993年和2009年均出现明显的下降,特别是2009年低至72%。产能过剩主要集中在

---

① 郑长征:《产能过剩的世界应对之道》,《装备制造》2013年第6期。
② 刘永焕:《德国产业结构调整及其经验借鉴》,《对外经贸实务》2014年第1期。

钢铁、煤炭、汽车等传统制造业。

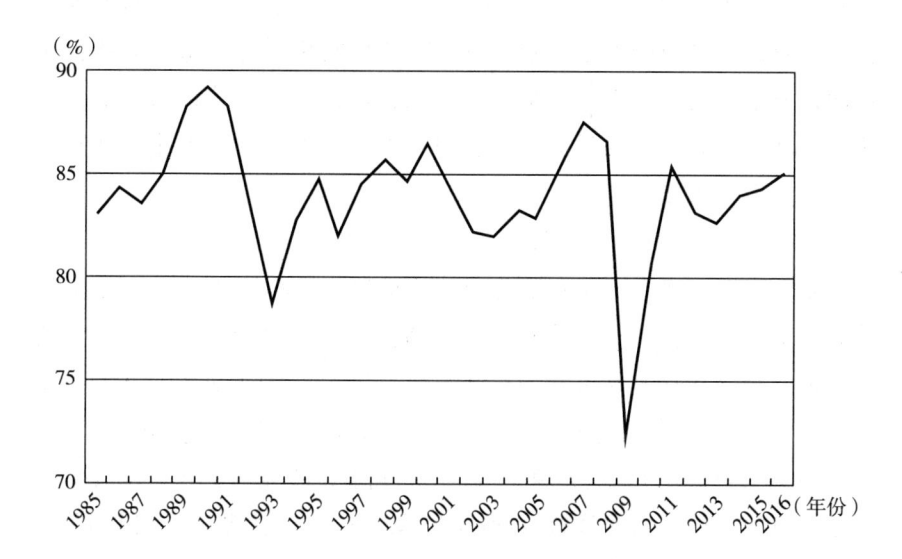

图 7-2 1985—2016 年德国制造业产能利用率
资料来源：Wind 资讯。

二 去产能的财政政策及相关对策

（一）调整财政补贴和税收，淘汰落后产能

20 世纪七八十年代，德国传统制造业钢铁、煤炭等产业出现严重的产能过剩，相关产业的发展也受到影响。为此，德国政府通过财政补贴、减免税收等财政手段进行干预。一方面，对产能过剩产业增加补贴，缓解产能过剩对社会经济发展带来的影响。如 1975—1987 年，德国钢铁行业出现严重产能过剩，政府通过对钢铁行业发放投资津贴的方式，减缓其对经济转型的社会带来的冲击，到 1981 年，德国对钢铁产业的财政补贴占国内生产总值的 0.3%。另一方面，通过提供研发补贴、融资担保和减免税收等措施，鼓励研发部门研发新技术、新工艺和新设备，支持企业积极应用新技术、新设备和新工艺。通过提高企业生产技术水平，实现对落后产能的淘汰，进而实现对传统产业的改造升级，提高传统产业的市场竞争力，以达到缓解产能过剩危机的目的。2008 年国际金融危机爆发后，国际市场有效需求骤减，极大地影响了德国产品出口,德国经济萎缩了4.7%,产能过剩严重的产业集中在机械制造和汽车等行业。为应对这次危机,保护本国创新支柱产业,德国政府继续采用财政补贴和税收优惠等措施,支持企业将创新成果应用到生产中,实现产业化运作,提高工艺技术水平,以达到提高产品竞争力的目的。一旦国际市场需求增加,迅速以其产品品质优势占领市场。①

(二) 加大财政投入,促进科技创新

德国一直以追求产品和工艺的精益求精而著称于世,对产品质量的追求使德国人特别重视技术和产品创新。德国政府为保障德国制造业的传统优势和在全球市场的竞争地位,也一直把推动技术革命和技术创新作为主要措施。2006年8月,德国政府发布了《2006年高科技战略》,其投入力度之大堪称空前。② 其中,政府为实施这一战略直接通过财政预算投入研发资金60亿欧元,对全社会提出了到2010年研发投入金额要占国内生产总值3%的目标。在德国政府倡导下,以公私合营模式成立了高科技创业基金,由基金采用参股方式注资新成立的研发类企业,促进高技术企业的创新发展。《2006高科技战略》就是通过政府和大企业提供资金,扶持中小企业创新发展。2010年7月,德国政府又颁布了《2020高科技战略》;2013年4月,德国政府推出了令世界瞩目的《"工业4.0"战略》,并确定这一战略为国家战略。该战略建议的核心是倡导智能化、网络化和节能化的新型制造模式,强调要通过创新引领德国制造业的强国地位。为此,要加大财政投入,促进研发创新,保持德国产品和工艺在全球的领先地位。与此同时,充分利用本国发达的职业技术教育体系和人才培养机制,进一步加大资金投入,保障了技术创新对人才的需求。由于产学研的密切结合,使德国的技术创新紧跟市场需求,有力地促进了技术创新的商业化转化率。特别应该关注的是,德国工业生产的智能化不仅提高了

---

① 张卫国、程臻宇:《化解产能过剩问题研究》,山东人民出版社2016年版,第22页。

② 郑春荣、望路:《德国制造业转型升级的经验与启示》,《人民论坛·学术前沿》2015年第11期。

市场效率，还提高了工业的进入壁垒，降低了过度进入可能带来的过度竞争现象，使德国在化解产能过剩危机时有着较强的回旋空间。

（三）依靠行业自治协会，把握市场走向

在德国，大约99%的企业都是私人企业和中小企业，它们生产的产品主要销往国际市场，所以，企业特别需要了解国际市场的需求信息，把握市场需求动向。适应这种要求，行业自治协会就起到了信息沟通的桥梁和纽带作用，德国有30多万个行业协会和联合会等社团组织，这些社团组织具有较强的行业凝聚力和专业指导能力。它们既与政府经济部门保持紧密联系，以获得政策信息和各种经济数据；同时又与企业紧密联系，积极为企业提供有益帮助，是政府与企业之间的桥梁和纽带。各个行业协会对本行业的生产状况、市场状况有着比较全面和准确的了解，并与本行业内的企业有着密切的联系，当出现产能过剩时，能够帮助企业寻求退出通道，能够对产能控制、产业转型等事项进行行业内部协调。行业协会一般会通过邀请相关专家和机构与企业进行座谈、研讨等方式，向企业传递有关政策和国际市场需求信息，使企业对国际市场需求动向能有一个比较全面的了解，并能根据需求趋向进行技术创新，改进工艺技术，提升产品品质，调整企业产能，在产能过剩情况下，能较快寻找到适合本企业的退出措施。通过产品国际竞争力的提升，开拓国际市场，扩大产品出口数量，达到去产能的目的。

（四）鼓励企业重组，消除低端过剩产能

优胜劣汰是市场经济运行的基本法则。在这一法则的推动下，竞争中的优势企业要加速发展、巩固和扩大优势，自然要采用重组的方式，扩大资源占有，扩大市场份额，巩固已有优势。而劣势企业由于竞争不利，很可能成为被重组的对象，被优势企业吞并或破产倒闭。在市场经济高度发达的德国，产能过剩是一个相对的概念，当一个产业或企业的产品在竞争中缺乏优势时，自然要被市场淘汰。因而在产能过剩危机出现时，德国首先要依靠市场优胜劣汰的机制，通过破产或并购重组等方式，使一些技术水平相对落后、产品生产成本高的企业被淘汰，缓解产能过剩危机，进而实现产业的升级改造。① 但是，在企业重组过程中，德国会将维护市场竞争秩序作为政府的主要职责，通过法律法规规范企业破产和并购行为，防止出现市场垄断，确保企业重组过程的公平和公正，以便更好地发挥市场配置资源的作用。如先后制定并完善了《反对不正当竞争法》《反垄断法》《反对限制竞争法》及《中小企业组织原则》等法律法规，用以规范市场竞争行为和竞争秩序。② 同时，政府还大力支持和培育科研院所，鼓励企业进行技术创新，积极推广新技术和新设备，提升产品的市场竞争力。一般来说，德国政府不会直接向某个具体企业提供财政补贴，而是通过各类金融机构向企业提供融资渠道和服务，或向为中小企业提供贷款的银行提供利息补贴。《2006 高科技战略》通过实施 700 个创新项目支持大量中小企业进行技术创新；2006—2009 年，德国政府还投入 120 亿欧元用来扶持纳米技术、生物工程、微系统等 17 个重点领域在内的科技研发和推广工作。③

（五）加大对出口产品支持力度，输出过剩产能

德国的经济发展以出口为导向，是全球第三、欧洲第一大商品出口国，其制造业产品在国际市场享有盛誉。2006 年，德国外贸出口依存度达到 57%，外贸顺差高达 1619 亿欧元；2016 年，德国外贸顺差更是创历史新高，高达 2529 亿欧元。其在技术贸易特别是高新技术及产品方面，在世界市场占有重要地位，德国出口贸易的发展得益于政府的积极引导和大力支持。但在发展过程中也会出现结构性和周期性的产能过剩问题，特别是 2008 年国际金融危机和 2009 年欧债危机对德国经济造成重大影响。当时，国际市场需求下降，产品订单减少，德国也出现了产能过剩的现象。为此，德国政府加大对本国出口产业的支持力度，包括加强信息服务体系建设，为企业提供各类信息

---

① 史贞：《产能过剩治理的国际经验及对我国的启示》，《经济体制改革》2014 年第 14 期。

② 张航燕、江飞涛：《德国制造业发展及对我国的启示》，《中国经贸导刊》2013 年第 6 期。

③ 邓洲：《工业化中后期的德国产业政策及启示》，《中国经贸导刊》2015 年第 4 期。

服务，鼓励和支持企业参加国际贸易展览会、订货会和研讨会；为企业提供各类融资支持，增加研发投入和鼓励技术创新来提高出口产品的竞争力。正是政府的大力支持，加之企业技术不断创新和产品竞争力的提升，扩大了国际市场需求，德国出口迅速反转。到2012年，出口同比增长率达到3.2%，使德国用较短的时间化解了产能过剩危机。

上述一系列措施的实施，使德国工业快速恢复元气，到2010年德国经济开始增长，到2012年德国失业率下降到6.9%，创19年来的新低。2010年产能利用率达到80.2%，比2009年的72.3%提高了7.9个百分点，2011年产能利用率达到85.4%。

第三节 日本的产能过剩及应对的财政政策

一 日本的产能过剩

众所周知，日本经济在第二次世界大战中遭受到了毁灭性打击。战后日本政府在温和金融抑制、"马歇尔计划"的投资援助和国际市场需求拉动的条件下，实行积极的财政政策，根据本国经济发展的现实状况，分别对不同产业提出扶持和限制的政策。例如，将钢铁、煤炭、纺织和电力等带动性效应较强的产业确定为"倾斜发展"的重点产业，加大对这些重点产业的资金和原材料投入，再通过这些产业的快速发展带动整个工业的发展。1950—1959年，日本完成了第二次世界大战后整个国民经济体系的重构，在此期间，日本经济的实际年平均增长率达到了9%。到1959年，日本经济已全面恢复到第二次世界大战前1936年的水平。之后，日本经济进入到高速增长时期，其年平均经济增速接近10%，进入20世纪70年代，日本经济在总量和质量上都实现了全面发展，成为世界第二大经济体。[①] 随后在经济全面

---

① 李英、崔琳：《日本经济的长期低迷对中国经济发展的启示》，《对外经贸实务》2016年第2期。

高速增长的背景下，房地产价格不断攀升，大量社会投资集中涌向房地产市场。1972 年与 1971 年相比，房地产投资增速由 14% 增长到 28.1%。在房地产市场拉动下，与房地产行业紧密相关的钢铁、机械等行业的生产规模不断扩大，产能明显增加。但是，随着内外需求的减少，前期投资过高的工业部门出现严重的产能过剩。此后，日本经济增长速度开始大幅度下降，1974 年甚至出现了经济负增长的状况，虽然在这期间政府的财政政策刺激计划使整个经济运行出现起色，但伴随而来的世界石油危机和日元不断升值致使日本出口导向型经济受到巨大打击，1974—1985 年日本经济平均增速为 4%。到 20 世纪 80 年代后半期，日本政府通过大量发放低息贷款来削减日元升值的影响，低息贷款向市场的大量涌入，加上资产价格的提高及高级消费品需求的旺盛，使企业投资热情被激发，1985—1990 年企业设备固定资产类投资增长率超过 10%，形成了泡沫经济和过度投资。到 20 世纪 90 年代泡沫经济破灭后，过度投资转化为过剩产能。①

纵观日本经济的发展进程，可以看出，日本在快速发展的同时，也伴随着多次较严重的周期性产能过剩。即 20 世纪 50 年代后期、60 年代中期、80 年代中期和 90 年代。② 为化解产能过剩危机对社会带来的不利影响，政府采取了较多的行政干预手段，充分运用财政金融政策和产业政策引导产业结构调整，淘汰落后产能，化解过剩产能。

二 去产能的财政政策及相关对策

（一）强化财政手段调控和政策引导，淘汰落后产能

20 世纪五六十年代，日本工业快速发展，企业投资回报率提高，企业加大投资购买生产设备，扩大生产能力。伴随工业技术水平的提高和投资过度出现的是产能过剩现象。为此，日本政府制定并实施了一系列淘汰落后产能的政策措施。主要包括以下四个方面。

1. 颁布淘汰落后产能的法律法规，推动减量生产

如 1964 年出台了《纤维工业设备等临时措施法》，规定政府财政

---

① 徐建伟、付保宗、周劲：《日本促进产业发展的经验与启示》，《宏观经济管理》2016 年第 4 期。
② 张卫国、程臻宇：《化解产能过剩问题研究》，山东人民出版社 2016 年版，第 23 页。

通过购买或加速折旧的方式消化过剩产能设备；1967年出台了《特定纤维工业结构临时措施法》，规定企业废弃落后设备后，可从开发银行获得优惠贷款去购买技术先进的新设备；1978年又出台了《特定萧条产业安定临时措施法》（以下简称《特安法》），《特安法》规定平炉电炉炼钢业、炼铝业、合成纤维业、造船业等制造业为"结构性萧条产业"，政府将协助这些产业停产或报废过剩设备，并对这些产业承担财政兜底的责任。[①] 这些立法极大地促进了落后产能设备的淘汰和改造升级。

2. 制定行业进入标准和设备注册制

从设备技术和资金等方面规范行业进入最低标准，通过"准入许可"的制度来控制新增产能。同时，对企业现有存量设备和明确限定生产的产品进行注册登记，没有经过注册登记的现有设备和新增设备不得投入生产，以此控制产能增加。

3. 建立政府补偿制度

在化解相关萧条行业产能过剩危机过程中，采取由政府出资对落后产能设备进行购买，然后再给予报废，以激励企业及时淘汰落后产能的积极性，并减少企业因设备改造升级而导致的成本增高。对淘汰落后产能带来的人员安置问题，政府一方面提供再就业服务指导，另一方面提供失业保险帮助。

4. 提供优惠贷款，鼓励企业停产和转产

在对落后产能治理过程中，对于积极配合主动停产或转产的中小企业，或者主动采用节能设备的企业，政府都通过政策性银行为其提供低息贷款。此外，政府设立萧条基金，对由于设备报废而产生的借款提供信用保证。

（二）完善税收优惠政策和相关法规支持企业重组，压减过剩产能

日本政府认为，对产能过剩行业通过兼并重组实现资源优化配

---

① 苏琳夫：《化解产能过剩的财政政策研究》，硕士学位论文，中国财政科学研究所，2016年，第23—25页。

置，构建大型企业集团为主导、众多中小企业协调配合的企业结构和产业结构，是增强经济活力、优化产业结构、化解过剩产能的有效途径。为此，日本政府制定了一系列政策，包括财政方面的优惠政策、鼓励支持企业的兼并重组①，主要措施包括以下两个方面。

1. 支持企业并购重组，削减过剩产能，促进产业优化升级

一方面，政府通过金融税收政策措施为企业并购重组创造好的环境，鼓励企业实现规模适度化发展；另一方面，支持大企业并购低端中小企业产能，用政策倒逼中小企业接受大企业的并购。如1999年出台的《产业活力再生特别措施法》明确规定，企业如欲实施重组需向政府有关部门提交企业的三年规划，企业提交的规划如果通过政府审查，则可享受注册税的减免优惠，得到公司法特例措施的援助。该法出台后的十年时间里，经政府审查合格符合该法规定的企业重组规划有492件，涉及就业人员超过10万人。为鼓励企业通过技术创新来实现重组再生，2009年4月，日本国会通过了对该法的修正案，并将该法案的名称变更为《产业活力再生及产业活动革新特别措施法》。到2011年，该法再一次被修改，按照修改后的规定，日本政府实施向兼并重组企业提供长期金融贷款的政策，其中2011年度用于该项政策支出的资金为1000亿日元。到2013年年底，日本政府又颁布了《产业竞争力强化法案》，并以此法案来取代实施了14年的《产业活力再生及产业活动革新特别措施法》。新法案规定，对企业并购重组给予税收优惠，重组企业最多可以将新公司出资和融资额度的70%记为费用（以预提准备金的方式计入未来损失，法律准予计入的年限为10年）。②为避免因重组合并增加法人税支出，可减免新公司注册税。同时，政府还对主要行业的产能情况进行摸底，并及时公布相关信息。在并购重组过程中，注重并购的协同效应，鼓励通过淘汰过剩产能来提高生产效率。如日本第二大钢铁公司NKK与第三大钢铁公司川崎制铁合并成JFE控股公司的过程中，为淘汰过多产能和提高集约

---

① 殷保达：《中国产能过剩治理的再思考》，《经济纵横》2012年第4期。
② 方晓霞：《产业重组：日本的经验及对我国的启示》，《发展研究》2016年第4期。

化效应,先关停了两座高炉,再陆续关停 15 条轧钢生产线。虽然合并后的销售收入比上年减少并低于日本第一大钢铁公司新日铁,但税前利润却超过了新日铁。正是在日本政府的政策扶持下,产能过剩比较严重的钢铁行业、汽车行业通过并购重组,从二三十家变为四五家。

2. 完善法律,规范破产

日本一般企业的退出主要是依据《破产法》,政府会根据形势变化和需要不断完善破产法来方便企业退出。2005 年,日本实施了新的《破产法》,使企业破产的程序更加简单,企业退出也更加容易。[①] 日本政府对于能源消耗多、污染严重的原材料工业,除生产合理化外,政府通过行政指导及采取关停或破产不具有竞争能力的企业等限制措施来削减生产能力。为避免企业破产倒闭带来的人员安置和债务处置不当引起的不稳定,政府出台了《反通货紧缩综合对策》(2002 年)、《产业再生机构法》(2003 年)等法规,成立产业再生机构,从稳定金融、保障就业、产业再生和企业重建等方面多管齐下,稳定经济发展,从而推进高耗能、高污染、技术低端和竞争力弱的企业产能平稳退出。[②]

(三) 积极扩大海外投资,转移过剩产能

从第二次世界大战后到 20 世纪 50 年代,伴随日本经济的快速复苏,工业也得到了迅猛发展,大量资本和技术成果的进入使日本工业在短时间内实现了规模的扩张和产业的升级。但是,在生产能力提高的同时,也出现了产品供过于求的状况,特别是劳动密集型产业产能过剩较为严重。为化解过剩产能,扩大市场需求,日本政府逐步确定了出口导向型的发展模式。以"贸易立国"和"多方位经济外交"为方针,先后同美国、东南亚等多国签署贸易协定。通过向国际市场出口本国产品,拉动本国经济增长,消化过剩产能。出口导向型战略

[①] 王怀宇、马淑萍:《产能过剩背景下企业退出政策体系的国际经验研究》,《发展研究》2014 年第 1 期。

[②] 熊兵:《"僵尸企业"治理的他国经验》,《改革》2016 年第 3 期。

的实施使日本经济对外依存度显著提高，到 1960 年，已经达到 38.8%，比 1946 年的 10% 提高了 28.8%。①

进入 20 世纪 70 年代，由于日本国内市场的相对饱和，日本政府把经济发展的眼光扩展到国外，把鼓励企业直接对外投资作为日本经济发展的战略举措。为实施这一战略举措，日本政府通过放开资本管制、实施税收抵扣减免的税收优惠政策等措施，减轻对外投资企业的负担，提高企业参与国际市场竞争的综合实力。同时，实施海外投资损失准备金制度，通过企业事先预提和政府补贴的方法，让政府与企业共同分担海外投资可能遇到的风险，为企业的资本输出提供财力和制度保障。

进入 20 世纪 80 年代中后期，日本经济经过多年的高速增长，工业生产能力和技术水平也已经达到相当高的程度。日本虽拥有 1 亿多的人口，但不断增长的生产能力和技术创新能力，使日本国内的消费市场需求相对不足，难以消化较大的社会生产能力。恰逢此时，受日元持续升值和贸易摩擦不断升级的影响，日本的出口受到严重打击。加上国内生产要素价格上涨过快，带来生产成本不断增加，使国内出现严重的供需不平衡状况，特别是钢铁、电器机械等传统制造业出现产能过剩危机。为此，日本政府出台了一系列财政政策和贸易政策，鼓励企业出口产品和去海外投资建厂。具体做法如下：一是出台支持企业在海外直接投资的自由化政策，放宽对海外投资资金数额的限制和项目审批制度；二是通过大量低利息贷款给企业，以支持企业到海外去投资建厂，缓解日元升值带来的投资和生产成本提高问题；三是对《外汇及外国贸易管理法》进行修改，促进贸易自由化；四是设立弥补海外投资风险的亏损准备金制度；五是借助"日本贸易振兴会"的海外投资咨询机构，对投资国进行政治经济环境调查和分析，为计划到海外投资的企业提供投资所需的信息服务。在各种政策刺激下，日本制造业在亚洲的投资力度明显增大。到 1985 年，日本对外直接

---

① 王袅：《中国产能过剩问题研究》，博士学位论文，东北财经大学，2015 年，第 110 页。

投资达到 122 亿美元，之后投资力度不断提高，到 1989 年达到 675 亿美元，创出历史新高。① 至此，国内大部分落后设备和低端生产能力成功转移到海外，同时还包括机械电子、汽车等产业的战略性转移。到 90 年代初，受泡沫经济破裂等因素的影响，日本对外投资虽有所下降，但并没有转变日本向海外投资转移产业的战略。到 2002 年，海外制造业的生产率已经从 90 年代初的 8% 提高到 17.1%。日本政府通过加大海外投资，扶持低技术、低附加价值的传统制造业或处于发展成熟阶段的产业向海外转移，大大促进了产能过剩危机的化解和产业结构的优化升级。

（四）增加国民收入，拉动国内市场需求

战后十年，日本通过需求拉动和出口导向型发展战略，实现了经济振兴和快速增长，但经济的增长对国际贸易的依存度很高。从 20 世纪 50 年代中后期开始，战后恢复性的需求逐渐减弱而使国内需求趋于饱和，导致主要行业产能过剩现象明显。为缓解产能过剩现象，1960 年，日本政府提出了明确而具体的《国民收入倍增计划》，确定追求极大增长、国内居民生活水平提高和充分就业三个目标，并明确提出在十年国民收入翻番的目标。政策具体措施有：一是实施最低工资制度。对日本的劳动人口按地区和产业的不同划分为不同的群体，对每个群体分别规定具体的最低工资标准，投资人向劳动者支付的报酬只能高于最低工资标准，不能低于最低工资标准。二是完善社会保障体系，实现全民保险，推行养老社会化。在完善养老保障体系方面，还先后出台了《国民年金法》和《老人福利法》等多部法律，来保障老年人经济和医疗需求，为老年人提供生活服务保障。三是提高健康保险付给率。四是加大对农业的财政资金投入等。《国民收入倍增计划》大大激发和鼓舞了日本国民的积极性，提高了国民的购买能力。1961—1970 年，日本国内生产总值年均增长率达到 10%，远远超过 7.8% 的计划目标。与此同时，居民的劳动报酬年均增长率高于 10%，实现了国民经济和居民收入的同步增长。国民收入大幅度提

---

① 吕铁：《日本治理产能过剩的做法及启示》，《求是》2011 年第 5 期。

高,带来生活水平的整体提升。日本国内形成了近1亿人口规模的中产阶层,各种家用电器等耐用消费品的普及率达到90%以上,日本一举成为亚洲生活水平最高的国家。由此可见,该计划不仅在扩大内需促进经济增长方面发挥了重要作用,还在一定程度上使内需增长成为消化过剩产能的重要途径之一。

（五）财税、金融和产业政策并举,促进产业结构升级

20世纪70年代,日本经济增速大幅放缓,加之石油危机、国内外需求萎缩,导致严重的产能过剩。日本政府推出的《产业结构长期展望》提出,实现"福利提高、生活充实；节省资源和能源,产业结构的现代化"等的产业结构调整目标。在政府政策和市场机制合力作用下,经济发展的主导产业由钢铁、化工等重化工业转向汽车、精密仪器和机械装备等"知识密集型"产业,产品技术含量不断增加。[①]在政府产业政策和财政金融政策的大力支持下,不仅淘汰了落后产能,还实现了产业结构的优化升级。

20世纪90年代初,以房地产为代表的泡沫经济破裂,经济运行呈下滑态势,市场需求萎缩,日本经济再次遭遇产能过剩危机。为摆脱危机、化解产能过剩,1995年10月,日本政府推出了《面向21世纪的日本经济结构改革思路》报告,确定了"科学领先、技术救国"的战略方针,提出要通过认真实施产业结构调整,着力建设新型的知识技术密集型产业。现有产业特别是存在产能过剩的产业要加快实现向高附加值产业的转移。报告对放宽现有相关规章制度,促进市场有有序竞争,改革企业制度等进行了具体安排。经过一系列措施的实施,日本很快完成了本次产能过剩的化解,经济运行恢复平稳状态。

第四节　国际经验借鉴与启示

回顾分析美国、德国和日本三国产能过剩发生的原因、演变历

[①] 产业转型升级课题组:《结构转型与产能过剩：理论、经验与政策》,人民出版社2017年版,第86—89页。

程，特别是去产能的操作方式，对我国做好现阶段去产能工作具有非常现实的借鉴意义。

一 立足我国现实情况实施去产能

产能过剩的出现是市场经济条件下一种不可回避的经济现象，其发生、演变和化解的过程在很多方面体现了市场经济的一般性规律，其过程在各国的表现反映了市场经济条件下产能过剩的共性特征，如设备利用率低、产品滞销、行业亏损等。但是，在不同国家、不同时期，产能过剩也表现出了各自的不同之处，其过程在各国的表现又反映出了其特殊的特征。这种共性特征和特殊性特征共存的状况对我国现阶段去产能可以提供非常重要的启示。这种特殊性在我国主要存在有两个方面的原因。

其一，体制方面的原因。我国的社会主义市场经济体制是在改革开放以后逐步建立、发展和成熟完善的，虽已有40年的历史，但与美国、德国、日本等国上百年市场经济的历史相比，我国的市场经济体制仍在很多方面有所差别，这就使我国产生产能过剩与美国、德国、日本等国产生产能过剩的市场背景存在不同。比如美国、德国、日本等国家出现的产能过剩现象，具有明显的经济发展周期性特征，而我国产能过剩现象的出现除具有一定周期性特征之外，还具有政府经济管理体制发生作用的特征，如地方财政的利益追求、地方政府的政绩评价方法对过剩产能的出现和演变的影响。

其二，生产力发展水平的阶段性原因。我国改革开放40年来，经济飞速发展，成绩为世界所瞩目，但就生产力发展水平，特别是科学技术发展水平来说，我国与美国、德国、日本等国相比还有明显的差距。这种差距显示了我国出现的产能过剩行业总要比国外发生同种行业的产能过剩晚30—40年的时间，如我国现在正处在钢铁行业去产能的过程中，而美国、德国、日本钢铁行业的产能过剩发生在20世纪七八十年代。

我们强调借鉴国外的经验要坚持共性与特殊性的辩证统一，既要对国外反映市场经济共有规律的通行做法认真学习借鉴，又要对我国体制性原因和发展阶段性原因所反映的特殊性特征给予高度重视。在处理这些特殊性因素导致的产能过剩时，必须要立足我国现实国情，充分考虑我国现有体制的实际状况，充分反映我国现阶段发展水平的客观要求，切不可完全照搬国外的模式。

二 以市场化运作为主导原则

目前，我国实行的是社会主义市场经济体制，这一体制虽然有我国的特色，但也遵循了市场经济的一般规律。从国外去产能的实践看，他们对过剩产能的化解主要是通过市场来实现的，政府的影响力是借助于政府的积极干预并通过完善市场机制来体现的，政府的调控措施通过市场机制渗入其中，政府的财税政策通过市场媒介发挥作用，这一切充分显示了市场这只"无形的手"在化解过剩产能当中的决定性作用。政府的意图通过市场化运作而发挥作用，使政府的宏观调控效用明显提高，调控的公平性明显增强，调控的副作用和后遗症得到了最大限度的遏制。这些做法对我国利用好去产能工作具有非常现实的借鉴意义。从本质上说，市场经济条件下出现产能过剩，其产生的根源在市场，其化解的过程也应该在市场。对此，国外的做法是成熟且成功的，对我国去产能具有重要的借鉴作用。我国的社会主义市场经济体制从市场化运作的规则来说还有继续完善和提升的空间，以市场化方式去产能本身就是市场经济运行规则在我国的完善。它可以使去产能的过程同时成为完善社会主义市场经济体制和规则的过程，特别是把经济手段、法律手段和行政手段综合运用，把政府的调控措施、财税政策通过市场的媒介去发挥作用，可以在去产能实践中收到更好的效果。

三 注重产业升级与技术进步

一个行业产能出现过剩，从供给端看，大致有两个方面的原因：一是总量过大，二是技术落后。因此，国外去产能基本就是从解决这两个方面的问题入手的。通过完善产业政策引导产业技术创新，淘汰落后产能。对总量大的问题采取"减量经营"政策压减产能，对技术落后的问题则采取全方位的推进技术进步，进而实现产业结构优化升级。从国外的经验来看，技术落后既可以表现为是产能过剩中存在落后装备、使用落后技术，也可能是产能过剩行业本身就已经是夕阳产业,落后于经济社会发展的进程,落后于市场需求。美国、德国、日本去产能的成功经验之一,就是去产能的结果是既实现了总量的压减,又实现了产业的技术进步与升级。这一点对我国尤其重要,我国的产能过剩产业总量过大、技术落后两个特征都非常明显,所以,我国去产能也是要在压减总量的同时,着力推进产业的技术进步与升级,而后者的难度和现实的迫切需要又明显大于前者。国外的经验告诉我们,去产能是手段,不是目的,产业技术进步与产业结构优化升级则是应当努力追寻的目标。通过去产能使行业的综合实力和竞争力增强,这是我们在去产能过程中始终要把握的原则和目的。为此,借鉴国外经验,我们需要制定相应的产业政策、财政政策和金融政策来助推去产能,实现产业结构的优化升级和技术进步,提升产业的整体竞争力。

四 有效实施并购重组

兼并重组是市场经济条件下企业产权结构、产业组织结构变化的一种常用方式,在去产能的过程中同样离不开企业间的并购重组。从美国、德国、日本等国去产能的实践来看,他们对去产能中涉及的企业非常普遍地采取了并购重组的方式,特别是他们非常成熟有效地运用了债务重组、人员重组、资产重组及破产和解等并购重组的具体操作方法。这些国家通过实施相关企业的并购重组,既压缩了过剩产能的总的生产能力,又使存量的资产在重组后得到有效利用,提高了产业集中度,更重要的是在很大程度上减少了社会动荡。国外的这一做法对我国有非常现实的借鉴意义,我国在去产能的实际操作过程中必然要使一些企业失去继续生存的可能性,特别是对一些"僵尸企业"的处置,使这些企业可能要进入整体关闭或破产状态。在钢铁、水泥、火电的过剩产能化解过程中,还要采取产能减量置换的方式。这一切都必然会使现存企业的存在状态发生改变,而并购重组可有效地应对这些复杂状况。国外的成功经验证明,并购重组在去产能过程中是非常有效的措施,我们应该积极学习和借鉴。要通过各种政策的引导和支持,提升产业的规模优势,把产业组织结构的优化与化解产能过剩危机有效地结合起来。

五 走好产能国际合作之路

从美国、德国、日本等国化解过剩产能的历程来看,他们都是把国内过剩产能的化解与产能向国外转移、走产能国际化合作的道路同步推进的。通过产业政策、财政和金融政策等支持引导产能过剩的行业扩大出口或对外投资,将过剩产能转移到国外。这种加快产业或企业"走出去"的战略,一方面,使国内的过剩产能、低端产能压减了下来,不仅化解了过剩产能,还促进了产业或企业技术水平的提升;另一方面,将这些产能转移到国外,又使国内被压减的产能在国外得到了有效利用。这一做法基于以下经济背景:一是世界范围内存在产业发展的阶段性差别和行业优势差别。这种差别使在一国的产能过剩可能在另一个国家表现为产业空缺。二是产品的出口与直接在消费地设厂生产在国际贸易规则上有很大差别。美国、德国、日本等国在产能向国外转移、实施产能国际合作方面,正确认识和准确把握了这种经济背景,将过剩产能转移到国外后,实现了多重收获。对我国来说,在我国表现为产能过剩的一些行业,在国际范围内还存在明显优势,这种优势既在产业发展阶段有充分的体现,也在国际区域分布上有明显的体现。这使我国目前面临着与前一时期美国、德国、日本等国实施产能国外转移、走国际产能合作之路在性质上相同的经济背景。这种经济背景的相同可能在行业上有差别,在国际产能合作的区域选择上有差别,但其经济上的性质是一样的,我国完全可以选择这条道路。

六 准确运用财政政策工具

国外去产能的过程都以不同方式体现了政府的意图,政府也从不同的侧面以不同的方式对本国的去产能发挥了作用,尽管各国政府对去产能调控的方向不同、作用的方式不同,但有一个共同特征,就是它们都有目的地选择了不同的财政政策工具。无论是税率的调整、浮动还是政府支出刺激需求;无论是政府的财政补贴还是价格干预,其目的都在于发挥财政政策工具的引导作用,促使化解过剩产能按政府的意图和本国宏观经济运行的理想方向发展。财政政策的运用既体现了严肃性又表现出灵活性。如第二次世界大战后初期,为了刺激经济发展，采用加大投资力度支持钢铁、煤炭、电解铝等产业的发展；随着石油危机的爆发，更多的是对新技术、新工艺研发方式的支持；在国内市场需求下滑、面临产能过剩危机时，财税政策又是推动相关产业或企业实施向海外转移产能、开拓国际市场的重要保障。目前，我国去产能同样离不开政府财政政策工具的灵活运用。从国外去产能的实践中可以看到，他们对财政政策工具的选择、财政政策工具的着力点、财政政策工具的调整力度都有其独到的做法和成功的经验。我们既要认识到运用财政政策工具的必要性，又要借鉴国外的经验，立足我国的现实，把财政政策工具用好，使其发挥更大的效用。

七 从供给端和需求端双向施策

从美国、德国、日本应对产能过剩的措施看，都是在不同时期，针对不同情况，坚持从供给侧和需求侧两方综合发力，采取不同的产业政策和财政金融政策。一方面，注重从需求侧上出台化解产能过剩的政策。包括加强贸易保护，扩大国内市场需求，提高居民收入，拉动民间消费，加大对外投资，扩大出口，以消化和输出过剩产能。另一方面，注重从供给侧上出台化解产能过剩的政策。包括鼓励并购重组，推动产业升级和技术创新，采用清洁能源和先进制造技术，实施"再工业化"战略等，以淘汰落后和低端产能，促进产业结构的优化升级，提高产业的竞争能力和持续发展动力。

借鉴国外去产能的成功经验，我们去产能的政策着力点也要包括供给和需求两部分：其一，供给侧端，一方面，对于重复建设、资源浪费和环境污染的产能，要限制发展和淘汰落后产能；另一方面，通过支持鼓励技术创新，产业内并购重组，来提升产业的整体竞争力，化解过剩产能。同时，在这个过程中，要通过各种扶持措施，安置好富余职工，要对债务处置给予相应的政策优惠，要通过各种政策的引导和支持，提升产业的规模优势，把产业结构的优化与去产能有效地结合起来。其二，需求侧端，通过扩张性的财政政策和货币政策，提高居民收入水平，刺激消费需求，以消化过剩产能。

第八章　唐山市钢铁产业去产能实践及政策效应

钢铁产业是目前我国去产能涉及的产业中最具典型的产业。就我国钢铁产业的分布状况来看，河北省是我国钢铁产业聚集量最大的省份，唐山市是河北省重要的钢铁大市，对唐山市钢铁产业去产能操作方式和政策效应进行分析，可以为完善去产能的宏观调控政策，特别是研究去产能财政政策的创新提供有益的启示。

第一节　唐山市钢铁产业概况

一　唐山市钢铁产业的发展沿革

据记载，唐山市自宋代起就有冶铁历史，但是，具有现代工业意义的钢铁产业始于1943年。当年，日本侵略者在唐山设立了唐山制钢所株式会社。自那时起到现在，唐山钢铁产业的发展大体可划分为三个阶段：

（一）起步阶段（1943年至20世纪90年代初期）

1943年，日本侵略者在唐山设立唐山制钢所株式会社，使唐山出现了具有现代工业意义的钢铁产业，当时的年钢铁产量在10万吨左右。此后30多年的时间，唐山钢铁产业一直呈现"唐钢独家企业"的状况。直到20世纪70年代初，唐山地区开办了唐山地方国营钢铁企业唐山松汀钢铁厂，钢铁年产能一直维持在产能30万吨左右。此后，唐钢、松汀钢厂两家企业同时存在的状况又维持了多年，唐山市的年钢铁总产能一直维持在100万吨左右，这种状况一直延续到20

世纪 80 年代初。

20 世纪 80 年代初,随改革开放的热潮,国民经济全面快速增长,在当时"有水快流"政策的拉动下,唐山丰富的铁矿石资源以"群采"的方式得到大规模的开发。在铁矿石富集的县区,伴随着一批铁矿的投产,就地建高炉、就地实现铁矿石转化的小钢铁大量涌现,甚至一些没有铁矿资源的县区也受其影响,建起了高炉。这一阶段,唐山的钢铁产业装备是低端的,产品是低档的。但是,这一阶段正是我国经济处于恢复性高速增长阶段,强劲的市场需求为唐山钢铁产业带来了丰厚的利润,使唐山钢铁产业的投资者在低端发展中实现了资本的原始积累。这一阶段,虽然投资者众多,投资回报丰厚,但是,由于刚刚起步,产业的总体规模不大,加之一些假冒伪劣产品和严重违规企业被关停取缔,唐山市钢铁产业的年生产总规模在这一阶段保持在 200 万吨左右。

(二)高速发展阶段(20 世纪 90 年代初期至 2013 年)

这一时期,唐山市的钢铁产能实现高速增长,钢铁产能由 20 世纪 90 年代初的 200 万吨左右爆发式发展到 2013 年的 1.5 亿吨左右。其中,国有企业首钢和唐钢在唐山境内净增粗钢产能 3800 万吨,其余产能增加为民营企业的贡献。涉及粗钢产能的钢铁冶炼企业经过分立重组、设立倒闭等多次洗牌,发展到 60 家。其中,首钢、唐钢、天津轧一 3 家企业为国有企业,其余 57 家企业为民营企业。

唐山钢铁产业的发展完全是我国宏观经济发展变化的缩影。我国宏观经济在这一时期的发展变化非常充分地体现在唐山钢铁产业的产能扩张和变化上,具体表现在:一是 20 世纪 90 年代初期,在邓小平南方谈话的引导下,我国经济呈现高速增长态势,固定资产投资的快速增长对钢铁产业产生了强烈的市场需求;二是 2003 年我国经济进入到一轮新的高速增长阶段,特别是住房制度改革与城镇化进程的加快直接刺激了市场对钢铁的需求增长;三是 2007 年美国次贷危机爆发后,国家出台了四万亿元经济刺激方案,停止了对钢铁等行业以控制产能为主要内容的治理整顿,转而实施钢铁产业振兴规划,使钢铁产业再一次得以扩张发展。以上宏观经济政策导向下的市场对钢铁的强劲需求自然拉动了包括唐山在内的全国钢铁产能的快速增长，唐山的钢铁产业和全国一样，在这一阶段表现出产能迅速扩张和投资高额回报两个特征。尽管在这一阶段国家也曾提出要控制钢铁产能增长，制定了限制落后产能的相关政策，但是，强劲的市场需求和高额的投资回报使限制产能增长的政策效应锐减，反而由于国家限制落后产能政策的出台，使一些钢铁企业加快实施装备拆小上大的技术改造，在装备大型化的同时，产能也迅速扩张。

（三）整顿提升阶段（2013年至今）

2013年，以国务院下发《关于化解产能严重过剩矛盾的指导意见》为标志，唐山市的钢铁产业与全国一样，进入了新一轮治理整顿和产业提升阶段。这一轮的治理整顿与以前进行的治理整顿表现出了本质的不同：其一，不再是产能越治理越增长，而是真正实现了增量被严格控制；其二，实现了去产能与结构优化、产业升级同步推进；其三，行政手段被弱化，市场化、法制化手段得到加强。这三个不同在唐山市的钢铁产业去产能过程中得到了充分体现：一是产能总量自2013年以来一直呈现下降压减态势，企业户数由期初的60家减少至44家；二是结构优化、产业升级稳步推进，国家产业政策界定的400立方米以下高炉和40吨以下转炉等落后装备全部淘汰；三是产能交易等市场化手段、以环保倒逼去产能等法律化手段作用日益明显。

近40年来，钢铁产业在我国的迅速发展固然有宏观环境拉动的原因，但钢铁产能增长在唐山的特殊表现仍说明有其特殊原因，这些特殊原因使钢铁产业在唐山以低成本、高效益的优势领先于其他地区。这些原因主要包括：一是资源优势。唐山是我国三大铁矿石富集区之一，目前，铁矿石工业储量超过50亿吨。唐山是主焦煤富集产区，年产4000万吨的焦炭生产能力完全能够支撑唐山钢铁产业对焦炭的需要。此外，钢铁产业所需要的石灰石、耐火材料等相关辅助材料，唐山基本齐备，这么多相关钢铁资源聚集在一个地区是其他城市不可比拟的。二是港口优势。唐山作为沿海城市拥有64千米的港口岸线，唐山的曹妃甸港区和京唐港区均建有30万吨级的铁矿石专用码头，澳大利亚、巴西的铁矿石可直达港口。同时，两个港区均建有钢材专用外运码头，钢铁产业在唐山实现了船来船走，与内陆钢铁企业相比，在唐山建设钢铁企业，吨钢物流成本至少可节约百元以上，使之成为明显的竞争优势。特别是在进口矿石价格走低，用进口矿优于用国产矿的背景下，港口优势更加明显。三是区位优势。唐山地处京津冀核心区域，连接东北与华北地区，近有京津冀和东北地区的广袤市场，远有通过港口走向世界的国际市场，独特的区位优势促进了唐山钢铁产业的快速增长。2000—2016 年唐山市钢铁产业主要指标如表 8-1 所示。

表 8-1　　　　2000—2016 年唐山市钢铁产业主要指标

年份	粗钢产量（万吨）	粗钢产量环比上年增长率（％）	钢铁企业纳税总额（亿元）	全市税收总额（亿元）	钢铁企业纳税额占全市比重（％）
2000	370		10.70	57.70	18.54
2001	805	117.57	12.78	77.50	16.49
2002	1271	57.89	18.10	91.00	19.89
2003	2121	66.88	30.80	121.60	25.33
2004	2929	38.10	48.74	179.40	27.17
2005	3722	27.07	54.60	256.90	21.25
2006	4427	18.94	61.80	306.10	20.19
2007	5118	15.61	75.40	395.00	19.09
2008	5523	7.91	88.60	518.10	17.10
2009	6547	18.54	82.80	548.80	15.09
2010	6832	4.35	63.10	675.10	9.35
2011	7906	15.72	89.00	823.90	10.80
2012	8107	2.54	94.10	896.10	10.50
2013	8299	2.37	49.60	846.90	5.86
2014	8157	-1.71	43.60	838.90	5.20
2015	8270	1.39	50.50	697.30	7.24
2016	8831	6.78	73.77	692.98	10.65

资料来源：唐山市统计局、2000—2016 年《唐山统计年鉴》。

表8-1基本上反映了自2000—2016年唐山市钢铁产业的发展速度及对唐山市地方财政的贡献。在此期间，国家没有要求对钢铁产业实施产能统计，仅在确定钢铁去产能任务时，河北省政府对各市钢铁产能状况进行了核定，所以，只能以产量指标来反映钢铁产业的发展速度。表8-1可以在以下两个方面揭示唐山钢铁产业的客观发展状况：第一，唐山钢铁产业在2000—2016年呈现快速发展状态。其中的高速增长年份与我国经济高速增长的年份完全吻合。直到2013年，国家实施新一轮去产能政策以来，唐山市钢铁产量的增速才明显下降。第二，唐山钢铁产业一直对全市的财政收入做出了重要贡献。但近几年，钢铁产业上缴税收占全市税收的比重明显下降，这种状况说明唐山市去产能取得了一定效果，同时，也说明唐山市转型发展收到实效，其他产业的发展壮大正在逐步取代钢铁产业对全市财政收入贡献的位置。

二 唐山市钢铁产业现状分析

截至2016年年底，唐山市共有涉及粗钢产能的钢铁企业44家（有些钢铁企业如独立轧钢企业不涉及钢铁产能，轧制过程只改变钢铁形态），总资产4889亿元。2016年，唐山市钢铁产业实现增加值921.5亿元，直接从业人员21.74万人，均占全市规模以上工业的32%；实现主营业务收入4920.7亿元，利润119.7亿元，分别占全市规模以上工业的48%和27%。

目前，唐山市钢铁产业呈现以下特点：一是总量规模大。2016年，生铁产量8895万吨，粗钢产量8831万吨，成品钢材产量11836万吨，分别占河北省的48.3%、45.9%和45.3%，占全国的12.7%、10.9%和10.4%。二是非国有经济比重高。现有44家企业中有3家为国有及国有控股企业，其炼铁、炼钢产能均为4000万吨，占全市炼铁、炼钢总产能的比重分别为27%和25%。其余产能分布在41家非国有企业。三是钢铁产品种类齐全。全市钢铁产品种类涵盖了板（带）、型、棒（线）、管等主要产品大类，广泛应用于汽车、家电、船舶、铁路、电力、建筑和机械制造等领域，已成为国内最大的型钢、棒线材、板带材和焊管等产品的生产供应基地。四是装备水平相对较高。全市钢铁企业 1000 立方米以上高炉产能占全市炼铁总产能的 68%，100 吨以上转炉产能占全市炼钢产能的 63%，分别高出全国平均水平 8 个和两个百分点。五是节能减排成效显著。目前，全市钢铁企业全部实现了高炉煤气回收发电（TRT 发电）和余热综合利用，以及生产用水厂内循环，实现了环保设施达标配置。

唐山市钢铁产业在快速发展的同时，也出现了一些问题：一是产业布局分散。全市 44 家钢铁企业分散在 13 个县（市）区，10 家钢铁企业位于城市建成区和生态红线控制区。二是创新能力有待提升。除首钢和唐钢等少数企业拥有较强的研发能力外，多数企业创新能力不足，创新投入偏低，缺乏有力的科技支撑和品牌效应。2016 年，高附加值产品钢材产品所占比重仅为 16.12%。三是污染排放高。钢铁产业能耗占全市规模以上工业能源消费量的 73.9%，二氧化硫排放占全市二氧化硫排放总量的近六成。特别是唐山地处京津冀核心区域，特殊的地理位置和大气污染治理的特殊要求，使唐山市钢铁产业的去产能不能仅满足控制产能总量的要求，更要符合环保治理的标准。2017—2018 年的冬季取暖期，为减少污染物排放，国家环保部与河北省政府要求唐山市的钢铁行业在 2017—2018 年度冬季取暖期间按核定产能限产 50%。需要强调的是，限产指令是在当期吨钢纯利 600 元以上的背景下实施的。

现阶段的宏观背景和相关法律、政策决定了唐山市的钢铁产业必须要完成压减总量、治污减排和产业升级三项任务，实现结构优化与转型发展。

第二节 唐山市钢铁产业去产能的操作方式

从 20 世纪 90 年代开始，我国每一轮产能过剩都会涉及钢铁产业，唐山市也成为钢铁产业去产能宏观调控重点关注的地区。按照国家和河北省的调控政策要求，2013—2016 年年底，全市已累计压减炼钢产能 1873 万吨、炼铁产能 3142 万吨。2017 年，河北省政府下达唐山市钢铁产业去产能的任务是：压减炼铁产能674万吨、炼钢产能1342万吨，到年底已全面完成任务并通过了国家有关部门的验收。2018年11月底，唐山市又以压减炼钢产能502万吨、压减炼铁产能281万吨的成果提前一个月完成了国家和河北省下达的当年钢铁产业去产能任务。现以2013年国务院颁布的《关于化解产能严重过剩矛盾的指导意见》提出对钢铁、水泥、电解铝、平板玻璃和船舶五大产能过剩严重行业实施去产能为时间节点，分析唐山市钢铁产业去产能的操作实践过程。

一 去产能的操作步骤

（一）调查摸排，核定产能基数

去产能的前提是核定产能基数。所谓产能基数就是通过全面调查摸排所核定的可作为确定去产能具体对象和数量任务依据的真实产能状况。

按照国家统一部署，为制订河北省（包括唐山市）钢铁产业去产能方案，河北省政府组织相关部门于2013年对全省钢铁产业逐企业、逐装备进行了现场调查核实，摸清了全省钢铁产业的企业状况、装备状况和产能状况。在此基础上，制订了全省钢铁产业结构调整和压减产能的方案并正式上报国务院，国家发改委受国务院委托对这一方案做出了批复。

这一核定结果是第一次由上级政府部门对唐山市钢铁产业的全部情况进行的摸排，掌握了当时唐山市钢铁产业的基本状况。按照这一核定结果，截至2012年年底，唐山市共有炼钢产能15273万吨，炼铁产能14176万吨，涉及独立法人企业60家；装备情况为高炉178座，转（电）炉192座。分析这一核定结果，从以下三个方面为去产能方案的制订提供了依据：

1. 产能严重过剩

统计显示，2012年唐山市粗钢产量为8107万吨，生铁产量为8207万吨，粗钢与生铁的产能利用率分别为53.08%和57.89%，属于严重开工不足、大量生产设备闲置、产能利用率低的产能严重过剩状态。

2. 淘汰落后产能任务重

按2011年国家钢铁产业指导目录限定，400立方米以下炼铁高炉、40吨以下炼钢转炉属于落后装备，应予淘汰。按核定结果，在存量产能中，唐山市还有 400 立方米以下高炉 11 座，产能 360 万吨；40 吨以下转炉 66 座，产能 2838 万吨。此外，当时核定未将独立铸造企业加以区分，也将其统计在钢铁冶炼企业之内，使落后装备数量明显增大。

3. 僵尸企业多

按照当时的核查口径，对全部存量钢铁企业只要具备生产能力，就全部核查并记录在案，并不区分生产企业、半停产企业与停产企业。2013 年核查时，唐山市已有唐山兴业工贸集团、唐山众业不锈钢有限公司、唐山申唐不锈钢制品有限公司、滦南鹏程实业有限公司、开平鸿达热轧公司等十余家企业处于完全停产状态，虽有产能，但已无力恢复生产，属于典型的僵尸企业。

上述情况反映了当时人们对钢铁产业去产能的认识水平，这种认识水平也决定了当时所要选择的去产能的具体措施。

（二）核定阶段性成果，分析去产能进展状况

2016 年，按照国家统一部署，河北省政府再次对全省范围内钢铁产业的企业状况、装备状况和产能状况逐一进行调查核实。从 2013 年的第一次调查核实到 2016 年的第二次调查核实，三年的去产能使唐山市的钢铁产业呈现以下三个方面的变化。

1. 企业数量明显减少

2013 年调查时，唐山市共有钢铁产业独立法人企业 60 家，而 2016 年再次调查时，独立法人企业数为 44 家，企业户数减少了 16 家，减少的企业多为装备落后、产能规模小的钢铁企业。这些企业在现实中表现为是"僵尸企业"，早已事实上停止了生产经营活动，这也说明这一阶段的去产能以"僵尸企业"的市场出清为工作重点。

2. 落后装备全部被取缔

2013 年调查所包括的按国家产业政策界定属于落后装备的 400 立方米以下高炉、40 吨以下转炉在 2016 年的调查中已经消失了，这表明这一时期的去产能全面完成了落后装备的淘汰取缔。同时，也反映了国家对钢铁产业去产能工作标准的改变，即去产能不包括产业政策界定的落后装备。所以，2016 年河北省再次核定钢铁产能状况时，就

不再包括落后装备对应的产能了，而在 2013 年之前，国家提出压减钢铁过剩产能是不区分装备情况的。此外，第二次核查不再包括经工信部核准的独立铸造企业的炼铁装备。

3. 生产设备明显大型化

按照 2013 年的调查结果统计，炼铁总装备 178 座，平均单台装备对应的生产能力为 80 万吨；炼钢总总装备 192 座，平均单台装备所对应的生产能力为 80 万吨。按照 2016 年的调查结果统计，炼铁总装备 159 座，平均单台装备对应的生产能力为 89 万吨；炼钢总总装备 165 座，平均单台装备所对应的生产能力为 92 万吨。通过两次结果对比可知，平均单台炼铁设备所对应的生产能力提高了 9 万吨，平均单台炼钢设备所对应的生产能力提高了 12 万吨，设备大型化的原因，是将落后装备剔除后平均水平提升的原因。

（三）明确目标，制定下一步去产能规划

按照国家和河北省化解钢铁产业过剩产能的安排，唐山市在 2017 年年初重新修订了《唐山市钢铁产业转型升级实施方案》。该方案在确保完成国家、省下达的钢铁产业去产能任务的前提下，结合京津冀大气污染防治对钢铁产业的有关要求，对 2021 年以前未来五年全市钢铁产业的转型升级、结构调整和化解产能等相关工作进行了具体安排。如果该方案在未来五年能够全面得到落实，唐山市的钢铁产业将发生以下四个方面变化。

1. 企业数量明显减少

按照方案安排，2021 年前，唐山市现有钢铁企业要全面完成整合重组，实现"225"的企业组织架构，即组建首钢、唐钢两大企业集团，迁安、丰南两个区域性企业集团，5 个以特色产品为"龙头"的地方企业集团。完成组建后的 9 个企业集团将涵盖全市 90% 以上的钢铁产能，独立法人企业将要直接减少 15 家以上，产业集中度将明显提高。① 按照规划进度安排，到 2020 年年底，钢铁企业由 40 家整合

---

① 唐山市人民政府：《唐山市钢铁产业转型升级实施方案》（唐政字［2016］64 号），2016 年 8 月 5 日。

至 30 家以内。

2. 现有产能大大压减

按照规划安排，到 2021 年，唐山市将基本消除国家产业政策限制类装备，即 1200 立方米以下的炼铁高炉和 100 吨以下的炼钢转炉，这是唐山市自我加压，为加快去产能进度而主动提高的产业门槛。方案明确对属于限制类装备的产能，允许在减量置换的前提下进行设备的升级改造，即按 1∶1.25 的原则，每新建一个产能单位的新设备，要淘汰取缔 1.25 个产能单位的限制类装备，这就意味着每项改造都要压减 1/4 的现有产能。2016 年年底，唐山市存量限制类装备共有炼铁产能 8579 万吨，炼钢产能 6712 万吨，对这些装备全部实施升级改造可压减炼铁产能 2144.75 万吨，压减炼钢产能 1678 万吨。此外，按照生态建设和环境保护的要求，方案明确将有 7 家钢铁企业要从城市建成区和生态保护区迁出，按迁出新建企业 1∶1.25 产能减量置换原则，也可实现现有产能的直接压减。2019 年 2 月 2 日，河北省工业和信息化产业厅连续公示了唐山市四个钢铁企业产能置换批复文件，涉及唐山燕山钢铁有限公司、唐山市丰南区经安钢铁有限公司、唐山东海钢铁集团有限公司、迁安市九江线材有限责任公司 4 家企业。按照公示的方案，这 4 家企业将要拆除 14 座炼铁高炉、5 座炼钢转炉。这些拆除装备的产能将于新建装备的产能全部按照 1.25∶1 的比例实施产能置换。这是以减量置换为基本准则的改造提升方案正式实施的具体案例。按照规划安排，到 2020 年年底，唐山市钢铁总产能要控制在 1 亿吨以内。

3. 装备水平明显提升

按照国家产业政策的界定，限制类装备不属于强制淘汰类装备，但唐山市地处京津冀核心区域，不仅承担着化解钢铁过剩产能的任务，同时也承担着治理大气污染、减少重化产业污染物排放的任务。为此，唐山市自行提高标准，把限制类装备作为产能压减的对象，此举既可以使产业装备水平明显提升，加快产业转型升级步伐，也可以直接实现产能压减，完成国家和省下达的去产能任务，落实京津冀大气污染防治、控制钢铁产能的要求。

4. 产业布局明显优化

按照河北省和唐山市钢铁产业结构调整规划的安排，在统筹考虑河北省钢铁产业优化升级的前提下，唐山市将对区域内存量钢铁企业进行大幅度的区域布局调整和企业组织结构调整。其基本原则：一是城区规划范围内的钢铁企业原则上要全部迁出；二是规模较小的钢铁企业要结合搬迁实施整合，提高产业集中度；三是钢铁企业要向沿海、原料产区、产业园区聚集。按照这些原则要求，唐山市将有一批钢铁企业在2—3年内完成搬迁重整。目前，有国丰钢铁等一批企业已经开始起步实施。这一举措的实施必将是产业布局明显优化，企业装备水平实现提升，产品档次明显提高，生态环境改善效果明显。

二 去产能的具体运作方式

化解钢铁过剩产能是要通过一定的具体操作方式来实现的。自2013年国家开始部署实施压减钢铁产能以来，截至2017年年底，唐山市累计化解炼钢产能4469万吨、炼铁产能2553万吨，分别占河北省压减产能总量的63.9%和39.6%，钢铁企业户数由58家减少到40家。下一步按照《河北省化解钢铁产能工作方案》，唐山市要继续推进钢铁产能总量压减和产业结构优化升级，其中，2018年要确保压减退出钢铁产能500万吨。应该说唐山钢铁产业去产能收到了明显的阶段性成果，唐山市所采取的具体工作方式是成功和有效的。但就是这些具体的工作方式，一方面使去产能任务得以完成，另一方面也对现行的体制和政策，特别是财政政策进行了检验。因此，总结分析这些具体的工作方式，用以检验现行体制和政策特别是财政政策对去产能工作的适用性具有重要的现实意义。唐山市钢铁产业去产能的主要方式包括以下六种。

（一）按行政区划分解任务

国家对钢铁产业去产能采取的是按行政区划对各省份按年度下达任务，各省、市、自治区也是对所属各市按年度下达任务。对此，唐山市采取了同样的方法，对所属各县区分年度下达任务。由于省对市是按年度下达任务，所以，市对县区也是按年度下达任务。对各县区下达任务的主要依据是：首先计算出省对市下达的去产能任务的数量占全市存量钢铁产能的比例，然后再根据各县区钢铁产能存量同比例下达各县区的年度去产能任务。各县区按此任务数量确定本县区的具体承担去产能任务的企业或装备。

（二）依法关闭落后装备

在这次去产能起步阶段，由于国家将产业政策界定的落后装备也统计在了存量产能之内，因此，各县区在确定去产能对象时，首先选择按产业政策界定的落后装备。选择这些装备作为去产能的对象有法律依据、有公认的标准，因此，操作起来社会震动小，操作难度较低。但是，进入2015年以后，国家又明确要求产业政策界定的落后装备属于依法关停取缔范畴，不属于压减过剩产能范畴。况且落后装备在2013年一年内就已经被全部取缔，此后这类去产能工作对象就不存在了。

（三）优先处置"僵尸企业"

由于企业经营管理和市场变化等多种原因，唐山市钢铁企业中时常会有一些企业处于"僵尸"状态。这些"僵尸企业"装备并不一定落后，但由于主客观原因的综合作用，生产经营活动陷入停滞。现实中"僵尸企业"并不是固定不变的，有些正常经营的企业可能转入"僵尸"状态，也有些"僵尸企业"起死回生，恢复生产经营活动。处置"僵尸企业"，实现市场出清是现实的去产能操作方式。唐山市以处置"僵尸企业"方式实现去产能就是彻底拆除"僵尸企业"的生产设施，使其不再具备恢复生产条件。

（四）综合评价末位淘汰

随着去产能工作的深入，落后装备和"僵尸企业"都已经被关停，继续压减产能只能以符合国家产业政策标准且正常使用的生产装备为压减对象。自2015年年底开始，钢铁产品市场行情明显趋好，一般钢铁企业均能实现高额盈利，在这种情况下，关停正常运转的生产设备难度很大。为此，唐山市在装备水平、环保治理、安全生产、产品质量、财政贡献和职工就业六个方面设定标准，对辖区内企业进行综合评价。以综合评价为依据，实施末位淘汰，确定产能压减对象。由于综合评价只能以县区为范围，不能反映不同县区之间的差别状况,因此,这种方法在县区内体现了相对公平,但在县区之间则不能做到更大范围的末位淘汰和公平确定产能压减对象。

(五)产能交易置换压减

按照前面叙述的操作方式,各县区承担的产能压减任务,不可能与具体装备的实际产能完全吻合(如某县区承担压减炼铁产能60万吨任务,但没有某台设备的产能恰好为60万吨,或大于压减任务产能,或小于压减任务产能)。若关停的设备产能大于承担的压减产能任务,则会出现超额压减状况,若关停的设备小于承担的压减产能任务,则不能完成所承担的产能压减任务。为此,在实际操作中出现了产能交易,即超压减任务的县区或企业可以将超额压减的产能转让给关停设备不足以完成压减任务的县区或企业。产能交易一出现便为钢铁企业所接受,在此后进行的企业改造升级中有多家企业参与实施了产能交易。

(六)减量置换压减产能

按照唐山市钢铁产业转型升级的实施方案,在2021年前,要将压减钢铁产能与促进钢铁产业结构优化和转型升级同步推进。在这一过程中,一些位于城市建成区和生态保护区的企业要搬迁到沿海地区和原料产地,一些属于国家产业政策界定的限制类装备要实施改造升级,为此,要实施一些新的钢铁产业项目建设。按照国家和河北省的统一规定,凡新建钢铁产业项目,必须按1∶1.25的比例与存量产能实施减量置换。① 因此,企业搬迁和改造升级的过程同时也就成了产能压减的过程,即每一个钢铁产业新项目的建设都会使现有存量产能压减1/4。目前,一些承担搬迁改造和装备升级任务的企业已开始按此原则起步实施。

以上六种方式是唐山市自2013年以来至2021年以前已经采取和即将采取的压减钢铁产能的具体方式。这些方式虽然收到了实际效果,使唐山市每年都按时、按量地完成了国家和省下达的钢铁产能压

---

① 工业和信息化部:《钢铁行业产能置换实施办法》(工信部原〔2017〕337号),2017年12月31日。

减任务，并通过了国家和省的审查验收，取得了去产能的阶段性成果。但仔细分析也可以看出，这些方式的选择和确定都是基于现行体制和现行政策允许条件，其中有些方式如按比例向各县区分解任务，很明显是仅能如此的选择。这种状况显示了地方政府可用手段的贫乏、可用政策的不足。去产能的工作实践已经提出了体制政策创新，特别是完善财政政策的需求。

第三节　唐山市去产能实践对完善财政政策的启示

回顾唐山市几年来钢铁产业去产能的实践历程可以看出，从效果来讲，唐山市钢铁产业去产能是成功的，这种成功不仅表现在按时、按量圆满地完成了国家和省下达的压减钢铁产能任务，而且从总体上保持了社会稳定。尤其重要的是唐山市已经基本走过了去产能的阵痛阶段，全市经济从2017年开始，转入正常发展轨道，主要经济指标明显趋好。但客观地分析也可以发现，唐山市在钢铁产业去产能的实际操作中，所采取的方法是基于现行体制、现行政策、地方政府现有权限而选择和确定的。这些方法虽然有效，并且通过这些方法的运用保证了唐山市钢铁产业去产能任务的完成，但仍会发现还有不尽如人意的地方。

关于去产能的操作方式，李克强总理在2017年3月全国人民代表大会上的《政府工作报告》中明确要求："要严格执行环保、能耗、质量、安全等相关法律法规标准，更多运用市场化、法制化手段。"领会李克强总理的讲话精神，关键在于两个方面：一是去产能要坚持市场化原则；二是去产能要坚持法制化原则。但唐山市在过去去产能实践中所采取的操作方式还不能说尽如人意，究其原因，关键在于现行体制和政策还不能满足"更多运用市场化、法制化手段"推进去产能的工作需求。这种状况恰恰说明，推进体制政策创新，特别是推进财政政策的创新，是去产能实践的现实需要。分析唐山市钢铁产业去产能的实际运作状况可以看出,有关去产能的财政政策的创新与完善要关注以下五个方面。

一 去产能可用的经济手段较贫乏

按照去产能应以市场化运作为主的原则,政府可以运用经济杠杆,以经济利益引导企业压减过剩产能,退出过剩产能领域。这种运作最直接有效的方式就是用经济杠杆增大过剩产能的生产经营成本。这里所讲的经济杠杆主要是指向企业收取的税费。唐山市在钢铁产业去产能的操作中,一直努力运用经济杠杆来推动去产能的进程。按照地方政府现有权限,并经过向省政府申请,唐山市获得的可使用的经济杠杆手段包括以下两个方面。

(一)差别电价和惩罚性电价的收取与使用权

差别电价和惩罚性电价是2006年国家出台的有关产业调控的经济手段。主要内容是对某些产业的淘汰类和限制类装备在正常收取电费的基础上,加收差别电价;对某些产业能源消耗超过国家规定能源消耗标准的装备征收惩罚性电价。国家出台差别电价的初衷是促进节能降耗,对象是落后装备。唐山市充分利用这种可以从经济利益上直接对企业进行调控的经济手段,经过向省政府申请将差别电价和惩罚性电价的收取与使用权下放到唐山市,扩大实施范围,专项用于钢铁产业去产能。唐山市根据去产能的实际需要和省政府的授权,重新制定了差别电价与惩罚性电价收取对象的选择标准和收费标准。2014—2017年9月,唐山市对钢铁产业中去产能对象企业和装备累计征收差别电费6.21亿元,其中限制类装备征收电费1.7亿元,直接加大了去产能对象企业和装备的生产经营成本,用经济利益倒逼其加快退出市场进程。收取的差别电价和惩罚性电价,全部进入市本级财政专户,补充到产业结构调节资金中。

(二)加大排污费收取力度

钢铁产业属于重化产业,其行业性质具有高资源消耗、高污染物排放的特征。加之唐山地处京津冀核心区域,大气污染治理任务艰巨,所以,运用环保手段倒逼企业化解过剩产能是一种有效的操作方式。为此,唐山市在按照国家统一部署对全部钢铁企业提出环保治理标准后，加大了排污费的收取力度，加大了对违规排放的处罚力度，按照环保法相关规定，在全省率先实施了对违规排放企业的按日计罚。从2013年本轮去产能以来到2017年8月底，累计收取排污费13.9亿元。其间，年均排污费收缴增长幅度超过30%（不包括驻唐山市大型钢铁企业排污费由省收取部分）。

上述两种方式是唐山市在现有体制和权限内可应用的经济手段，这两种手段虽然可以发挥一定作用，但也有明显的局限性：一是实施对象受限。差别电价和惩罚性电价都只能对部分装备实施，污染处罚只能针对超标准排放企业实施，两项措施均不能完整地覆盖整个产能过剩产业。二是力度不够。两项措施虽然增大了企业经营成本，但远未使其伤筋动骨，在近十年中，多数年份钢铁产业的盈利完全可以消化因这两项处罚而增大的成本。基层去产能操作者的期盼是：如果按市场化原则，实施去产能，需要有多种经济手段可供使用，特别是通过经济手段的使用营造向过剩产能警示的宏观氛围。这类经济手段可以是国家层面的，也可以是地方层面的。特别是决定权在省和国家层面的一些税费的收取比率、收取方式创新，更是地方政府期盼的经济手段。

二 去产能安置职工费用不足

去产能的直接表现是一些企业或设备关闭停产，这必然会伴随着原有就业岗位消失，一批员工需要安置。目前，可采取的安置方式包括提供新的就业岗位使其重新就业；鼓励其自主创业、自主择业；依法给予经济补偿并领取失业救济金后自谋生路；对距法定退休年龄不足五年的职工实行企业内部退养，到法定年龄后转为正式退休。实施这些安置方式的共同前提是有必要的资金保证，由于去产能企业大多为经营困难的企业，有些已经是"僵尸企业"，自行筹集资金支付职工安置费难度很大，迫切需要财政给予资金补助。自2013年本轮去产能以来，涉及职工安置的资金支持，主要在以下两个方面制定了财政政策并落实到位。唐山市作为去产能的重点城市也实实在在地享受到了这两方面的政策。

（一）对去产能企业实施"援企稳岗"的政策

按照国家和省的统一政策安排，唐山市从 2014 年开始实施从失业保险金中支付转岗培训补助、岗位补助、社会保险补助和降低失业保险缴费基数的援企稳岗政策。2014—2015 年，对依法参加失业保险、已连续缴费一年以上且无欠缴、无裁员或少裁员（裁员 20 人以内且裁员人数占企业职工总人数的 10% 以内）的去产能企业，按照企业参加失业保险人数的 50% 给予 6 个月的社会保险补助，人均每年 2075 元，两年全市总计拨付补助资金 5.77 亿元；从 2016 年开始，进一步加大补助力度，补助标准由按企业参加失业保险人数的 50% 上调为 100% 给予补助，人均每年 4889 元，对市政府重点支持并报经省政府批准的特定去产能企业，按照企业参加失业保险人数的 100% 给予 12 个月的社会保险补贴，人均每年 9567 元，2016 年累计支付补助资金 7.72 亿元。2017 年援企稳岗政策继续实施，其补贴力度进一步加大。

援企稳岗政策是本轮去产能工作以来，国家为职工安置专门出台的财政政策，实际效果是积极有效的。但是，从唐山的实际运作过程来看，这一政策也在两个方面存在不足：一是补助资金来源是地方结存的失业保险金。唐山市作为老工业城市，社会保险工作起步早、体系完善，失业保险金有较大结存，落实此项政策有资金来源作保证。但对一些失业保险金结存较少，甚至失业保险金为赤字的城市，这一政策就无法落实。二是落实这一政策的前提是，享受援企稳岗政策的企业必须是正常缴纳失业保险金且无欠缴、不裁员或无大量裁员的企业。符合这一条件的企业，在现实中属于生产经营活动基本正常的企业，即使有个别设备因去产能被关停，整个企业的生产经营活动仍能正常维持。补助只是针对设备关停、就业岗位减少、不裁员或少裁员而实施的。对于更多地承担去产能任务企业来说，享受援企稳岗政策的前提条件是不存在的，它们要么已是"僵尸企业"，要么已处于经营亏损状态，负债累累，这样的企业基本上都处于失业保险金欠缴状况，员工事实上已被裁员。对这类企业来说，享受援企稳岗政策的前提条件已经丧失，而这类企业的职工同样需要安置，同样需要筹集和依法支付相关费用。

(二) 中央和省级财政的转移支付奖补资金

从2014年开始，国家和省级财政为推动去产能工作对去产能企业给予奖补资金补贴，奖补资金主要是针对去产能企业职工安置而拨付的专项补贴。这一政策从开始实施到现在4年的时间里，其数额、补助对象、补助标准和资金使用要求一直在调整，使该项政策的实施更加规范和更有针对性。2014年，中央奖补资金拨付唐山市的数额为20938万元，平均分配到2014年度完成产能化解、设备拆除到位、并列入国家和省公告的去产能企业。补助标准为每吨铁（钢）36.35元。2015年，中央财政拨付唐山市奖补资金46709万元，按照去产能任务每吨铁（钢）奖补约83.41元；2016年，中央奖补资金强调必须专项用于职工安置，职工安置方案经职代会讨论通过后方可享用中央财政奖补资金。当年，核定唐山市钢铁产业去产能需安置职工14521人，中央财政拨付唐山市58382万元，约合安置每名职工4.2万元。①

作为配套资金，省、市两级财政也对去产能企业实施了奖补。2014—2016年，河北省财政共向唐山市拨付奖补资金72550万元，市级财政2016年拨付奖补资金5995万元。以中央财政为主的三级财政为推动去产能工作，妥善安置分流职工，专门设立奖补资金，工作力度已经很大，其效果也很明显。但从唐山市钢铁产能去产能的实践来看，已有政策所到位的奖补资金对于现实中安置分流职工的资金需求来说还远远不够。具体表现在以下两个方面：

其一，可以享受财政补助安置分流的职工人数远远少于实际需要安置分流的职工人数。2011—2016年统计显示的唐山市黑色金属冶炼及压延产业（包含炼铁、炼钢工艺的钢铁产业）从业人数及粗钢产量数据如表8-2所示。

上述数据所显示的就业人数远低于唐山市钢铁产业当期实际就业人数。其主要原因：一是统计所显示的就业人数是国有企业的全部员工和非国有企业缴纳"五险一金"的员工数量。（唐山市的钢铁企业

---

① 唐山市财政局网站、唐山市发改委网站。

中有3家企业为国有企业，其余均为非国有企业）非国有企业一般只给管理人员和生产经营骨干缴纳五险一金，相当一批普通岗位和辅助工种大量使用农民工，这些农民工的就业人数在统计中没能全部反映出来。纳入统计范围的职工人数是享受中央奖补资金的依据。二是纳入统计范围的从业人员数量远不能支撑唐山市的钢铁产能。2016年，河北省报经国家批准核定的唐山市炼钢产能为15222万吨，炼铁产能14082万吨。如果按纳入统计范围的全市钢铁产业从业人员数量计算每万吨炼钢生产能力（包括炼铁工艺）容纳就业人数为6.28人，这个计算结果显然不真实。按照2016年唐山市钢铁产业抽样调查结果计算，在现有装备水平状况下，每万吨炼钢能力容纳就业人员约为17人。钢铁产能虽有一部分存在于"僵尸企业"，职工已部分安置分流，但仍有大量与产能相对应的职工需要分流安置，这类职工主要是农民工。

表8-2　　2011—2016年唐山市从业人数及粗钢产量数据

年份	2011	2012	2013	2014	2015	2016
职工人数	115349	148934	124182	118786	105313	95146
粗钢产量（万吨）	7906	8107	8299	8157	8270	8831
每万吨粗钢产量就业人数（人/万吨）	14.59	18.37	14.31	14.56	12.73	10.77

资料来源：唐山市统计局、2011—2016年《唐山统计年鉴》。

其二，分流职工的补助标准低于实际需要。对去产能职工的分流与安置可以有多种渠道，最理想的方式是在新的岗位实现重新就业。但现实中，大部分去产能企业的职工，特别是对非国有企业的职工采取的就是直接裁员的方式，按照相关法律规定，被裁员的职工应当享受两个方面的补偿：一是依法享受失业保险金，但这一政策只对在就职期间缴纳失业保险金的职工有效；二是依据职工在企业的工作年限，按每工作一年给予一个月工资的标准支付经济补偿。按照法律要求，这一规定并不仅限于签订劳动合同的职工，只要存在事实劳动关系，裁员时就应当支付此项补偿。统计显示，自本轮去产能以来的

2013—2015年唐山市钢铁产业的年人均工资分别为5.09万元、5.61万元和5.94万元，按每个员工在企业就业时间十年计算，每个员工解除劳动关系需要支付的经济补偿金就应该在5万元以上，显然，各级财政的专项奖补资金远远低于这个计算结果的。

由于上述两个原因的存在，在现实操作中，地方政府只能是把中央和省奖补资金用好用足，市县两级财政尽最大努力安排配套补充资金，再有不足，地方政府就力不从心了，这也形成了很大的社会稳定隐患。

三 去产能债务处置的相关财政政策尚未落实到基层

妥善处置债务问题是做好去产能工作的重要环节。在本轮去产能工作中，国家有关部委已多次下发文件，提出要求，要妥善处置在去产能过程中涉及的相关债务。但从基层实际工作的角度观察，地方政府和企业尚未感受到有关债务处置的财政政策在基层得到落实。

（一）去产能企业债务成分复杂和形式多样

唐山市承担去产能任务的钢铁企业基本上是非国有企业，这些企业的债务成分复杂、形式多样，大致可分为以下类别：

按债权债务关系的合法性划分，可分为受法律保护的合规债权债务关系和不受法律保护的违规债权债务关系。前者包括与银行的借贷关系、经营活动中购销往来的债务关系等；后者包括违规社会集资、违规租用土地形成的债务等。

按债务的法定清偿顺序划分，可分为优先清偿的债务和按一般顺序清偿的债务。前者如拖欠职工工资和五险一金等；后者包括其他合法合规的相关债务。

按债务涉及范围划分，可分为企业整体关闭涉及的全部债务和企业部分装备关停涉及的局部债务。前者因企业整体关闭而彻底停止了生产经营活动，其偿债来源仅有处置闲置资产的收益；后者表现为企业继续存在，只是因部分设备被关停，生产规模缩小，偿债能力降低。

（二）去产能中债务处置的难度大

钢铁产业复杂的债务状况使债务处置成为去产能操作中各方面都

感到棘手的一大难题。以银行为主的金融机构债权人由于目前因去产能形成的债权损失如何处置的政策尚不清晰，不愿主动实施去产能企业的债务处置；地方政府对去产能企业的债务处置感到无从下手，他们更多地关心企业与当地百姓之间那些不规范的债务如何处置，担心由此引发社会不稳定；企业职工关注安置费能否足额发放，欠交的"五险一金"能否补齐；当地百姓明知集资不合法也要努力用各种方式讨回当初的投资。这些复杂的矛盾交织在一起，增大了去产能中债务处置的难度，滞缓了去产能的工作进程。具体表现在以下两个方面。

1. 去产能后的可用资产不能及时盘活

企业去产能后，其存量资产中有很多是有效资产，如果将这些资产盘活，作为企业转型发展进入到其他领域的物质要素，将是一举多得的选择。但是，由于这些资产都对应相当复杂的债务，要么被债权人质押，要么被法院查封，在债务问题没有厘清之前，资产无法处置。利用这些资产实现转型发展也无法实施。所以，现实中一些去产能企业特别是"僵尸企业"完成去产能任务后，其资产只能以封存状态存在。适应这种现实情况，国家相关部委在验收去产能结果时，也将完成去产能任务的判定标准由拆除设备改为封存设备。

2. 部分债权有被悬空的风险

对在去产能中部分装备被关停而企业继续存在的债务人来说，随着去产能的实施，与债权人的债权债务关系事实上已经发生了变化。在去产能前，企业所承担的债务是与企业全部资产相对应的，但去产能后资产数量减少，债务数量不变，资产与债务的比例关系则发生变化。由于资产规模减少，生产经营规模也随之缩小，在其他条件不变的情况下，企业资产负债率提高，偿债能力相对减少，债务风险随之增大。对企业下一步的生产经营活动会产生一定影响。

地方政府和去产能企业之所以会面临上述困惑，其中最重要的原因是有关债务处置的具体政策特别是财政政策尚不明朗，使债权人和债务人在债务处置的实际操作中，均感到方向不明、政策不清。对主要债权人银行来说，对因去产能而形成的不良债权的处置，目前还没有与一般不良债权处置相区别的政策。有关财政政策也没有对如何核销因去产能而形成的债权损失做出专门规定。对地方政府来说，处置存量资产必须征得债权人同意。现实中，盘活存量资产特别是处置"僵尸企业"的资产，最可行的方式就是依法实施破产还债。从唐山的现实看，还没有去产能企业最大债权人，即银行向法院提出依法破产申请的案例。对去产能企业特别是部分装备被关停的企业来说，企业资产总量减少，生产规模缩小，而债务总额不变的状况，使企业债务压力明显增大。

四 促进转型发展需要加大财政支持力度

钢铁产业去产能，实质是要完成两项任务：一是要把过剩产能压下来，使产能总量减少，实现生产能力与市场有效需求能力的动态平衡；二是促进存续产能优化结构、转型升级、提高产业的综合实力和可持续发展能力。这两项任务中，前者在一定意义上讲是一项阶段性任务，而后者是一项持续的长期性任务。结构优化和产业升级是任何产业的永恒命题，钢铁产业同样不能例外。因此，在去产能中，不能只重视完成第一项任务，而不重视第二项任务。

钢铁产业是典型的成熟产业，成熟产业最大的特征是产品创新难，工艺提升任务重。我国是钢铁大国但不是钢铁强国，钢铁产业存在过剩产能的同时，还存在结构性失衡。一些国内经济建设和社会发展需要的钢材品种还要依赖进口。就唐山市钢铁产业来说，既有首钢、唐钢这些在国内领先、拥有国际一流装备的大型企业，也有以中端产品为主、满足国内现实需求的民营企业。这些企业在完成去产能任务的同时，迫切需要加快转型升级步伐。但在现实中，钢铁产业被视为传统产业，一些鼓励技术创新和产业升级的财政政策只适用于高新技术产业，在钢铁产业还不能实施。目前，钢铁产业在环境保护、降低资源消耗、提高产品性能、改善工艺环节等方面有很大的创新空间，如果给予财政政策支持，将会收到良好的效果。

五 需要探索建立去产能的长效机制

在去产能的实践中，在对已经形成的过剩产能要按国家的统一规划、政策安排实现压减的同时，还要探索如何通过机制创新和规划、政策的引导，有效地防止过剩产能的发生，遏制已经出现的过剩产能继续蔓延。

　　唐山市的钢铁产能与全国一样，也是在近十几年中实现增长的。在这一时期，国家一直在提示钢铁产业产能过剩，但市场需求一直在持续增长，钢铁企业一直在持续盈利。直到2013年以后，钢铁产能过剩才以产业亏损的形式表现出来。但进入2015年第四季度以后，唐山市钢铁产业与全国钢铁产业一样又进入盈利区间。如何让企业也现实地感受到产能过剩、如何实现产业政策与财政政策的有机结合、如何实现对产能过剩的预警和及时引导，是现实中人们在思考和迫切需要解决的问题。

第九章　完善去产能财政政策的建议

去产能的实践性特征决定了有关去产能财政政策的研究必须要遵循务实性与可操作性原则，必须要直面去产能的实际操作方式和具体过程，对地方政府和基层企业的愿望与呼声做出回应。本章以钢铁产业为例，提出我国现阶段完善去产能财政政策的建议。

第一节　完善财税体制，建立遏制产能过剩发生的长效机制

分析我国产能过剩产生的原因，人们的共识是由于分级财政体制的利益诱惑，地方政府天然具有的投资冲动是导致产能过剩发生的重要原因。因此，遏制产能过剩的发生和蔓延，遏制地方政府的投资冲动，就要进一步改革完善财政体制，割断过剩产能项目对地方政府的利益诱惑，使地方政府不再具有实施产能过剩项目的积极性。从我国的现实情况分析，应从以下三个方面进行改革完善。

一　改革完善地方财政收入体系

目前，我国地方财政收入是从属于中央财政收入的，地方财政收入的主要部分是在税收与中央财政分享后，再加上中央财政的转移支付形成的。一般情况下，地方政府的专享收入（如土地出让金）不能构成地方财政收入的主体。这种格局使地方财政收入具有明显的被动性。要理顺中央财政与地方财政间的收入关系，结合税制改革，可尝试探索构建和完善中央税与地方税新的划分格局，使地方政府能够建立起规范化、法律化的税收机制和非税收入机制，使地方财政收入能

够满足地方政府所承担事权的财力需要。当前，在地方财政收入格局中出现的两个新情况应引起关注：一是实施"营改增"后，企业负担减轻，地方财政收入减少；二是国家对房地产市场加大调控力度以后，土地价格下降，地方政府靠出售土地聚集财力的空间变小。这两个新变化进一步增大了地方政府实现可用财力增长的难度。之前，地方政府之所以热衷于争投资、上项目导致过剩产能发生，重要诱因就是要努力实现地方财政收入增长。现在要割断实施产能过剩项目与地方财政的利益联系，就必须要综合考虑影响地方财政收入的相关因素和情况变化，以创新的思路，改革和完善地方财政收入体系。

  关于完善地方财政收入体系，目前现实可行的方式包括扩大消费税征收范围。党的十八届三中全会通过的《关于全面深化经济体制改革的决定》提出，把高耗能、高污染产品及部分高档消费品纳入消费税征收范围。中央的这一决定对于去产能和完善地方财政收入体系都具有重要的指导意义。对于去产能来说，高能耗、高污染产业包括钢铁、水泥等过剩产业，将这些产业纳入消费税的征收范围，使其在缴纳增值税的基础上，再行缴纳消费税，必然增大其经营成本，压缩其生存空间，促使其尽快退出市场，实现过剩产能的化解。目前，应加快将钢铁、水泥等高能耗、高污染过剩产业纳入消费税征收范围的实施进程。

  对完善地方财政收入体系来说，要研究选择将部分产业和产品的消费税由中央税种调整为地方税种，使之成为地方财政收入的税收来源。按产业、产品将消费税划分为中央税收和地方税收，应主要考虑凡是涉及宏观经济总体格局、国家整体利益和产业发展方向的消费税定为中央税收；凡是涉及消费者直接消费的，与绿色发展、生态建设直接相关的消费税定为地方税收，这样划分的目的是鼓励地方政府努力在本地区建设宜居、生态和吸引消费者的空间环境，扩大消费税的征收来源，增加地方财政收入。

二　完善财权和事权相匹配的制度构架

  财权与事权相匹配是财政体制的基本原则。目前我国的情况是，财权自 1994 年分税制改革以来变化不大，但地方政府的事权却明显增多，诸如经济发展、社会发展、民生改善和维护稳定等事宜，地方政府都是责任的承担者，在这些领域履行职责都是需要财力作保证的。当前，中央财政和地方财政的分税结构使财权与事权不匹配，事权下移而财权上移。目前地方政府普遍的感觉是，上级下派给地方政府的责任与地方政府可用财力支撑的能力不相匹配，使地方政府在财力支撑上常感到力不从心，致使地方政府在选择产业时往往选择能够为当地创造更多 GDP 和税收的产业。为此，要铲除产能过剩形成和蔓延的根源，需要改革财税体制，探索新的地方政府财权与事权相统一的机制，合理界定地方政府的事权范围，使地方政府所承担的责任与所要履行的职责有相应的财政收入来源做支撑，这样，可以大大弱化地方政府为增加财政收入而争投资、上项目的非理性冲动。党的十九大报告提出，要加快建立现代财政制度，积极推进建立权责清晰、财力协调、区域均衡的中央和地方的财政关系，努力实现地方政府的责权利统一。①

三 完善对地方政府政绩考核的评价体系

近年来，人们对以往的政绩考评体系诟病最多的是以指标论政绩，这种考评体系也被很多人认为是过剩产能形成的重要诱因。按照党的十九大要求，全面深化供给侧结构性改革，落实党的十九大再次强调的"创新、协调、绿色、开放、共享"的发展理念，旧的政绩考核评价体系必须改革。"为官一任、造福一方"不仅是看经济指标增长了多少，更重要的是看地区的综合实力是否提升、创新能力是否增强、可持续发展能力是否牢固、人民生活质量是否提高、生态环境状况是否改善，等等。如果一个地区产能过剩问题突出，去产能进展缓慢，转型升级和结构优化进展不快，环境质量状况不能改善，即使一些经济指标呈高增长状态，也不能给其政绩以好的评价。

---

① 肖捷：《加快建立现代财政制度》，《人民日报》2017 年 12 月 20 日第 7 版。

第二节　组合运用财政杠杆，建立提高资源使用成本的倒逼机制

过剩产能作为现实的生产能力，其生产经营活动必然要占用一定的资源要素。提高过剩产能资源要素的使用成本可以有效地促使既有过剩产能尽快退出市场。

对于钢铁产业来说，直接占用或使用的且可以计量数量、计算价值、收取费用的资源要素有土地、水和生产经营用电。按照现行规定，占用土地要缴纳土地使用税，消耗水资源要缴纳水资源使用税，企业生产经营用电要消耗电能，按规定要缴纳电费（按国家现行规定，对一些企业要征收差别电价和惩罚性电价，差别电价和惩罚性电价要全部形成地方财政收入，因此也属于财政政策工具的范畴）。同时，由于钢铁企业的生产过程必然要产生污染物排放，既要占用环境空间，还要消耗环境容量资源。因此，可以从以下四个方面对企业采取调控措施，建立倒逼机制，其效果会非常明显。

一　严格依法征收土地使用税

按我国现行规定，企业生产经营活动占用的土地要依法缴纳土地使用税。土地使用税作为国家法定税种，对被征收者具有非常明确的强制性。《中华人民共和国城镇土地使用税暂行条例》规定，在我国城镇区划范围内，土地使用税每平方米的年应纳税额按城市规模的不同和所在区位的不同为0.6—30元，并且地方政府有应税额30%的调整权力。显然，按照上述规定，地方政府对每个企业土地使用税的实际纳税额有很大的调控权力与调控空间，对鼓励的产业地方政府有权降低土地使用税的税额，对限制的产业地方政府同样有权提高土地使用税的税额，这就为地方政府充分利用财政政策工具、加快去产能的进程提供了创新空间。

现实问题是，地方政府对辖区内的企业大多不能做到土地使用税的足额征缴，甚至有些地方政府把土地使用成本的降低作为吸引投

资、上项目和建企业的优惠条件，这不仅是对税法规定的违背，而且也是对正常市场秩序的干扰，更是对产能过剩形成与存在的一种纵容。为此，在去产能过程中，必须要严肃土地使用税的征缴。对于土地使用税，凡应征不征的，要给予责任主体必要的处罚，如由上级财政代征并划归上级财政收入。对属于产能过剩行业的企业，其占用的土地不仅要足额征缴，而且在其未完成去产能任务之前，完全可以提高对此类企业土地使用税率的税额，直至其完成分担的去产能任务。由于土地使用税税额调整的灵活性和地方政府可直接操作的便捷性，土地使用税应该更大范围地用于去产能的全过程。

二 严格依法征收水资源使用税

水是每个从事生产经营单位都必须要消耗的资源，随着我国水资源短缺状况的加剧，缺水地区范围的扩大，水资源的节约利用越来越受到人们的重视。我国从20世纪80年代开始对工矿企业的自备水源征收水资源费，2006年，国务院公布了《取水许可和水资源费征收管理条例》（国务院令第460号），并于2006年4月15日起在全国实行。《取水许可和水资源费征收管理条例》明确规定，凡城市中从地下取水的和其他从江河、湖泊取水的工矿单位都要缴纳水资源费，水资源费的全部收入要纳入财政收入。按此规定，水资源费的收缴属于财政政策工具。

2016年，我国开始实施了新一轮资源税改革，改革的一大亮点是将水资源费改为水资源税，为依法调控用水提供了法律依据。此次水资源费改税试点先在缺水严重且钢铁产业集中度最高的河北省实施，河北省为此也专门下发了《关于印发河北省水资源税改革试点工作指导意见的通知》（冀政办字［2016］89号），自2016年7月起，将此项改革在全省推开。历经一年多的时间，试点范围被扩大，2017年11月28日，财政部公布《扩大水资源税改革实施办法》（财税［2017］80号），将北京、天津、山西等9个省、市、自治区纳入水资源税改革试点，并且自2017年12月1日起实施。

分析现阶段我国钢铁产业的用水状况，运用水资源税这一财政政策工具，以水资源的使用状况推进产能过剩的化解进程，应从以下四个方面入手：①准确核实企业用水状况。目前我国大多数企业的用水状况是不清晰的，除用水企业由城市供水单位供水而有计量外，相当一批企业以自备水井为主，用水计量基本处于无法考量的状况。对企业用水依法征税，对过剩产能以用水状况促其加快化解进程，前提条件是必须摸清企业的真实用水状况，包括自备水源取水是否合法、自备水源用水是否准确计量、生产用水是否循环利用、生产废水是否达标治理，等等，只有摸清这些具体情况，才可能有针对性地对企业采取相应措施。②严控企业自备水源取水。企业自备水源取水，既容易造成水资源的浪费，也容易使对企业用水状况的监管出现空白。对于河北省这样缺水严重、钢铁产业集中的地区和其他坐落在城市建成区的钢铁企业，必须严控自备水源取水。河北省已规定，凡坐落于城市建成区的钢铁企业，一律取消自备水井。③明确限定钢铁企业的用水来源。在严控企业自备水源、各类用水准确计量的前提下，要对钢铁企业的用水来源作出明确的限定，如凡与城市中水管网可以连通的企业，其生产用水必须使用城市中水。④严格按照国家产业政策和清洁生产标准限定企业生产用水定额。

做好上述四项工作以后，该依法征收水资源税费的要严格依法征收，对违规获得用水来源的要依法处罚，超过水消耗定额的要征收超额罚款。对钢铁这种产能处于过剩状态的产业，地方政府要用好法律赋予的权力，以高税率促其加快化解过剩产能、实现转型升级的进程。

还应注意的是，水资源税是地方收取、中央与地方分成、地方得大头的财政收入，中央与地方的分成比例是1:9。同时，按现行规定，在具体的收取额度上，国家只对不同区域内平均征收额度作了规定，地方有较大的操作空间，这就为地方政府更灵活地将水资源税作为财政政策工具推进去产能提供了条件。近年来，有些地区为加快去产能进程，以地方行政法规的形式对违规超限额用水企业做出了征收差别水价和惩罚性水价的相关规定，这也是以水资源消耗作为手段引导、促进去产能工作的一种有益尝试。

三 严格落实调控电价

由于每个企业的生产经营活动都需要消耗电能，所以，从用电入手调控企业经营成本，可以作为促进过剩产能化解的有效的财政政策。目前，现有电价政策规定，地方政府可依据相关标准向企业征收差别电价、惩罚性电价和阶梯电价，虽然国家制定这三种电价政策的初衷均不是用于去产能，但在现有政策基础上拓展功能使之用于去产能是完全可行的。

（一）差别电价

差别电价是指按照国家和地方相关政策规定，对限制类、淘汰类装置及单位能耗超标的装置依据加价标准向用户征收高于普通电价的电费。这一表述明确了差别电价的征收对象有三类：第一类是限制类装备；第二类是淘汰类装备；第三类是单位能耗超标的装置。这三类对象中由于第二类淘汰类装备属于依法应强制关闭的，自然不应发生用电消耗。差别电价的征收对象主要是第一类和第三类，这也正是差别电价政策可选择的创新点。我国 2011 年版的产业政策对钢铁产业做出了明确规定，包括 400—1000 立方米的炼铁高炉、40—100 吨的炼钢转炉等（河北省将炼铁高炉限制类标准提高到 450—1200 立方米，以加快去产能进程）。这些装备虽没有被强制淘汰，但属于相对落后状态，其所对应的产能也属于相对落后产能，应该成为去产能的首选目标，因此，对其征收差别电价就是倒逼其尽快退出市场。对第三类对象，无论装备水平如何，只要能耗超过限额，就是资源浪费，就会加重污染物排放，导致环境污染。通过征收差别电价，以促其尽快整改，如逾期不能整改到位，则可依法责令其停产治理，直至彻底取缔。

（二）惩罚性电价

惩罚性电价是对超能耗限额而加收的电价，实施对象为能耗不达标的生产企业。惩罚性电价是在差别电价的基础上继续加收的电价，以此加大对相关企业和生产装置的处罚力度，进一步加大企业的生产经营成本，进一步压缩过剩产能的生存空间，这对于化解过剩产能来说是非常有力度、有效果的财政政策工具。

（三）阶梯电价

阶梯电价是指按用户消费的电量分段定价，用电价格随用电量增加，呈阶梯状递增的一种电价定价机制。在现实中也就是用电量越大、电价越高。

以上三种电价的征收目的是对装备相对落后、能耗量相对较大的企业和装置实施收费处罚，以促其迅速改正，这种机制正是化解过剩产能所需要的。按照现行规定，这些电价调控方式全部由地方政府操作，地方政府去产能的决心和力度直接决定着这一工具的应用程度和应用范围。现阶段的问题是一些地方政府从国家出台上述三种电价政策至今就从未在本地实施过，更谈不到将其作为政策工具用于去产能。为此，国家应该对这一政策的运用做出更明确、更强制性的规定，责成地方政府对辖区内符合条件的企业必须使用这一电价调控政策，促其过剩产能加快退出市场。如若工作不到位，可由上一级政府直接向企业收取差别电价、惩罚性电价和阶梯电价并直接纳入上一级财政收入。

四 严格依法征收环境保护税

2016年12月25日，全国人民代表大会常务委员会通过了《中华人民共和国环境保护税法》，并于2018年1月1日起施行。《中华人民共和国环境保护税法》的出台和实施为运用税收调控环境保护与生态建设提供了法律依据，也使以环保倒逼机制推进过剩产能化解更具有权威性。

目前，按照相关法律法规和政策的规定，我国对企业环保治理与污染物排放的管控主要从以下四个方面实施：一是分行业分地区提出环保治理要求和污染物排放标准；二是在企业达标排放的前提下，对企业标准内排放的污染物收缴环境保护税（2018年1月1日前征收排污费，下同）；三是对企业环保设施配备、环保治理工作不符合国家相关规定要求的或污染物超标排放的依法实施经济处罚，包括加收环境保护税，严重的可以实施按日计罚；四是对违反相关法律法规严重者可以依法追究法律责任，可以责令企业停产整顿直至关闭取缔。上述四个方面中，第二和第三两个方面就是财政政策工具中的税收与罚没收入，这两种收入的实施主体是各级政府，控制权在各级政府手中，因此，政府有责任将这一政策工具用好，以强化环境治理为切入点，倒逼过剩产能退出市场。

以强化环境治理、减少污染排放的方式推进去产能的进程，应该把相对落后的装备作为优先选择的对象。对钢铁产业来说，有些属于国家产业政策规定的限制类装备，由于先天的性能限制，资源消耗高、污染物排放量大，相对于大型先进设备对环境污染的作用明显。因此，严控这类装备的污染物排放，既可以收到明显的环境治理效果，也可以加快去产能的进程。对这类装备管控的方式，首先要责令其按法定要求完善环保设施配置，真正实现达标排放。如若环保设施不能齐备，污染排放不能达标，可对其实施顶格处罚，包括加收环境保护税。由于这类装备先天性能限制，完善环保设施配置和实现达标排放的难度远远大于大型先进装备，如若达到标准，其环保治理成本将大幅提高，这也恰恰是用环保治理倒逼相对落后装备产能尽快退出市场的有效抓手。如果这一措施奏效，则不仅加快去产能进程，而且由于淘汰的是相对落后装备，实现了"良币驱逐劣币"，钢铁产业的整体水平也将随之提高。

第三节 调整财税政策，促进产业转型升级

去产能不仅要压减产能总量，化解总量性过剩，更要推进结构优化与产业升级，进而化解结构性过剩。对此，财政政策可以发挥非常重要的作用。

一 支持企业技术进步

(一) 支持企业采用先进技术装备

在去产能过程中，由于兼并重组、搬迁转移、产能减量置换等需要进行频繁的装备改造与新建，因此，这些改造与新建的结果应该是实现技术进步、产业升级，而不能是现有技术装备的克隆和翻版。为此，现行的对企业固定资产更新实施税负抵扣的政策应该调整为分类

别、分档次进行抵扣。即按照一定的技术标准对企业可能购置的装备分为先进鼓励类、一般类和限制类三类，税负抵扣只对先进鼓励类实行。这样的政策调整有利于促进行业装备水平的提升，加快落后装备的淘汰和落后产能的化解，特别是可以控制低水平装备的扩张和复制。比如，现行的产业政策标准将炼铁工艺 1000 立方米以上的高炉均列为允许存在的装备，但是，同时国家产业政策鼓励沿海地区新建炼铁高炉应该在 3000 立方米以上，因此，在沿海地区新建装备的税负抵扣政策应该调整为只对新建 3000 立方米以上的炼铁高炉才准予抵扣，而不是现行的只要是新建 1000 立方米以上的炼铁高炉都可以抵扣。同样的道理，对新建炼钢转炉、烧结机、轧机等装备的税负抵扣标准也应做必要的调整。

（二）支持企业工艺创新

钢铁产业作为成熟产业，其重要的特征就是技术创新的空间大多集中在工艺过程。由于大规模的技术引进，我国钢铁产业中的大型骨干企业装备水平目前并不落后，但某些生产工艺我国与国外先进水平相比还有很大差距，如异形钢材的轧制工艺、特殊钢材的成分控制工艺等；在资源的深度利用方面，我国还有空白，如冶炼烟尘中某些稀有金属的提取回收等。这些差距是无形的软实力差距，其技术含量非常高，对综合竞争实力的影响也非常大。如果在这些方面我国能够赶上世界先进水平，则我国钢铁产业的综合实力会整体提升，国际竞争力将会大大提高。因此，对在这些领域的技术创新，国家应该给予特别的鼓励与支持。与其他领域的技术创新不同，这些领域的技术创新是无形的，有些不能以产品作为载体，有些不能体现在装备的改善上。为此，国家应该分阶段明确不同时期具体的工艺创新的方向和范畴，对创新范畴内的项目比照高新技术产业创新项目，准予其享受相应的财税优惠政策。

二　实施出口产品分类调控

对钢铁产业来说，某个国家的产品能够出口一般有以下原因：一是产品具有独特性能，进口国自身无力生产。此类产品大多为高端产品。如我国目前仍需进口一些特殊品种钢材。二是产品性价比高，进口国可获得明显的比较效益。此类产品大多为中端产品。如我国目前出口的基建用钢材和普通板材。三是发达国家因该产品生产过程的高消耗和高污染而停止在本国生产，以进口方式满足国内需求。此类产品大多为低端产品。如某些发达国家从我国进口生铁和钢坯，将其作为原料继续加工，消除了在本国初加工的环境污染和资源消耗。对上述三种情况，应该用不同的财政政策实施调控与引导。

(一) *严控低端产品出口*

堵住低端产品走向国际市场的通道，可有效压缩低端落后产能的生存空间，不仅可加快去产能进程，而且还可推进生态建设步伐。目前，我国已经做到的是取消出口退税，但出口关税税率仍有提高的空间。

低端产品的大量出口对国内钢铁产业去产能会产生明显的负面影响。对我国来说，即使钢铁产业的低端产品存在国际市场需求，能够实现一定量的出口，但不能将其认定为是可持续发展的有效需求，其理由：一是我国钢铁产业的主要原材料需要大量进口，用进口原材料生产低端产品转而出口，这不是我国钢铁产业应有的发展方向。二是低端产品的国际市场需求是阶段性的有限需求，对国内产能的存在与扩张虽有拉动，但难以持久，不利于产业的健康发展。三是钢铁产业属于高能耗、高污染产业。按照绿色发展理念，我国对钢铁产业必须要控制总量规模，如果靠进口原材料在国内生产，把污染留在国内，把低端产品出口到国外，给国外提供继续深加工的原材料，这是与绿色发展理念直接相悖的。基于上述考虑，我国在政策制定上应该运用出口关税与出口退税这一财政政策工具，有效地遏制低端产品的出口，割断国际市场低端需求对国内钢铁产能的拉动。

就钢铁产业来说，应该限制出口的产品包括：①仅对矿粉等原材料进行初级加工，产品出口后继续作为原料进行深加工的产品，如生铁、钢坯等；②使用国内产业政策限制类装备生产的产品，如普通线材、普通带钢等；③国内环保设施不过关、生产过程污染严重的产品，如一些特殊合金等。对这些在国内应当控制产量、压减产能的产品，不应当通过出口开辟生路，而应当从可持续发展的立场出发，有效压缩其生存空间。

（二）限制中端产品出口

对中端产品应该采取限制出口的方式，出口退税全部取消，出口关税税率随国内压减钢铁过剩产能的要求及时调整。因这类商品本身技术含量不高、产品附加值不大，大规模生产会消耗资源与污染环境，按照绿色发展理念，其产能应该逐步压减，属于去产能的压减对象。

（三）鼓励高端产品出口

对上述第一种情况，我国目前乃至今后一段时间应该积极鼓励和支持。高端产品的研发不仅要花费较大的研发成本，而且还有一定的投资风险，这类产品研发成功后，走向国际市场，将因其具有高技术含量、高附加值而获得较大收益。同时，高端产品走向国际市场，这是产能国际合作的重要载体，也是一个国家制造业综合实力的具体体现，财政政策应当尽力向其倾斜给予支持。在有效防止国际贸易争端的前提下，把钢材高端产品出口的退税率尽可能提高，以培育产品出口的国际市场。为了做到准确实施对退税品种的选择，应当依据我国的产业政策发展方向和阶段要求，分不同时期，对不同品种敏锐的调整出口退税税率，以实现精准扶持。2017年年末，国务院决定，自2018年1月1日起取消钢材产品的出口关税，这是对钢铁产业终端产品进入国际市场的有效推进。在此基础上，如果再选择部分钢材品种实施出口退税则是对高端产品发展与走向成熟的更好扶持。

三　支持并购重组和产权交易

去产能必然要涉及企业并购重组与产权交易。产权交易要涉及各类资产，就其所有制性质来说，有国有资产和民营资产；就其资产形态来说，有土地、矿山、机械装备和房屋建筑等多种形态；就其存在方式来说，有有形资产和无形资产。此外，去产能还要发生产能交易，产能虽然不呈现资产形态，但有价值、可交易，也会发生交易成本。

兼并重组、产权交易是市场经济条件下要频繁发生的经济行为。自我国提出推进供给侧结构性改革和去产能任务以来，企业兼并重组这一有效方式更进一步得到重视，实施的普遍性进一步提升。近年来，国务院及有关部委连续出台相关财税政策，鼓励企业兼并重组，特别是以减免税费的方式鼓励在去产能中实施产权交易。2014年3月，国务院出台了《关于进一步优化企业兼并重组市场环境的意见》（国发〔2014〕14号），该意见提出，要改革完善与企业兼并重组、产权交易相关的财税政策，减轻企业在兼并重组和产权交易过程中的税赋负担，具体内容涉及企业所得税、土地增值税等税收政策。同时，该意见还提出，为推动企业兼并重组，要加大财政资金的投入力度。为贯彻落实（国发〔2014〕14号）文件，财政部和国家税务总局相继下发一系列文件，明确了相关政策的具体实施办法。2014年12月下发的《关于促进企业重组有关企业所得税处理问题的通知》（财税〔2014〕109号）提出，企业在兼并重组中进行股权收购和资产收购时，所得税递延纳税政策放宽；2015年2月2日下发的《关于企业改制重组有关土地增值税政策的通知》（财税〔2015〕5号）提出，企业在兼并重组时，免交三年土地增值税；2015年3月31日下发的《关于进一步支持企业事业单位改制重组有关契税政策的通知》（财税〔2015〕37号）提出，企业兼并重组和产权交易时，享受契税减免政策；2016年4月18日下发的《关于化解钢铁煤炭行业过剩产能实现脱困发展的意见》（财建〔2016〕151号），更是列出专门条款，给予钢铁、煤炭企业重组和破产等专门的财税会计支持政策。

针对企业兼并重组和产权交易政府密集地发布相关财税优惠政策，大力度地给予企业兼并重组和产权交易以政策扶持，这是此前从未发生过的。这充分说明兼并重组是在推进供给侧结构性改革中要大力倡导、积极实施的重要举措，是在去产能中处置"僵尸企业"、解决过剩产能产业集中度低和布局分散问题、实施部分企业以破产清算方式退出市场的有效途径。若要使这些政策真正落到实处，并收到效果，作为政策实施主体的地方政府来说，应在以下四个方面加大力度。

（一）更多地采取兼并重组方式，推进过剩产能化解

兼并重组历来是市场经济体制下常用的一种经济行为，其优点是

可以快速实现资本和资产的聚集，可以使低效和闲置资产迅速转化为高效资产。企业兼并重组的这些优点在当前去产能工作中显得尤其重要，通过兼并重组实施去产能在当前可以极大地减少社会震荡，可以使职工下岗失业的风险在很大程度上得到化解。因此，多兼并重组、少破产清算是当前化解过剩产能、处置"僵尸企业"应当遵循的准则。国务院及各相关部委密集出台相关鼓励性政策，目的就是要使兼并重组实施的成本进一步降低，使兼并重组的实施范围进一步扩大。企业的兼并重组虽然本质上是市场行为，以企业为主体，但政府的牵线搭桥、协调服务是不可少的。现实中的问题是有些地方政府过分地强调企业的自生自灭，不能主动协调相关企业特别是民营企业实施兼并重组，不能主动为企业的兼并重组提供服务。为此，在引导推进企业的兼并重组中，政府应当找好自身的准确定位，不能搞"拉郎配"，不能越位代替企业决策，但也绝不能一切都撒手不管。

（二）准确领会相关政策，实现国家政策与地方实际情况的有机结合

近两年，国务院及相关部委连续出台的鼓励企业兼并重组的相关政策含金量高、覆盖面广、专业性强，包括对企业兼并重组中涉及的城镇土地使用税、契税和印花税等税种实施必要的减免措施，减少企业并购重组过程中的结构转换费用；对企业在兼并重组和产权交易过程中所涉及的货物、不动产和土地使用权转让等免收增值税，等等。在现实中，这些政策虽已公布，但企业并不一定了解和理解，致使企业实施兼并重组的主动性会被大大降低。有些企业虽实施了兼并重组，但因为对政策不理解，不去申请享受这些政策。同时，这些优惠政策中有很多内容是就全国一般情况而言的，不同地区的情况不同会使执行这些政策在实施效果上有一定的差别。因此，地方政府一定要把国家政策的原则要求和本地区的实际情况紧密结合起来，采取符合本地实际情况的措施，把这些政策真正落实下去。

（三）让企业直接享受到政策，调动企业实施兼并重组的主动性

国家出台的这些政策只有真正让企业享受到了，其含金量才能真正体现出来，财政政策目标才得以实现。落实这些优惠政策，有些影

响的是中央财政收入，但分析政策内容可以看出，大部分影响的是地方财政收入。对此，必须强调全国"一盘棋"，必须强调政策的权威性和一致性，地方政府只能是加大政策落实的推进力度，绝不能因影响地方财政收入而对政策落实打折扣。

（四）调整利益关系，支持跨行政区划实施产能调整

在钢铁产业去产能的过程中，由于兼并重组、搬迁改造等措施使去产能过程同时也成为优化产业空间布局的过程。优化空间布局的结果可能使原有企业和产能转移到新的行政区域，从而影响不同行政区域之间的财政利益，这是我国现行财政体制下不可避免而在企业优化空间布局过程中又不能回避的问题。应该承认，我国现行的财政体制在短时间内还无法进行大的调整，还无法改变行政辖区内企业越多、财政收入就越多的状况，即使从生产力空间布局的角度看有些企业实施转移是合理的，但转出的行政区域财政收入减少，而转入的行政区域财政收入增加是必然的结果。这种状况使在实施企业兼并重组和优化产业布局等过程中，相关行政区划都愿意企业和产能向自己的区域内迁入，而对自己属地企业的迁出持消极态度，这在很大程度上会滞缓去产能的进程，阻碍生产要素空间布局的优化。作为一种临时性措施，目前有些地区对这类问题的处理采用了"飞地"政策的变通方式，即将转入的企业所占区域界定为原转出行政区域的"飞地"，在约定的时间内，"飞地"企业所创造的税收仍归属原转出行政区域。这种措施使转出企业的区域在一定时期内财政收入利益不受影响，而对转入区域在约定时间以后会享有转入企业的财政贡献。这种做法不失为一种兼顾双方利益的可行措施，但不是长久之计，它与企业属地注册、属地纳税的法律法规要求是直接相悖的。双方政府的这种约定可以在一定时间一定条件下有效，但如果遇到条件变化，双方很容易产生纠纷。

解决这一问题，不宜采取相关两个互不隶属的地方政府自行协商的办法，而应采取由上一级政府实施财政收支调整的方法，即对因企业迁出而减少财政收入的行政区域，上级财政可用转移支付或减少下级政府上缴财政基数的方式对其损失进行合理补偿；对因企业迁入而

增加财政收入的行政区域,上级财政可用增加财政收缴额度的方式将其收益的一部分收归上级财政,上级财政收缴的这部分财政收入用于对企业迁出地区财政损失的补偿。这种由上级财政对两地利益进行协调的方式可减少很多操作中的矛盾,但上级财政对两个地区的利益调整要努力实现公平合理,努力保证两个地区对优化企业空间布局、提高生产集中度的积极性。

四 支持跨行业转型发展

过剩产能企业完成去产能任务后,实施跨行业转型发展、进入新兴产业或其他有生命力的产业,不仅是去产能企业的最好去向,也将有助于促进全社会范围的产业结构优化和转型升级。在实践中,要努力开通并拓宽这一通道。

(一)调整完善区域布局规划,特别是城市发展规划

过剩产能企业退出原产业后,其原来占有的土地是最大的可用资产,如果要进入其他行业发展,其前提条件是改变原有区位的规划限定,如由工业用地改变为拟进入的其他行业用地。对此,属地政府就要按法定要求履行规划调整程序,使企业转型发展后的用地与规划要求相符。

(二)准予企业使用土地处置收益

企业实现去产能后,其占有的土地要依规进行处置,其收益特别是改变土地性质的级差收益按规定应该属于同级财政所有。这部分收益可以也应该用做支持过剩产能的化解工作。由于按现行规定财政资金不能直接入股一般企业,也不能用拨款方式直接用于一般竞争性领域的企业项目建设。因此,财政部门在使用这部分资金支持企业转型发展时,要因地制宜、因企制宜,创造性地选择一定的媒介通道使资金合规顺畅地进入转型项目之中,如以政府投资机构做媒介进入项目;以安置职工方式将资金注入企业,而后将此项资金用于项目建设,被安置职工全部在新项目就业,等等。

五 支持企业实施国际产能合作

走出国门,实施国际产能合作,是我国融入全球经济一体化、参与国际分工协作的必然途径,是去产能的有效措施,也是我国经济发

展到一定阶段具备一定实力的重要体现。特别是我国提出"一带一路"倡议后，国际产能合作更成为我国全面对外开放中的重头戏，为此，国务院专门制定了《关于推进国际产能和装备制造合作的指导意见》，《关于推进国际产能和装备制造合作的指导意见》中所列举的要积极推进国际产能合作的产业就包括目前在我国处于产能过剩状态的钢铁产业。钢铁产业去产能可以借力"一带一路"倡议的宝贵时机，积极开拓国际市场，政府也应在税收政策上给予优惠，支持企业"走出去"，参与国际经济合作。

（一）实施国际产能合作的必备要求

1. 明确"走出去"的目的

对钢铁产业来说，由于国内产能过剩，短时期内不仅不可能在国内实施产能扩张，而且现有产能还要压减，而走出国门对某些企业来说是开辟了一条新的发展通道。但走出国门的目的一定要明确，从去产能的角度看，"走出去"的目的主要三个：一是直接压减过剩产能。将国内现有相对先进的装备直接转移至国外，实现产能直接转移，使国内产能直接压减。二是产品直接进入某国消费市场。在产品消费地区直接建厂，使产品直接进入消费市场，改变国内生产通过出口进入国际市场的状况。三是掌握国外合作者的先进技术。通过与国外当地企业合作，掌握当地企业的先进技术，实现企业自身的技术进步与产能升级。这三个目的各有侧重，既可以分别追求，也可以在分清主次的情况下组合追求，努力实现境外发展收益的最大化。

2. 准确把握自身的比较优势

对钢铁产业来说，我国与国外一些国家和地区相比，具备以下比较优势：一是技术优势。经过较长时间的发展，我国钢铁产业的技术在某些领域已处于先进水平，与某些国家相比，具有一定的技术层级差别优势。二是资金优势。我国一些骨干钢铁企业具有非常明显的资金优势，加之国家鼓励国际产能合作的金融政策支持，使我国有相当一批企业完全具备自筹资金在境外建厂的能力，具备在境外并购同领域成熟厂家的能力。这种资金优势，不仅对一些相对欠发达国家具有较强的吸引力，而且对一些技术发达、具有独特产品优势而目前资金较为紧张的国家来说，也具有明显的吸引力，而后者恰恰是我国钢铁等行业以此为纽带掌握国际先进技术的有效途径。三是装备配套优势。目前处于产能过剩状态的行业，我国都有完备的装备配套能力，这是其他国家所不能比拟的。对这些行业来说，走出去参与国际合作，不仅是产能的转移，而且是装备制造产品的出口和生产能力的输出，可谓一举两得。

3. 严格遵守我国和拟进入国家的相关法律

我国鼓励和支持相关产业实施国际产能合作，包括过剩产能走出国门、开辟新的消费市场等。但是，这些鼓励和支持是在严格执行相关法律法规和相关政策前提下的，这其中包括：不准将产业政策限定的落后装备向国外转移，不准在国外生产中高排放、高污染等。对拟进入的国家来说，每个国家都有相关的法律法规规定，中国企业必须要严格遵守。

（二）加大财税支持力度

对钢铁产业的产能国际合作，财税政策可以在以下四个方面给予支持：一是将转移到国外的产能视为在国内压减产能，享受国内压减产能的相关政策。其中最主要的是中央财政专门支付的用于职工安置的奖补资金。二是将向国外转移产能视为大型成套装备出口，准予其享受成套设备出口的相关税收政策。三是为向国外转移产能的企业提供出口信贷，在贷款授信额度、利息减免、利率优惠等方面给予倾斜。四是增加企业境外收入的纳税延长期限。为了支持走出国门的企业将其在境外经营的收益用于境外的再投资，适当增加境外收入纳税的延期期限，凡企业收益没有汇回境内而是继续用于境外再投资的可以暂时不征税。

第四节 发挥财政政策稳控作用，妥善安置职工与处置债务

去产能的工作实践显示，职工安置与债务处置是和去产能全过程

相生相伴的两件事。如果这两件事情不能妥善处置,不仅去产能工作本身无法顺利推进,而且还会引发社会不稳定和金融风险。因此,以实用有效的财政政策支持、引导做好去产能过程中的职工安置与债务处置,是财政要关注民生的属性要求,是财政要关注全局的职责所在。

一 妥善安置减员职工

去产能不论采取哪种方式,最终都要由于总的生产能力减少和相应就业岗位的消失,使一批员工要离开原有工作岗位。被减员的职工向何处去,是顺利转入新的就业岗位还是转入失业,是生活来源得到保障还是失去生活来源,对于社会稳定和民生保障来说至关重要,这在很大程度上也决定着去产能工作能否顺利进行和能否取得成功。李克强总理指出,去产能要做到职工转岗不下岗、转业不失业。国家和各级政府已经出台的有关化解过剩产能的相关政策都对职工安置倾注了极大的关注。国务院《关于钢铁行业化解过剩产能实现脱困发展的意见》(国发〔2016〕6号)对做好职工安置工作提出了明确要求,人力资源和社会保障部、国家发展改革委、工业和信息化部、财政部、民政部、国务院国资委、全国总工会《关于在化解钢铁煤炭行业过剩产能实现脱困发展过程中做好职工安置的意见》(人社部〔2016〕32号)等相关部委文件对落实国务院要求做出了具体安排。

一系列的政策措施显示了政府对去产能过程中职工安置的高度重视,指明了做好职工安置工作的政策通道。但要把职工安置工作真正做好,还需要地方政府在充分体现各地区差别、增强政策的针对性和实用性、切实保障民生等方面着力推进体现地方特色的财政政策创新。应当强调的是,去产能是经济行为,但做好去产能过程中的职工安置工作则不仅是经济行为,因其涉及民生和社会稳定,在一定程度上已经具有政治任务的性质,这和在其他领域财政政策的实施有着性质的区别。对地方政府来说,做好去产能过程中的职工安置工作,有关完善财政政策的着力点应体现在以下两个方面。

(一)拓宽职工安置费用的筹集通道

按照相关法律法规和政策规定,对去产能中出现的减员职工都应通过一定的方式给予安置,但无论采取哪种方式安置都需要支付一定的费用。这些费用包括解除劳动合同所要支付的经济补偿金、转岗培训所要支付的培训费用、提前五年内部退养所要支付的生活费用、进入失业状态后发放的失业保险金,等等。没有这些费用,相关的职工安置方式就不能落实。目前,中央财政虽对去产能有一定的奖补资金,但其数额远不能满足安置职工的现实需要,地方财政必须要为职工安置筹集资金。因此,对地方政府来说,拓宽职工安置费用的筹集通道,既是做好去产能过程中职工安置工作的现实需要,也是财政政策创新的空间所在。总结近年来去产能的工作实践,分析现实允许条件,地方政府在用好中央奖补资金的前提下,可在以下四个方面努力拓宽职工安置费用的筹集通道。

1. 用好去产能企业存量资产的处置收益

当去产能企业完成产能压减任务后,必然会有一部分闲置资产可以处置,特别是"僵尸企业"完成产能压减、市场出清以后,全部资产都可以处置。处置企业闲置资产所获得的收益是地方筹集减员职工安置费用的最主要来源。这其中最主要的就是土地资产的处置收益,包括由划拨形态变为出让形态后实现的增值收入和由工业用地性质变为服务业用地性质以后实现的极差收入。用资产处置收益安置职工,其前提条件是地方政府必须坚持职工安置优先的原则,即在依法支付职工安置费用之前,资产处置的收益不可用做任何其他用途。

2. 用好地方结余的失业保险金

失业保险金作为法定统筹的社会保险专项基金,顾名思义,是要用于失业职工的失业保险救济。因此,当出现减员分流职工下岗失业后,在一定时期内可以领取失业保险金,这是法定的职工安置费用。按相关法律政策规定,失业保险金不仅可用于向失业职工发放失业保险金的,也可以按一定比例提取职工转岗培训费和再就业专项资金,这就为地方政府统筹使用相关职工安置费用,将失业保险金中的可用部分融入职工安置费用之中提供了可能。所以,地方政府一定要把这项政策用活、用好,充分发挥其杠杆撬动作用和引导激励作用,为职工的转岗就业和自主就业提供财政资金支持。

3. 组合应用相关财政政策

去产能要产生减员分流职工，但安置这些减员分流职工绝不是仅有去产能的财政政策才可以在这一过程中发挥作用。对去产能产生的减员分流职工进行安置既可以看作去产能工作的组成部分，但更应该看作全社会就业与再就业、改善民生、"大众创业、万众创新"、促进经济社会发展的系统中的组成部分。因此，凡是与此相关的各项财政政策，都可以应用到去产能减员分流职工的安置中来，以政策的组合效用，实现减员分流职工的妥善安置。政策组合可以产生集中效应，更可以产生创新效应。从现实看，可以参与组合共同发挥作用的财政支持政策应包括：鼓励大众创业万众创新的财政政策、援企稳岗的财政政策、小额贷款的财政政策、小微企业信用担保的财政政策、鼓励高新技术产业的财政政策、鼓励农民工返乡创业的财政政策等。这些财政政策虽说各有侧重，但共同的目的是鼓励就业、鼓励创业，把这些政策组合起来，其效用将是巨大的。

4. 吸引社会资本参与职工安置

去产能是市场经济条件下的经济行为，去产能过程中减员职工的安置完全可以也应该通过市场化的运作拓宽安置渠道、开辟安置领域。在这一过程中，既要充分发挥政府的主导作用，更要重视社会资本的积极作用。吸引社会资本参与去产能过程中减员分流职工的安置是可行有效的现实选择，只要政府给予必要的支持和鼓励，社会资本完全可以分担安置职工的社会责任。将社会资本吸引进来参与职工安置，事实上，就是拓宽了职工安置费用的筹集来源。

（二）为职工重新就业和自主创业提供扶持

对于去产能中产生的减员职工来说，下岗后领取失业保险金只能是过渡性措施，实施职工内部退养的措施也只是针对距法定退休年龄不足五年的职工而言的，对大多数尚处于劳动年龄的减员职工来说，实现重新就业才是最好的安置方式。特别是目前一些承担去产能任务的钢铁企业大多为民营企业，这些企业的员工大多为进城入企的农民工，如果只是简单地实施裁员，不能够促其重新就业，则这部分人员只能返回农村，使农民收入大幅降低。因此，去产能过程中的职工安置要高度重视开辟新渠道，使减员职工实现重新就业或自主创业，这是政府的职责所在，也应是财政政策的目标追求。对此，政府可通过完善财政政策在以下四个方面给予引导和支持。

1. 鼓励原企业创造新岗位安置员工

对于去产能企业来说，只要不是彻底关闭，就仍然会继续保留一定的就业岗位。如果实施跨行业转型发展，还会创造新的就业岗位。因此，地方政府在实施去产能过程中，其着力点不能仅放在产能的压减上，更应关注既要完成去产能任务，也要努力促进企业继续生存和转型发展。这不仅可以减少去产能对地方经济的影响，更重要的是可以使本地区的就业机会不会因去产能而出现大幅度的减少。在这一过程中，鼓励原企业继续创新发展，就是支持原企业创造新的就业岗位，就是对本地区增加就业岗位做贡献。对原企业增加就业岗位而使应减员职工继续就业的，地方政府要在财政政策上给予支持。包括：把继续在原企业就业职工所对应的安置费拨付给企业用于支持其发展；把再就业职工小额贷款贴息政策用于企业贷款贴息；对转型发展的新项目给予政策扶持等。

2. 进行转岗技能培训

减员职工有一部分要实现跨行业转岗就业，需要掌握新的就业技能，对此，地方政府应该创造条件对有就业意愿的减员职工进行转岗技能培训。此类培训要按照本地区产业发展的方向设置科目，强调培训科目的实用性。培训机构的选择可以有两种可行方式：一是由专门的职业培训教育机构承担。如职业技术学院等。二是由成熟企业承担。由企业招录学员实施在岗培训，培训合格后按照企业与员工的意愿既可直接留在培训企业就业，也可由员工另行自主择业。对去产能过程中减员职工的转岗培训，不论采取哪种方式其费用都应该由地方财政承担。

3. 鼓励本地区内的其他企业招录聘用去产能中的减员职工

为去产能中的减员职工提供新的就业机会，既是政府的责任，也是全社会的责任，如果把政府的努力和全社会的努力整合为合力，其效果会更好。地方政府要动员本区域内具备条件的企业努力招收录用去产能中符合条件的减员职工，实现这部分职工在本地区重新就业。对于录用这部分职工的企业，地方政府要通过财政政策给予奖补，根据企业实际录用人数，或在一定时期内给予相关税费的减免，或在一定时间内给予代缴新录用员工"五险一金"的补贴等。

4. 发挥好创业孵化基地和产业培育基地的作用

目前，各地均建有一批创业孵化基地或产业培育基地，这些基地在建立之初都得到了各级财政的政策支持和资金补助，但实际利用效果并不理想。将这些基地用于安置去产能中的减员职工，既可以为这类人员搭建创业和重新就业平台，也可以使这些基地更好地发挥应有的作用。进入基地的创业人员可以在一定时间内免费使用基地的场地、免费享用基地的公共服务、免费接受基地的实用性培训，这可以使这些人员的创业成本大大减少、创业风险大大降低。对此发生的费用由地方财政给予补助。

二 支持去产能中的债务处置

在去产能的实际操作中，随着一些企业的关闭或一些企业部分装备的拆除，企业的存量资产状况必然要发生改变，与存量资产相对应的企业债务也必然受到影响，因此，去产能过程中的债务处置是不容回避、必须稳妥处置的实际问题。

在去产能的操作中，因去产能而对企业负债状况产生影响的表现形态主要有四个方面：一是企业彻底关闭，可用于偿债的企业资产处置收益由于要优先安置职工，偿债能力基本丧失。这种形态主要表现为实施破产的去产能企业。二是企业继续存在，但企业的部分装备被拆除取缔，与原有债务总额相对应的资产总量减少，偿债能力明显降低。三是企业实施兼并重组，产权关系发生改变，其债务承担主体相应发生改变。四是企业实施搬迁转移，企业法人地位虽继续保留，偿债主体没有发生改变，但是，因钢铁的行业特征原有大部分设备不能搬迁，异地建设基本就是新建，企业原有债务由对应原址资产要改变为对应异地新建资产。对以上不同表现形态的债务状况，需要研究不同的处置方法，妥善应对。

对我国钢铁产业来说，由于产能基本上是改革开放以来特别是近

20年发展起来的，企业的资产负债结构带有明显的特定历史发展阶段色彩，其资本的多样性、债务的多样性反映了我国这一时期各类资本以各种形式进入钢铁产业的历史性特征。对钢铁企业特别是民营钢铁企业来说，其负债构成中除企业与银行之间相对规范的债权债务关系外，还包括企业与其他社会资金的债权债务关系。如"明股实债"的特殊负债、因租用土地形成的负债、拖欠员工工资及欠缴的社会保险费用等。

基于去产能企业债务构成的复杂状况，对财政政策来说，应当充分发挥其特有的功能，为各类债务的妥善处置以及防范由债务问题可能引发的各类风险提供必要的保障与支撑。

(一) 支持银行有效地消化因去产能而产生的不良资产

去产能对银行的信贷资产质量必然会产生影响，但是，因去产能具有明显的政策性和宏观整体利益的考量，因此而发生的银行信贷资产损失与银行在自身经营中发生的一般性信贷资产损失有着性质上的差别。因此，对银行处置这部分资产损失应该有特殊的财税政策，为银行消化由此而产生的不良资产开辟通道，对因去产能而发生的呆账单独处置。

目前，国家对银行核销呆账有规范严格的管理办法，当前实施的财政部、国家财政总局出台的2015年版《金融企业呆账核销管理办法》(财金 [2015] 60号) 较2013年版有了很大的改进和提升，便捷了金融企业处置呆账的过程，但这一管理办法是针对金融企业处置各类呆账而制定的统一办法。如果财政政策要为金融企业处置去产能债务开辟专用通道，可考虑在遵循金融企业呆账核销管理办法一般规则的前提下，为去产能呆账处置制定专门条款，包括认定程序的简化、数额基数的提高、税前扣除核定，等等，以适应去产能的特殊需要。

(二) 鼓励在去产能过程中实施债务重组

债务重组是指债务人在发生财务困难的前提下，债权人按照其与债务人经协商一致达成的正式协议，或经法院裁定就债务人所负债务做出让步的事项。显然，债务重组的结果是债权人因对债务人的债务做出让步而承受损失。在多数情况下，去产能并不是将企业全部关闭，有些是拆除部分设备，有些是在兼并重组中压减部分产能，有些则是异地搬迁改造实施产能减量置换。这些不同方式有一个共同的特征，就是企业虽然关闭了部分设备，压减了部分产能，但企业法人地位还存在，仍有部分资产支撑原有债务，仍具有一定偿债能力。如果继续将原有全部债务压在兼并重组以后的新企业身上，压在搬迁改造的新项目身上，压在拆掉部分装备以后的存续企业身上，去产能操作的难度会明显增加。如果最终导致企业整体关闭，则债权人损失的将是全部债权。去产能进展到今天，通过债务重组将原有全部债权打折，债权债务双方共同分担因去产能而导致的相关损失，已经成为一种现实的迫切需要，是债权债务双方的共同期盼。目前，国家相关部委对涉及金融企业的债务重组虽有相关规定，但都是对一般情况而言的，对去产能这种特殊经济行为对债务重组的特殊要求没有准确清晰的反映。例如，2016年9月银监会发布的《关于做好银行业金融机构债权人委员会有关工作的通知》（银监办便函［2016］1196号），除明确银行金融机构自身在债务重组的操作程序外，更明确提出开展金融债务重组的企业应符合以下三个条件：①实施债务重组的企业要符合国家宏观经济政策、产业政策和金融支持政策的要求；②实施债务重组的企业所提供产品或服务要有市场需求、具有发展前景、具有重组价值；③债权债务双方均具有实施金融债务重组的意愿。由于需要去产能的产业都是总量过剩产业，很难完全符合上述三个条件，企业和银行不能以此为依据实施去产能过程中的债务重组。因此，债务重组应该针对去产能的现实需要做出更明确、更有针对性的规定，如明确提出在国家去产能总体规划内实施的去产能行为就属于国家产业政策鼓励允许的范畴，允许实施债务重组；明确允许去产能企业在实施兼并重组、异地搬迁、减量产能置换等过程中实施债务重组，其重组中发生的债权损失允许银行业金融机构予以核销并享受相关财税政策。

（三）拓宽债权变股权的实施范围

债权变股权一直是人们呼唤的一种资产交易方式，特别是去产能工作开展以来,随着一批企业资产状况和债权债务关系发生变化,人们对债权变股权的期盼更加强烈。2016年2月,国务院《关于钢铁行业化解过剩产能实现脱困发展的意见》(国发〔2016〕6号)明确提出:"要研究完善不良资产批量转让政策,支持银行向金融资产管理公司打包转让不良资产。"国务院的这一规定打开了在去产能过程中债权变股权的政策通道。2016年10月,国务院再次就债务重组出台了《关于市场化银行债权转股权的指导意见》(国发〔2016〕54号),文件明确提出,将"高负债居于产能过剩行业前列的关键性企业"列为允许实施债权转股权的范围,使在去产能过程中实施债转股具备了政策依据。领会国务院的文件精神,对过剩产能行业实施债务重组,应具备两个条件:一是居行业前列,为行业龙头领先企业;二是具有超过自身正常偿债能力的过度负债。这两个条件在现实中有很大的空间和容量。对第二个条件来说,可能有相当一批企业具备这个条件,特别是实施兼并重组和搬迁改造后,一些企业一方面资产和生产能力减少,另一方面负债反而要增加,债务负担明显加重。对第二个条件来说,应该设立多个考量标准,居行业前列既可以是规模领先,也可以是技术装备领先;既可以是产品档次领先,也可以是市场占有率领先。在实际操作中,应该是把多个角度的标准考量综合在一起,整体评价企业实施债转股以后的发展潜力和综合实力,在债权债务双方协商一致的前提下,依法依规操作实施。近两年,由于国务院相关政策进一步拓宽了债权变股权的通道,实施债权变股权的企业开始出现,但已经实施的案例多分布在一般性领域,目前在公开媒体上还未看到去产能企业实施债权变股权的案例。对去产能产业来说,由于资产状况的变化,债权变股权也许比其他产业的现实需要更强烈。因此,在下一步实践中,应该努力扩大去产能产业实施债转股的范围。财政政策应该优先考虑对去产能产业债转股的支持,把债转股相关财税政策的优惠向去产能产业倾斜,努力实现加快去产能进程和妥善处置债务问题的双重效果。

(四)引导帮扶去产能企业处置非银行债务

由于发展的阶段性原因,钢铁企业特别是民营钢铁企业的债务结构非常复杂,除存在大量金融机构的负债以外,还存在大量的非金融机构债务。对金融机构的负债,由于债务关系相对规范,国家又有基本政策引导与扶持,所以处理起来相对简单。而对非金融机构债务来说,由于债权人成分复杂、形成原因复杂、债务性质复杂,国家又没有清晰明确的统一政策,处理起来难度较大。但这类债务是一种客观存在,蕴含着社会稳定的隐患,如果不能妥善处理,将会滞缓去产能的进程。因此,对钢铁企业特别是民营钢铁企业存在的非金融机构债务,既不能视而不见,又不能照搬处理金融机构债务的方式,而应该按照"明确性质、分清类别、依法处置"的原则加以解决。只有遵循这些原则,才可使财政政策发挥应有的作用,使此类债务的处置合法合规。所谓明确性质,就是要对这些债务分清是经营活动负债、资产性负债还是对员工个人的负债。对经营活动的负债,原则上应由企业自己负责,财政政策既不能介入,也不能给予补助;对资产性负债,要看其对资产形成的实际贡献,如果其负债确实对应了存量资产,就应该由对应的存量资产对债务负责;对职工的个人负债,要分清是否为法定的工资、社会保险等性质的负债。所谓分清类别,就是要分清这些债务在形成过程中是否符合国家的相关法律法规规定,凡符合国家相关法律法规规定而形成的负债,就应该明确为是正常负债,要支持引导企业努力偿还;如果债务形成过程明显违背国家的相关法律法规和相关政策,则债权债务关系不予承认。所谓依法处置,就是在明确存量债务是否合规合法的前提下,对合规合法债务妥善处置。这里特别需要强调的是,对企业员工个人的负债,包括工资和法定社会保险,只要事实清楚,无论员工与企业是否签订劳动合同,都应视为是事实劳动关系,都应认定为是合法负债,都应该责成企业全力偿还。财政政策也应该在这方面全力倾斜,甚至包括将中央奖补资金、地方预算安排资金、土地及其他资产处置收益统筹安排,用于偿还拖欠职工的合法债务。

第五节　多策并举，实现财政政策与相关政策的协调联动

研究去产能的财政政策，不能单就财政政策本身进行研究，财政政策的制定与实施是政府履行职责、发挥管理社会功能的表现形式之一。但政府履行职责、发挥功能绝不仅仅体现在财政政策一个方面，政府履行职责、发挥功能还包括多个领域，政府在其他领域的政策也相对自成体系。在现实中，政府的各项职责、各种功能和各个领域的政策交织在一起，互相支撑且互为条件。因此，要使财政政策发挥更大的效用，就必须使财政政策能够和政府的其他功能、其他政策体系实现有机结合。这一点在去产能实践中尤为重要，现实的实践也对此有强烈的呼唤。

一　坚持政府各系统相关政策的统筹协调

任何一级政府都是由多个部门组成的，每个部门都负责一个领域的相关工作，都承担管理协调这个领域的职能，在自己管理协调的领域都掌握必要的相关政策工具。去产能是供给侧结构性改革的首要任务，是优化经济结构的系统性行为。李克强总理对去产能工作的要求是："要严格执行环保、能耗、质量和安全等相关法律法规标准，更多运用市场化、法制化手段，有效处置僵尸企业，推动企业兼并重组、破产清算，坚决淘汰不达标的落后产能，严控过剩行业新上产能。"[①] 落实这一要求涉及政府多个部门掌握的多项政策，如发展改革部门的产业政策和能源政策、生态环境部门的生态建设与环境保护政策、水利部门和自然资源部门的资源利用政策等。这些政策既独立成体系，又与财政政策密切相关，有些本身就是财政政策工具的实施载体，有些需要以财政支出的方式给企业以补贴和支持，有些罚没性收

---

① 李克强：《政府工作报告》（2017年3月5日在第十二届全国人民代表大会第五次会议上），《人民日报》2017年3月6日第2版。

入要形成财政收入。所以，财政政策在去产能过程中一定要和政府各部门的其他相关政策实现有机结合，以"大财政"的理念与政府其他部门的政策体系协同运作，以政策合力体现政府意图，以政策合力加快推进去产能的进程。

二 坚持各种财政政策的综合运用

财政政策在大类上划分为财政收入政策与财政支出政策。在工作中，无论是财政收入政策还是财政支出政策都可以再细分为若干个小的类别。在去产能实践中，相关财政政策可以表现为税收的增加或减免、财政性收费的增加或减免、财政补贴的增加或减少、税收优惠的准予或禁止。财政政策的不同表现形式、不同类别和不同的表现方法，最终都要殊途同归，即从不同角度发力，共同促进去产能进程的顺畅与加快。因此，在操作中，对每一个去产能的案例，应该表现为几项或多项财政政策的协同运用。

三 坚持宏观引导与微观调控结合推进

去产能既是宏观经济结构优化行为，也是微观经济结构优化行为。作为宏观经济结构优化行为，去产能是结构性改革的基本途径之一，其实施结果会对整个供给侧结构产生积极影响；作为微观结构优化行为，其实施结果是具体企业发生结构性变化、企业做优做强实现发展或企业关闭取缔实现市场出清。在这一过程中，微观与宏观是协调的统一体，宏观结构优化是整体推进、总体安排，微观结构优化是具体实施、具体推进，没有一个一个的微观结构优化就不会有整体的宏观结构优化；没有宏观整体结构优化的统一安排，就会使微观结构优化无所适从，失去方向性和目标性。去产能过程中宏观结构优化与微观结构优化的统一性，要求财政政策必须要统筹考虑宏观的政策引导与微观的具体推进。作为宏观的政策引导，其相关政策的实施是对产业发展的整体性引导与优化；作为微观的具体推进，财政政策工具的补贴与处罚等是对具体企业去产能过程的支持或倒逼。

四 坚持法律手段与经济手段的组合运用

作为财政政策，人们直观的理解是政府调控市场的经济手段。在市场经济体制下，经济手段比行政手段更具有适应性和灵活性，也更容易和市场运行规则相衔接。在市场经济体制下，法律手段也是非常重要的调控手段，其强制性、公平性的特征使其对市场行为的约束、引导更具权威性。行政手段、经济手段、法律手段是市场经济体制下同时存在的三种调控手段，在实践中，往往是结合使用的。财政政策的运用是政府意图的体现，虽有行政色彩，但大多是以经济手段的形式出现。在运用过程中，在很多情况下，又和法律手段结合在一起。在去产能过程中，以环保状况、资源消耗状况等倒逼机制督促企业去产能，其实，就是财政政策的经济手段和相关法律手段的结合运用。经济手段和法律手段的结合运用往往可以收到事半功倍的效果，这在去产能实践中已经得到了充分证明，下一步应该努力扩大两种手段结合运用的范畴，努力增加两种手段结合运用的方式，使其发挥更大的效用。

第十章 研究结论与展望

随着社会经济的发展，产能过剩问题成为社会和政府关注的热点，治理产能过剩也成为政府宏观调控的重点所在，本书将研究的视角确定在去产能的财政政策研究，主要研究了六个方面的问题：(1) 去产能财政政策的传导机制和作用机理；(2) 我国产能过剩的产生背景、表现特征和以往治理政策的评价；(3) 我国钢铁产业产能过剩现状及影响因素量化分析；(4) 产能过剩形成的财政体制和政策因素影响；(5) 钢铁产业去产能实践对财政政策创新的需求；(6) 完善去产能财政政策的建议。

第一节 研究结论

通过研究，本书得出了以下结论：

第一，在经历了前期经济持续快速发展及经济刺激政策所导致的产能大规模扩张后，产能过剩已成为我国经济发展的一个重要难题，是中国产业发展久治未愈的"顽症"，是目前中国面临的宏观经济风险之一。成功解决产能过剩问题是经济持续健康发展的关键所在，也是实现党的十九大提出的"建设现代化经济体系"战略目标的要点所在，是供给侧结构性改革的首要任务，是落实党的十九大提出的推进质量变革、效率变革、动力变革的具体行动。

第二，国内外对产能过剩的内涵、形成原因、测度方法和治理产能过剩的措施进行了广泛研究。国外学者认为，市场因素是造成产能过剩的主要因素，治理产能过剩主要通过市场自身的运行机制，辅之以政策引导来实现；我国学者认为，导致中国式产能过剩形成的主要因素是转轨时期的体制性和结构性因素，治理产能过剩应在遵循市场规则的前提下从体制改革、政策激励、法律约束等多方面配套推进。

第三，产能过剩是市场经济运行中，出现供求关系失衡的特殊现象。中国式产能过剩是在经济转型时期由经济周期性原因和非周期性（体制性和结构性）原因并存导致的过度投资和重复建设，带来的行业供给能力大大超过市场有效需求能力的经济现象。判断产能过剩及过剩程度多采用产能利用率指标，同时还要将经济效益、社会效益和生态效益相关指标结合起来判断。去产能的任务包括压减过剩产能总量和推进产业结构优化升级，去产能是政府与企业的主动行为。财政政策是政府实施去产能的重要手段之一，其政策意图可以通过政策工具、媒介工具、媒介目标的传导得以实现，最终达到去产能的政策目标。

第四，改革开放以来，我国较大规模的产能过剩大体出现了四次，每次产能过剩形成后，各级政府都给予高度重视，并及时采取相应的政策措施加以治理，这些政策在不同时期对去产能都发挥过历史性作用。但从产能过剩最具代表性的钢铁产业产能利用现状看，我国的产能过剩仍然是"日益严重""久治不愈"。这其中政策本身需要完善之处主要包括四个方面：一是习惯于采用行政手段；二是偏重于对需求侧发力；三是局限于产能总量的压减；四是财政政策效果单一。为此，去产能政策应着力推进四个转变：一是由以行政手段为主向市场化运作的转变；二是由偏重于需求侧发力向供给侧为主，对供给需求双方发力的转变；三是由单纯去产能压减总量向去产能与转型发展同步推进转变；四是财政政策由注重定向补贴向构建调控机制、完善调控引导体系和融入市场化运作转变。

第五，钢铁产业是产能过剩最具典型性的产业，也是我国政府宏观政策调控的重点。我国的钢铁产能在过去20多年快速增长，但结构性矛盾却日趋明显，产能过剩现象严重。钢铁产业产能过剩呈现出阶段性、持续性、体制性和结构性特征。通过使用VAR模型实证研究宏观经济因素对钢铁产业产能利用的影响后发现，GDP增速、固定资产投资增长、财政支出、货币和准货币（M2）供应量增长率等因素对钢铁产能过剩的形成构成不同程度的影响。

第六，我国产能过剩的形成原因，既有市场经济体制下的共性原因，更有我国特殊的体制性原因。分析我国几次较大规模产能过剩的形成过程，均伴有财政政策的主动行为，财政体制与财政政策是影响产能过剩状况变化的重要因素。一是现行分级财政体制对地方政府具有利益诱导，地方政府有着强烈的增加地方财政收入的投资冲动；二是财政利益诱导下地方政府助推了过剩产能形成，以扭曲的要素价格实施变相补贴，对遏制过剩产能蔓延执法不到位；三是扩张性财政政策的宏观刺激，引导和影响了银行信贷资金对政府主导产业的青睐，对过剩产能的形成产生了撬动作用。

第七，市场经济体制建立较早、经济发展水平高的美国、德国和日本三国较早出现了产能过剩，也较早对产能过剩采取了治理措施，特别是实施了一系列针对产能过剩治理的财政政策。三个国家的举措均立足本国现实，既致力于国内，又着眼于国际，在当时都收到了明显效果。三个国家的经验对我国去产能虽不可照搬挪用，但在立足本国现实情况去产能、以市场化运作为主导原则、注重产业升级和技术进步、有效实施并购重组、走好产能国际合作之路、准确运用财政政策工具、从供给端和需求端双向施策七个方面的政策措施，对我国加快去产能进程具有重要的借鉴意义。

第八，唐山市是全国钢铁产业聚集量较大的城市，自2013年开始的新一轮钢铁去产能以来，唐山市以特有的方式积极推进，圆满地完成了国家和省下达的产能压减任务。但去产能的实践也显示，现行体制和政策特别是财政政策需要在以下五个方面进行完善：一是完善去产能的经济手段；二是增加职工安置费用；三是提供债务处置的政策支撑；四是促进产业转型发展；五是建立遏制过剩产能形成和蔓延的长效机制。

第九，去产能财政政策的着力点主要包括五个方面：一是完善财税体制，建立遏制过剩产能发生的长效机制。要改革地方收入体系，建立事权和财权相适应的制度，完善对地方政府政绩考核的评价体系。二是组合运用财政杠杆，建立提高资源使用成本的倒逼机制。要严格依法征收土地使用税、水资源使用税、环境保护税、落实调控电价。三是调整财税政策，促进产业转型升级。要大力支持企业技术进步、实施出口产品分类调控、支持并购重组和产权交易、支持跨行业转型发展和企业实施国际产能合作。四是要发挥好财政政策的稳定作用，妥善实施去产能中的职工安置与债务处置。要拓宽职工安置费用的筹集通道、为职工重新就业和自主创业提供扶持、支持银行消化因去产能而产生的不良资产、鼓励在去产能过程中实施债务重组、拓宽债权变股权的实施范围、帮扶去产能企业处置非银行债务。五是多策并举，实现财政政策与相关政策的协调联动。要坚持政府各系统相关政策统筹协调、各种财政政策综合运用、宏观引导与微观调控结合推进、法律手段与经济手段组合运用。

第二节 研究展望

以上研究结论构成了本书对去产能财政政策的研究体系。但本书的研究是聚焦于财政政策在去产能中的作用而进行的，而财政政策在去产能的整个政策体系中是重要的组成部分，去产能是一个政府的各项政策和国家的相关法律综合发挥作用的过程。同时，我们当前推进的去产能是要坚持市场化原则，这就使有关去产能的相关研究很需要也应该在以下三个方面实现拓展和深化。

一 关于周期性产能过剩与体制性产能过剩的综合治理

产能过剩是市场经济条件下的一种经济现象。从一般意义上说，只要存在市场经济，就会存在产能过剩，人们将由市场因素所导致的产能过剩称为周期性产能过剩。但对我国来说，现阶段产能过剩的主要原因是体制性原因，现有研究的治理对策也大多集中在体制性原因导致的产能过剩上。本书关于去产能的财政政策研究也属于治理体制性产能过剩的范畴，但随着我国市场经济体制的逐步深化和成熟，市场原因导致的周期性产能过剩很可能上升到主要位置。党中央、国务院之所以反复强调要坚持市场化原则去产能,就是基于我国是社会主义市场经济体制、市场在资源中要发挥决定性作用这一客观现实。特别是随着科技进步和社会生产力发展水平的提高,随着供给侧结构性改革的全面深化,市场经济的周期性规律对产能过剩的发生与治理的作用必将会更加明显。与此同时,我们也必须承认,我国目前还没有从根本上清除产生体制性产能过剩的土壤。我国目前和今后一段时间内化解过剩产能,还需要政府主导、行政推进、采用体制性手段,这就使我国在今后一段时间,很可能要同时面对周期性的产能过剩和体制性的产能过剩,还需要对周期性产能过剩和体制性产能过剩实施综合治理,还需要深入研究在坚持市场化原则去产能的前提下,综合治理并存的市场周期性产能过剩和我国特有的体制性产能过剩。

二 关于财政政策作用于去产能的市场化运作机制

按照财政政策传导机制的基本原理,财政政策最终要实现去产能的政策意图,要经过政策工具、媒介工具、媒介目标再到最终目标的传导过程。这一传导过程是财政政策直接发挥作用,还是通过市场机制以经济杠杆方式发挥作用,在一定程度上反映着财政政策是否按市场化原则去实施。本书对财政政策按市场化原则作用于去产能做了初步研究,但也感到对这一问题的研究还有继续深化和提升的空间。若要使财政政策按照市场化运作机制在去产能过程中发挥作用,其前提条件是弄清去产能本身如何按市场化原则操作,按市场化原则实施去产能有哪些目标追求,有哪些有效推进的着力点。通过对去产能实践的分析研究,目前可以比较清晰地看到去产能的总体目标是实现供给侧结构的优化,推动经济高质量发展,促进现代化经济体系的建立,现阶段其具体工作目标和工作着力点包括在绝对量上压减总量性过剩产能、在产业内部压减体现产业升级要求的结构性过剩产能、在生态建设与环境保护上压减超过环境承受限度的污染物排放量所对应的产能、在转型发展上要使过剩产能所占用的资源要素转向其他领域、在去产能的操作过程中要谨慎化解债务处置、职工安置方面可能出现的风险。既然对这些具体的工作目标和工作着力点要完全按照市场化原则去操作实施,那么财政政策就应该紧扣这些具体工作目标和工作着力点，实现财政政策的"靶向运作"。以这些具体工作目标和工作着力点为对象，实现财政政策的传导机制和操作方法，体现市场化运作的要求。对此，财政政策在去产能过程中的创新与完善还大有文章可做，还有很多领域需要探索，很多操作措施需要细化，政策导向与去产能实践的吻合度还需进一步提高。

三 关于财政政策与政府其他政策体系的协同推进

在现实经济实践活动中，政府的各项经济政策是一个完整的体系，每个领域的单项政策既有其独特功能，又与其他领域的专项政策互相关联、互相依存。在这一体系中，财政政策占有重要地位，但财政政策不是孤立的，也不是万能的，与其他领域的专项政策一样，在去产能实践中，财政政策也需要和政府的其他专项政策互相依存、协同推进。分析我国去产能的工作实践，目前和今后一段时期，财政政策在以下四个方面和政府的其他专项政策关联度较强，需要认真研究协同推进的具体路径和措施。

（一）财政政策和产业政策

我国以前出现和现存的产能过剩是过去的财政体制和利益诱惑所致，还是产业政策不健全、作用不明显所致，一直是人们讨论的热点话题。在去产能过程中，是以产业政策为主导，通过产业政策的健全与完善，实现对产业发展的正确引导和约束与规范；还是以财政政策为主导，通过财政政策的利益诱导与约束和经济杠杆的撬动，消除过剩产能出现的利益土壤，遏制地方政府盲目上项目、实施产能扩张的冲动，目前还没有清晰的认识和被广泛接受的共识。这种状况直接导致了在去产能的实际操作中，财政政策和产业政策还不能实现更有效的协同推进。产业政策中限制类与淘汰类的产能在财政政策中还未能实施与之相对应的经济性惩罚，财政政策的优惠与补贴还未能与产业政策中明确的产业发展导向高度协调一致。从本质上说，供给侧结构性改革体现在产业结构上应该是产业结构优化和产业升级，在这方面，产业政策应该有明确的导向和具体的规范约束，实现直接对过剩产能的遏制。而财政政策应该是对产业中鼓励发展的部分给予财政政策优惠，对产业政策中限制发展的部分应该给予经济性惩罚。

两者的协调在很多方面还需要进行探索性研究。

(二) 财政政策与生态环保政策

提到产能过剩，人们最直观考虑的是产能的总量性过剩，但是，随着我国的产业升级和结构优化，下一步结构性产能过剩和生态性产能过剩将上升为过剩产能的主要成分，特别是化解生态性产能过剩，这是党的十八大以来，随着绿色发展理念的深入贯彻实施，人们才逐步认识并加快推进的。也正是因为化解生态性产能过剩尚处于刚刚起步阶段，人们的认识还不够深刻全面，相关政策措施还不够健全完善，才使研究财政政策与生态环保政策的协调推进成为现实中的迫切要求。由于多年的传统认识，人们对产能过剩更多地从直观上通过产品在市场上的需求变化、价格波动、盈利与亏损来判别的，对产品有销路、企业有盈利、生产装备符合产业政策要求、企业污染物达标排放的产能，仍然有可能被认定为生态性产能过剩，人们往往从感情上不接受，不能自觉认同区域性污染物排放总量超标、产业布局上污染物总量超标等新的符合绿色发展理念的相关要求。在这些方面，生态环保政策有一个制定、实施并不断完善的过程。同样，财政政策也要有一个制定、实施并不断完善的过程。事实上，财政政策和生态环境保护政策在实践中往往是互相依存、互为条件的，比如，征收环境保护税是财政政策，但依据的是生态环境保护方面的法律。下一步研究财政政策与生态环境保护政策的协同推进是一篇大文章，是一个新课题。

(三) 财政政策与金融政策

去产能必然要涉及企业的债务处置，对实施去产能的企业来说，由于产能压减、设备拆除，资产负债结构要发生变化，企业偿债能力要发生改变，这自然要求金融政策为去产能过程中的债务处置提供支持与保障。而现实中，金融政策与财政政策关联度是极高的，去产能中对银行造成的债权损失如何处置，去产能使企业偿债能力降低后如何通过财政补偿和税收优惠维持其偿债能力都需要财政政策提供支撑。去产能对银行造成债权损失与银行其他一般性债权损失是有本质区别的，去产能债权损失的处置应该与其他一般债权损失的处置有所区别。对此,非常应该对去产能中的债务处置问题研究专门的财政政策。

（四）财政政策与职工安置政策

压减存量过剩产能必然要导致存量就业岗位的减少,因此,实施化解过剩产能必须同时操作对因化解过剩产能而失去工作岗位职工的安置,这一问题处理不好,既会对民生状况产生消极影响,也会蕴含社会不稳定隐患,这就要求为保证去产能与职工安置同步操作,财政政策与职工安置政策必须统筹协调、协同实施。从前一段去产能的实践看,财政政策在作用于去产能职工安置方面,救济与补助的色彩偏浓,促进转岗再就业的色彩偏淡,这就使去产能的操作因职工安置的滞缓而增加难度。下一步迫切需要将去产能的财政政策与职工安置政策统筹考虑,将财政政策作用于去产能职工安置时不仅是救济与补助,而且要向激励引导再就业、再创业方向转化,用财政政策引导全社会就业岗位增加的途径来实现去产能下岗职工的积极安置。对此,如何实现财政政策与职工安置政策的协同统一尚可做更深入具体的研究。

参考文献

[1] 曹建海、江飞涛：《中国工业投资中的重复建设与产能过剩问题研究》，经济管理出版社 2010 年版。

[2] 曹建海：《标本兼治，化解产能过剩》，《经济日报》2014 年 4 月 17 日第 14 版。

[3] 产业转型升级课题组：《结构转型与产能过剩：理论、经验与政策》，人民出版社 2017 年版。

[4] 陈共：《财政学》，中国人民大学出版社 2012 年版。

[5] 陈靖、余素芳：《财政、金融风险的传导机制和影响研究》，《改革与战略》2017 年第 3 期。

[6] 陈俊龙、李佩姿：《中国产能过剩问题的行为经济学分析》，《长白学刊》2018 年第 1 期。

[7] 陈剩勇：《中国政府的宏观调控为什么失灵——以 1996 年以来中国钢铁产业的宏观调控为例》，《学术界》2013 年第 4 期。

[8] 陈剩勇、孙仕祺：《产能过剩的中国特色、形成机制与治理对策——以 1996 年以来的钢铁业为例》，《南京社会科学》2013 年第 5 期。

[9] 陈燕燕、倪辉、濮奕：《钢铁产业去产能的国际经验及启示》，《金融纵横》2017 年第 3 期。

[10] 陈振明：《市场失灵与政府失败——公共选择理论对政府与市场关系的思考及其启示》，《厦门大学学报》（哲学社会科学版）1996 年第 2 期。

[11] 程俊杰：《转型时期中国地区产能过剩测度——基于协整法和随机前沿生产函数法的比较分析》，《经济理论与经济管理》2015

年第 4 期。

[12] 程俊杰：《中国转轨时期产能过剩测度、成因及影响》，经济科学出版社 2016 年版。

[13] 程俊杰：《产能过剩的研究进展：一个综述视角》，《产业经济评论》2017 年第 3 期。

[14] 财政部、国家税务总局：《关于进一步提高部分商品出口退税率的通知》（财税［2009］88 号），2009 年 6 月 3 日。

[15] 邓子基：《财政学原理》（修订本），经济科学出版社 1997 年版。

[16] 邓洲：《工业化中后期的德国产业政策及启示》，《中国经贸导刊》2015 年第 4 期。

[17] 丁纯、李君扬：《德国"工业 4.0"：内容、动因与前景及其启示》，《德国研究》2014 年第 4 期。

[18] 董敏杰、梁泳梅、张其仔：《中国工业产能利用率：行业比较、地区差距及影响因素》，《经济研究》2015 年第 1 期。

[19] 窦斌：《钢铁行业投资过度、产能过剩原因及对策》，经济科学出版社 2009 年版。

[20] 方度：《解决经济建设中"大而全、小而全"和盲目重复建设问题的研究》，《宏观经济管理》1997 年第 1 期。

[21] 方晓霞：《产业重组：日本的经验及对我国的启示》，《发展研究》2016 年第 4 期。

[22] 冯东梅、王森、翟翠霞：《中国煤炭产业产能利用率估算与影响因素实证研究》，《统计与信息论坛》2015 年第 12 期。

[23] 冯梅、陈鹏：《中国钢铁产业产能过剩程度的量化分析与预警》，《中国软科学》2013 年第 5 期。

[24] 冯梅、孔垂颖：《国内外产能过剩问题研究综述》，《经济纵横》2013 年第 10 期。

[25] 冯俏彬、贾康：《投资决策、价格信号与制度供给：观察体制性产能过剩》，《改革》2014 年第 1 期。

[26] 冯志锋：《供给侧结构性改革的理论逻辑与实践路径》，《经济

问题》2016年第9期。

[27] 付保宗：《关于产能过剩问题研究综述》，《经济学动态》2011年第5期。

[28] 付保宗、周劲：《当前化解产能过剩的困境与对策》，《宏观经济管理》2016年第3期。

[29] 付钦太：《我国产能过剩的特点、成因及其治理之道》，《学习论坛》2016年第9期。

[30] 干春晖：《产业经济学教程与案例》，机械工业出版社2006年版。

[31] 高鸿业：《西方经济学》（微观部分），中国人民大学出版社2014年版。

[32] 高越青：《"中国式"产能过剩问题研究》，博士学位论文，东北财经大学，2015年。

[33] 耿强、江飞涛、傅坦：《政策性补贴、产能过剩与中国的经济波动——引入产能利用率RBC模型的实证检验》，《中国工业经济》2011年第5期。

[34] 郭长林：《被遗忘的总供给：财政政策扩张一定会导致通货膨胀吗》，《经济研究》2016年第2期。

[35] 郭长林：《财政政策扩张、纵向产业结构与中国产能利用率》，《管理世界》2016年第10期。

[36] 郭红兵、陈平：《基于SVAR模型的中国产出缺口估计及评价》，《数量经济技术经济研究》2010年第5期。

[37] 郭庆旺、贾俊雪：《中国潜在产出与产出缺口的估算》，《经济研究》2004年第5期。

[38] 郭庆旺、贾俊雪：《地方政府行为、投资冲动与宏观经济稳定》，《管理世界》2006年第5期。

[39] 郭庆旺、赵志耘：《公共经济学》，高等教育出版社2010年版。

[40] 国家行政学院经济学教研部课题组：《产能过剩治理研究》，《经济研究参考》2014年第14期。

[41] 国家行政学院经济学教研部：《中国供给侧结构性改革》，人民

出版社 2016 年版。

[42] 国务院发展研究中心：《当前我国产能过剩的特征、风险及对策研究》，《管理世界》2015 年第 4 期。

[43] 国务院：《国务院批转〈国家计委、国家经贸委、轻工业部关于加强电冰箱工业管理、控制盲目引进的报告〉的通知》（国发〔1985〕77 号），1985 年 5 月 23 日。

[44] 国务院：《关于纺织工业深化改革调整结构解困扭亏工作有关问题的通知》（国发〔1998〕2 号），1998 年 2 月 27 日。

[45] 国务院：《国务院批转〈发改委等部门关于抑制部分行业产能过剩和重复建设引导产业健康发展的若干意见〉的通知》（国发〔2009〕38 号），2009 年 9 月 26 日。

[46] 国务院：《关于化解产能严重过剩矛盾的指导意见》（国发〔2013〕41 号），2013 年 10 月 18 日。

[47] 国务院：《关于钢铁行业化解过剩产能实现脱困发展的意见》（国发〔2016〕6 号），2016 年 2 月 4 日。

[48] 国务院：《关于煤炭行业化解过剩产能实现脱困发展的意见》（国发〔2016〕7 号），2016 年 2 月 5 日。

[49] 韩保江、韩心灵：《"中国式"产能过剩的形成与对策》，《改革》2017 年第 4 期。

[50] 韩国高：《行业市场结构与产能过剩研究——基于我国钢铁行业的分析》，《东北财经大学学报》2013 年第 4 期。

[51] 韩国高：《中国工业产能过剩问题研究》，科学出版社 2014 年版。

[52] 韩国高：《环境规制、技术创新与产能利用率——兼论"环保硬约束"如何有效治理产能过剩》，《当代经济科学》2018 年第 1 期。

[53] 韩国高、曹白杨：《外部需求冲击与我国工业产能利用水平波动——基于 VAR 模型的实证分析》，《数学的实践与认识》2015 年第 22 期。

[54] 韩国高、高铁梅、王立国、齐鹰飞、王晓姝：《中国制造业产

能过剩的测度、波动及成因研究》,《经济研究》2011 年第 12 期。

[55] 韩国高、胡文明:《要素价格扭曲如何影响了我国工业产能过剩?——基于省际面板数据的实证研究》,《产业经济研究》2017 年第 2 期。

[56] 韩国高、王立国:《我国钢铁业产能利用与安全检测:2000—2010 年》,《改革》2012 年第 8 期。

[57] 郝其荣:《地方税收竞争对产能过剩的影响——基于省级面板数据的分析》,《时代经贸》2017 年第 16 期。

[58] 何彬:《基于窖藏行为的产能过剩形成机理及其波动性特征研究》,博士学位论文,吉林大学,2008 年。

[59] 何华武、马国贤:《财政政策、产能过剩与通货膨胀动态》,《财政研究》2017 年第 7 期。

[60] 何敏峰:《基于产能过剩视角的信贷资金配置及改革路径研究》,《金融纵横》2014 年第 3 期。

[61] 胡培兆:《淡出扩张性政策强化供给管理》,《经济学家》2004 年第 1 期。

[62] 胡荣涛:《产能过剩形成原因与化解的供给侧因素分析》,《现代经济探讨》2016 年第 2 期。

[63] 胡荣涛:《中国产能过剩的实质与供给侧结构性改革》,《学习论坛》2016 年第 9 期。

[64] 胡筱沽、戴璐:《正确把握去产能过程中的几个关键问题》,《宏观经济管理》2017 年第 2 期。

[65] 胡应泉:《我国产能过剩现象的成因及治理对策》,《湖南工业大学学报》(社会科学版) 2017 年第 12 期。

[66] 黄键柏等:《产能过剩的发展趋势和治理对策研究》,经济科学出版社 2017 年版。

[67] 黄铁苗、蒋鑫:《我国产能过剩的体制原因与对策研究》,《岭南学刊》2017 年第 1 期。

[68] 黄梅波、吕朝凤:《中国潜在产出的估计与"自然率假说"的

检验》,《数量经济技术经济研究》2010 年第 7 期。

[69] 黄耀军:《我国财政政策经济效应的实证研究》,博士学位论文,厦门大学,2002 年。

[70] 鞠蕾、高越青、王立国:《供给侧视角下的产能过剩治理:要素市场扭曲与产能过剩》,《宏观经济研究》2016 年第 5 期。

[71] 贾根良:《美国学派:推进美国经济崛起的国民经济学说》,《中国社会科学》2011 年第 4 期。

[72] 贾康:《新供给:经济学理论的中国创新》,中国经济出版社 2013 年版。

[73] 贾康等:《中国需要构建和发展以改革为核心的新供给经济学》,《经济研究参考》2014 年第 1 期。

[74] 简新华、陈志祥:《增加有效供给,促进经济增长》,《理论前沿》2000 年第 22 期。

[75] 江飞涛:《中国钢铁工业产能过剩问题研究》,博士学位论文,中南大学,2008 年。

[76] 江飞涛、曹建海:《市场失灵还是体制扭曲——重复建设形成机理研究中的争论、缺陷与新进展》,《中国工业经济》2009 年第 1 期。

[77] 江飞涛、李晓萍:《直接干预市场与限制竞争:中国产业政策的取向与根本》,《中国工业经济》2010 年第 9 期。

[78] 江飞涛、李晓萍:《当前中国产业政策转型的基本逻辑》,《南京大学学报》(哲学·人文科学·社会科学)2015 年第 3 期。

[79] 江飞涛、李晓萍、贺俊:《财政、金融与产业政策的协调配合研究——基于推进供给侧结构性改革的视角》,《学习与探索》2016 年第 8 期。

[80] 江小涓:《利用外资对产业发展的促进作用》,《中国工业经济》1999 年第 2 期。

[81] 江小涓:《体制转轨中的增长、绩效与产业组织变化——对中国若干行业的实证研究》,上海人民出版社 2015 年版。

[82] 蒋秀兰、王晓奕:《河北钢铁产能过剩化解对策》,《开放导报》

2015 年第 3 期。

[83] 江源：《钢铁等行业产能利用评价》，《统计研究》2006 年第 12 期。

[84] 纪敏、张翔、赵天奕：《本轮去产能成效、问题及历史经验梳理》，《新金融评论》2017 年第 4 期。

[85] ［匈］科尔奈：《短缺经济学》，经济科学出版社 1986 年版。

[86] ［匈］科尔奈：《社会主义体制——共产主义政治经济学》，中央编译出版社 2007 年版。

[87] 李克强：《政府工作报告》，《人民日报》2018 年 3 月 23 日第 1 版。

[88] 李长安：《通胀与产能过剩并存凸显发展困境》，《财会研究》2011 年第 18 期。

[89] 李后建、张剑：《企业创新对产能过剩的影响机制研究》，《产业经济研究》2017 年第 2 期。

[90] 李健旋：《美德中制造业创新发展战略重点及政策分析》，《中国软科学》2016 年第 9 期。

[91] 李江涛：《产能过剩：问题、理论及治理机制》，中国财政经济出版社 2006 年版。

[92] 李平、江飞涛：《化解产能过剩 理顺市场与政府关系是关键》，《光明日报》2014 年 3 月 19 日第 15 版。

[93] 李平、江飞涛、曹建海：《产能过剩、重复建设形成机理与治理政策研究》，社会科学文献出版社 2015 年版。

[94] 李平、江飞涛、王宏伟：《重点产业调整振兴规划评价与政策取向探讨》，《宏观经济研究》2010 年第 10 期。

[95] 李平、江飞涛、王宏伟等：《中国的经济结构调整与化解产能过剩》，经济管理出版社 2016 年版。

[96] 李瑞敏：《关于中国产能过剩问题的研究综述》，《金融经济》2017 年第 1 期。

[97] 李晓华：《后危机时代我国产能过剩研究》，《财经问题研究》2013 年第 6 期。

[98] 李松森：《论紧缩性财政政策与紧缩性信贷政策的配合》，《金融理论探索》1996 年第 4 期。

[99] 李英、崔琳：《日本经济的长期低迷对中国经济发展的启示》，《对外经贸实务》2016 年第 2 期。

[100] 李正旺、周靖：《产能过剩的形成与化解：自财税政策观察》，《改革》2014 年第 5 期。

[101] 李增刚：《新旧动能转换中地方政府的作用于财政支持》，《公共财政研究》2017 年第 5 期。

[102] 黎友隆、王星、黎友焕：《越调越剩的钢铁产能》，《西部论丛》2010 年第 7 期。

[103] 梁金修：《我国产能过剩的原因及对策》，《经济纵横》2006 年第 7 期。

[104] 林毅夫：《潮涌现象与发展中国家宏观经济理论的重新构建》，《经济研究》2007 年第 1 期。

[105] 林毅夫、巫和懋、邢亦青：《"潮涌现象"与产能过剩的形成机制》，《经济研究》2010 年第 1 期。

[106] 刘航、孙早：《城镇化动因扭曲与制造业产能过剩——基于 2001—2012 年中国省级面板数据的经验分》，《中国工业经济》2014 年第 11 期。

[107] 刘建江、罗双成、凌四立：《化解产能过剩的国际经验及启示》，《经济纵横》2015 年第 6 期。

[108] 刘戒骄、王振：《市场化解产能过剩的原理与措施分析》，《经济管理》2017 年第 6 期。

[109] 刘尚希：《"去产能"的核心问题是加快推进结构性改革》，《中国经贸导刊》2016 年第 36 期。

[110] 刘尚希、樊轶侠、封北麟：《"去产能"财政政策分析、评估和建议》，《经济纵横》2018 年第 1 期。

[111] 刘西顺：《产能过剩、企业共生与信贷配给》，《金融研究》2006 年第 3 期。

[112] 刘伟：《以供给侧结构性改革为主线建设现代化经济体系》，

《人民日报》2018年1月26日第7版。

[113] 刘学谦、杨多贵、周志田等：《可持续发展问题研究》，科学出版社2010年版。

[114] 刘阳：《产能过剩文献综述研究》，《金融经济》2014年第14期。

[115] 刘晔、葛维琦：《产能过剩评估指标体系及预警制度研究》，《经济问题》2010年第11期。

[116] 刘永焕：《德国产业结构调整及其经验借鉴》，《对外经贸实务》2014年第1期。

[117] 卢锋：《治理产能过剩问题探讨》，《中国房地产业》2009年第12期。

[118] 卢中原：《世界产业结构变动趋势和我国的战略选择》，人民出版社2009年版。

[119] 鲁政委、李苗献、郭于玮：《以差异化融资成本去产能：日本的经验》，《金融市场研究》2016年第7期。

[120] [美] 罗伯特·阿特金森：《美国供给侧模式启示录》，杨晓、魏宁译，中国人民大学出版社2016年版。

[121] 罗蓉：《关于产能过剩的几点思考》，《北方经济》2006年第5期。

[122] 吕品、李超超、杨君：《外部需求扩张能否提高中国制造业的产能利用率——基于GMM和LSDV法的面板数据分析》，《国际贸易问题》2016年第7期。

[123] 吕铁：《日本治理产能过剩的做法及启示》，《求是》2011年第5期。

[124] 吕铁、吕晓君、董峥、赵珂、王徐涛：《德国钢铁行业环境管理及对我国转型的启示》，《环境影响评价》2017年第3期。

[125] 吕炜、刘晨晖：《经济转轨中的财政干预与政策效应——基于两次积极财政政策的评述与比较》，《财政研究》2013年第11期。

[126] 吕政、曹建海：《竞争总是有效率的吗？——兼论过度竞争的

理论基础》,《中国社会科学》2000 年第 6 期。

[127] 马海涛、高珂:《经济增长动能转换的财政政策研究》,《财经智库》2018 年第 2 期。

[128] 马军、窦超:《我国钢铁行业产能利用率的测度及产能过剩影响因素分析》,《经济问题》2017 年第 2 期。

[129] 马雪娇:《日本化解电解铝行业产能过剩的财税经验》,《中国发展观察》2016 年第 24 期。

[130] 马轶群:《技术进步、政府干预与制造业产能过剩》,《中国科技论坛》2017 年第 1 期。

[131] 孟春:《实行支持供给侧改革的财政政策》,《河南社会科学》2016 年第 1 期。

[132] 米黎钟、曹建海:《我国工业生产能力过剩的现状、原因及政策建议》,《经济管理》2006 年第 7 期。

[133] 倪中新、卢星、薛文骏:《"一带一路"倡议能够化解我国过剩的钢铁产能吗?——基于时变参数向量自回归模型平均的预测》,《国际贸易问题》2016 年第 3 期。

[134] 潘文轩:《化解过剩产能引发负面冲击的总体思路与对策框架》,《财经科学》2016 年第 5 期。

[135] 齐红倩、黄宝敏、李伟:《供给和需求冲击下的全要素生产率变动与中国产能过剩》,《南京社会科学》2014 年第 8 期。

[136] 钱爱民、付东:《信贷资源配置与企业产能过剩——基于供给侧视角的成因分析》,《经济理论与经济管理》2017 年第 4 期。

[137] 秦海林、席文:《二元财政的制度变迁——基于路径依赖的视角》,《经济理论与经济管理》2013 年第 7 期。

[138] 秦黎丽:《要素市场供给侧视角下中国产能过剩问题及化解路径》,《改革与战略》2017 年第 2 期。

[139] 秦思远:《去产能过程中职工分流安置的有效探索——基于 MG(HF)公司钢铁去产能的分析》,《宏观经济研究》2017 年第 2 期。

[140] 桑瑜:《产能过剩:政策层面的反思与实证》,《财政研究》

2015年第8期。

[141] 沈坤荣、钦晓双、孙成浩:《中国产能过剩的成因与测度》,《产业经济评论》2012年第4期。

[142] 沈利生:《我国潜在经济增长率变动趋势估计》,《数量经济技术经济研究》1999年第12期。

[143] 盛朝迅:《化解产能过剩的国际经验与策略催生》,《改革》2013年第8期。

[144] 盛朝迅:《美国化解产能过剩的新经验及启示》,《宏观经济管理》2013年第8期。

[145] 盛文军:《转轨时期我国的产能过剩及政策选择》,《西南金融》2006年第10期。

[146] 史贞:《产能过剩治理的国际经验及对我国的启示》,《经济体制改革》2014年第14期。

[147] 苏剑:《新供给经济学:理论与实践》,中国人民大学出版社2016年版。

[148] 宋国宇、刘文宗:《产业结构优化的经济学分析及测度指标体系研究》,《科技和产业》2005年第7期。

[149] 苏琳夫:《化解产能过剩的财政政策研究》,硕士学位论文,中国财政科学研究院,2016年。

[150] 孙巍、何彬、武治国:《现阶段工业产能过剩"窖藏效应"的数理分析及其实证检验》,《吉林大学社会科学学报》2008年第1期。

[151] 孙巍、李何、王文成:《产能利用与固定资产投资关系的面板数据协整研究——基于制造业28个行业样本》,《经济管理》2009年第3期。

[152] 孙巍、尚阳、刘林:《工业过剩生产能力与经济波动之间的相关性研究》,《工业技术经济》2008年第6期。

[153] 孙文基等:《财政与金融概论》,经济管理出版社2009年版。

[154] 孙焱林、温湖炜:《我国制造业产能过剩问题研究》,《统计研究》2017年第3期。

[155] 谭运嘉、靳晓东：《基于产业寿命周期理论的我国制造业企业专利研发战略》，《商业经济研究》2019 年第 1 期。

[156] 唐吉洪、张秀琦：《基于博弈论的产能过剩微观形成机理分析》，《计算机与数字工程》2013 年第 3 期。

[157] 唐志军、庞景景：《三重约束下的政企合谋：我国体制性产能过剩的形成逻辑》，《内蒙古社会科学》2017 年第 9 期。

[158] 唐山市人民政府：《唐山市钢铁行业去产能快转型实施方案》（唐政字［2016］64 号），2016 年 9 月 6 日。

[159] 滕泰、范必等：《供给侧改革》，东方出版社 2016 年版。

[160] 田艳芳：《退出壁垒与过剩产能》，硕士学位论文，东北财经大学，2010 年。

[161] 万岷：《市场集中度和我国钢铁产能过剩》，《宏观经济管理》2006 年第 9 期。

[162] 王怀宇、马淑萍：《产能过剩背景下企业退出政策体系的国际经验研究》，《发展研究》2014 年第 1 期。

[163] 王辉、张月友：《战略性新兴产业存在产能过剩吗？——以中国光伏产业为例》，《产业经济研究》2015 年第 1 期。

[164] 王磊：《我国工业产能过剩的测度及其与宏观经济变动关系的实证研究》，硕士学位论文，西南财经大学，2012 年。

[165] 王立国：《重复建设与产能过剩的双向交互机制研究》，《企业经济》2010 年第 6 期。

[166] 王立国：《地方政府经济干预权规制研究》，《内蒙古农业大学学报》（社会科学版）2012 年第 5 期。

[167] 王立国、高越青：《基于技术进步视角的产能过剩问题研究》，《财经问题研究》2012 年第 2 期。

[168] 王立国、鞠蕾：《地方政府干预、企业过度投资与产能过剩：26 个行业样本》，《改革》2012 年第 12 期。

[169] 王立国、张日旭：《财政分权背景下的产能过剩问题研究——基于钢铁行业的实证分析》，《财经问题研究》2010 年第 12 期。

[170] 王莉娜、童星:《钢铁产业技术进步与产能过剩关系的实证分析》,《统计与决策》2017年第10期。

[171] 王袅:《中国产能过剩问题研究——基于政府投资的分析视角》,博士学位论文,东北财经大学,2015年。

[172] 王文甫、明娟、岳超云:《企业规模、地方政府干预与产能过剩》,《管理世界》2014年第10期。

[173] 王翔:《激励扭曲视角下的产能过剩成因及化解机制研究》,《税务与经济》2017年第3期。

[174] 王晓姝、孙爽:《创新政府干预方式 治愈产能过程痼疾》,《宏观经济研究》2013年第6期。

[175] 王兴艳:《产能过剩评价指标体系研究初探》,《技术经济与管理研究》2007年第4期。

[176] 王毅武、康星华:《资本论现代教程》,清华大学出版社2009年版。

[177] 王岳平:《我国产能过剩行业的特征分析及对策》,《宏观经济管理》2006年第6期。

[178] 魏后凯:《从重复建设走向有序竞争:中国工业重复建设与跨地区资产重组研究》,人民出版社2001年版。

[179] 魏琪嘉:《产能过剩研究文献综述》,《北方经贸》2014年第9期。

[180] 魏琪嘉:《国外治理产能过剩经验研究》,《现代商业》2014年第20期。

[181] 魏琪嘉:《产能过剩治理机制研究》,北京交通大学出版社2014年版。

[182] 闻潜:《我国产能过剩与经济高位运行的关系》,《经济纵横》2006年第12期。

[183] 吴敬琏等:《供给侧改革》,中国文史出版社2016年版。

[184] 夏力:《化解我国产能过剩的财政政策思考》,《中国财政》2014年第18期。

[185] 夏晓华、史宇鹏、尹志锋:《产能过剩与企业多维创新能力》,

《经济管理》2016年第10期。

[186] 谢国忠:《谁应该为中国产能过剩负责?》,《21世纪世纪商业评论》2005年第8期。

[187] 熊兵:《"僵尸企业"治理的他国经验》,《改革》2016年第3期。

[188] 熊思觅:《产能利用水平与通货膨胀的相关研究》,硕士学位论文,东北财经大学,2011年。

[189] 熊曦、李俊、万颖、汤春玲:《关于产能过剩问题研究动态的文献综述》,《湖南行政学院学报》2015年第2期。

[190] 徐建伟、付保宗、周劲:《日本促进产业发展的经验与启示》,《宏观经济管理》2016年第4期。

[191] 徐滇庆、刘颖:《看懂中国产能过剩》,北京大学出版社2016年版。

[192] 闫坤、刘陈杰:《2016年上半年我国宏观经济与财政政策分析报告——全球化受阻与供给侧结构性改革之思》,《经济研究参考》2016年第38期。

[193] 杨振:《产能过剩调控政策与治理体系研究》,中国社会科学出版社2017年版。

[194] 杨振兵、张诚:《中国工业部门产能过剩的测度与影响因素分析》,《南开经济研究》2015年第6期。

[195] 杨正位:《当前产能过剩程度的思考及应对之策》,《中国金融》2006年第16期。

[196] 姚建华、陈莉鋆:《产业生命周期理论的发展评述》,《广东农工商职业技术学院学报》2009年第2期。

[197] 殷保达:《中国产能过剩治理的再思考》,《经济纵横》2012年第4期。

[198] 余东华、吕逸楠:《政府不当干预与战略性新兴产业产能过剩——以中国光伏产业为例》,《中国工业经济》2015年第10期。

[199] 余翔:《美国制造业振兴战略的成效及前景》,《现代国际关

系》2014 年第 4 期。

［200］袁捷敏：《关于我国产能过剩问题定量研究综述》，《经济问题探索》2013 年第 11 期。

［201］原毅军、丁永健：《产业过度进入问题研究评述》，《大连理工大学学报》（社会科学版）2000 年第 3 期。

［202］［英］亚当·斯密：《国富论》，唐日松译，华夏出版社 2005 年版。

［203］［英］约翰·梅纳德·凯恩斯：《就业、利息和货币通论》，宋韵声译，华夏出版社 2005 年版。

［204］［美］约瑟夫·熊彼特：《经济发展理论》，何畏等译，商务印书馆 2009 年版。

［205］翟东升：《解析"中国式"产能过剩》，《宏观经济管理》2013 年第 7 期。

［206］张弛、张曙光：《靠市场化解产能过剩，促转型有赖深度开放——2013 年第三季度宏观经济分析》，《河北经贸大学学报》2014 年第 1 期。

［207］张晨阳、刘杰：《地方政府投资补贴与企业产能过剩的诱因分析》，《商业经济》2018 年第 2 期。

［208］张航燕、江飞涛：《德国制造业发展及对我国的启示》，《中国经贸导刊》2013 年第 6 期。

［209］张会恒：《论产业生命周期理论》，《财贸研究》2004 年第 6 期。

［210］张蕾：《警惕高新技术产业重复建设》，《科技信息》2003 年第 7 期。

［211］张林：《中国式产能过剩问题研究综述》，《经济学动态》2016 年第 9 期。

［212］张明哲：《化解产过剩的国际经验分析》，《时代金融》2013 年第 10 期。

［213］张倩肖、董瀛飞：《渐进工艺创新、产能建设周期与产能过剩——基于"新熊彼特"演化模型的模拟分析》，《经济学家》

2014 年第 8 期。

[214] 张群、冯梅、于可慧：《中国钢铁产业产能过剩的影响因素》，《数理统计与管理》2014 年第 2 期。

[215] 张日旭：《地方政府竞争引起的产能过剩问题研究》，《经济与管理》2012 年第 11 期。

[216] 张少华、蒋伟杰：《中国的产能过剩：程度测算与行业分布》，《经济研究》2017 年第 1 期。

[217] 张卫国、程臻宇：《化解产能过剩问题研究》，山东人民出版社 2016 年版。

[218] 张晓晶：《化解产能过剩更要注重供给管理》，《求是》2014 年第 1 期。

[219] 张新海：《转轨时期落后产能的退出壁垒与退出机制》，《宏观经济管理》2007 年第 10 期。

[220] 张新海：《产能过剩的定量测度与分类治理》，《宏观经济管理》2010 年第 1 期。

[221] 张延：《财政货币政策效果变化的传导机制缺陷及克服之策》，《现代财经》2010 年第 1 期。

[222] 张于喆、李红宇：《新兴产业"产能过剩"与培育内需市场》，《宏观经济管理》2010 年第 12 期。

[223] 张占斌：《中国供给侧结构性改革》，人民出版社 2016 年版。

[224] 张占斌、孙飞：《"去产能"的相关问题探讨——兼评邯钢的经验及启示》，《理论探索》2017 年第 10 期。

[225] 张子健：《钢铁行业产能配置的市场机制与政策效应研究》，硕士学位论文，吉林大学，2016 年。

[226] 张杰：《基于产业政策视角的中国产能过剩形成和化解研究》，《经济问题探索》2015 年第 2 期。

[227] ［美］张伯伦：《垄断竞争理论》，周文译，华夏出版社 2017 年版。

[228] 赵振华：《关于产能过剩问题的思考》，《中共中央党校学报》2014 年第 1 期。

[229] 赵静：《地方政府税收竞争对产能过剩的影响》，《技术经济》2014年第2期。

[230] 赵昕东：《基于SVAR模型的中国产出缺口估计与应用》，《经济评论》2008年第6期。

[231] 郑长征：《产能过剩的世界应对之道》，《装备制造》2013年第6期。

[232] 郑春荣、望路：《德国制造业转型升级的经验与启示》，《人民论坛·学术前沿》2015年第11期。

[233] 郑耀群、王婷：《基于产能利用率测度下的中国产能过剩问题研究》，《统计与信息论坛》2017年第3期。

[234] 郑玉春：《国外化解产能过剩矛盾经验启示》，《冶金管理》2013年第11期。

[235] 植草益：《日本的产业组织》，经济管理出版社2000年版。

[236] 钟春平、潘黎：《"产能过剩"的误区——产能利用率及产能过剩的进展、争议及现实判断》，《经济学动态》2014年第3期。

[237] 中国金融四十人论坛课题组：《产能过剩的衡量与原因分析——一个文献综述》，《新金融评论》2017年第1期。

[238] 中国人民银行天津分行课题组：《基于效益指标的产能过剩与投资效率研究》，《华北金融》2017年第4期。

[239] 周贝贝：《多年政策适时推进产能过剩治理路径清晰》，《新经济》2018年第2期。

[240] 周炼石：《中国产能过剩的政策因素与完善》，《上海经济研究》2007年第2期。

[241] 周劲：《产能过剩的概念、判断指标及其在部分行业测算中的应用》，《宏观经济研究》2007年第9期。

[242] 周劲、付保宗：《产能过剩的内涵、评价体系及在我国工业领域的表现特征》，《经济学动态》2011年第10期。

[243] 周劲、付保宗：《我国工业领域的产能过剩问题研究》，中国计划出版社2014年版。

［244］周劲、付保宗：《钢企复产对去产能的挑战》，《中国经贸导刊》2016年第21期。

［245］周黎安：《晋升博弈中政府官员的激励与合作——兼论我国地方保护主义和重复建设问题长期存在的原因》，《经济研究》2004年第6期。

［246］周黎安：《中国地方官员的晋升锦标赛模式研究》，《经济研究》2007年第7期。

［247］周密、刘秉镰：《供给侧结构性改革为什么是必由之路？——中国式产能过剩的经济学解释》，《经济研究》2017年第2期。

［248］周业樑、盛文军：《转轨时期我国产能过剩的成因解析及政策选择》，《金融研究》2007年第2期。

［249］左小蕾：《产能过剩并非根源》，《中国电子商务》2006年第3期。

［250］Abel, A. B., "Optimal Investment under Uncertainty", *The American Economic Review*, Vol. 73, No. 1, 1983, pp. 228 – 233.

［251］Bain, J. S., *Industrial Organization*, New York: John Wiley, 1959.

［252］Bain, J. S., "The Impact on Industrial Organization", *The American Economic Review*, Vol. 54, No. 3, 1964, pp. 28 – 32.

［253］Ballard, K. and Roberts, J., "Empirical Estimation of the Capacity Utilization Rates of Fishing Vessels in 10 Major Pacific Coast Fisheries", Washington D. C.: National Marine Fisheries Service, 1977.

［254］Banerjee, A. V., "A Simple Model of Herd Behavior", *The Quarterly Journal of Economics*, Vol. 107, No. 3, 1992, pp. 797 – 817.

［255］Barham, B. and Ware, R., "A Sequential Entry Model with Strategic Use of Excess Capacity", *Canadian Journal of Economics*, Vol. 26, No. 2, 1991, pp. 286 – 298.

［256］Benoit, J. P. and Krishna, V., "Dynamic Duopoly: Prices and

Quantities", *Review of Economic Studies*, Vol. 54, No. 1, 1987, pp. 23 – 35.

[257] Berger, A. N., Demsetz, R. S. and Strahan, P. E., "The Consolidation of the Financial Services Industry: Causes, Consequences, and Implications for the Future", *Journal of Banking & Finance*, Vol. 23, No. 2 – 4, 1999, pp. 135 – 194.

[258] Berndt, E. R. and Morrison, C. J., "Capacity Utilization Measures: Underlying Economic Theory and An Alternative Approach", *American Economic Review*, Vol. 71, No. 2, 1981, pp. 48 – 52.

[259] Blonigen, B. A. and Wilson, W. W., "Foreign Subsidization and Excess Capacity", *Journal of International Economics*, Vol. 80, No. 2, 2010, pp. 200 – 211.

[260] Bossche, M. V. and Gujar, G., "Competition, Excess Capacity and Pricing of Dry Ports in India: Some Policy Implications", *International Journal of Shipping and Transport Logistics*, Vol. 2, No. 2, 2010, pp. 151 – 167.

[261] Cassels, J. M., "Excess Capacity and Monopolistic Competition", *Quarterly Journal of Economics*, Vol. 51, No. 3, 1937, pp. 426 – 443.

[262] Chamberlin, E. H., *The Theory of Monopolistic Competition*, Boston: Harvard University Press, 1933.

[263] Chaturvedi, A. and Martinez – De – Albeniz, V., "Saftey Stock or Excess Capacity: Trade – off under Supply Risk", *Management Science*, No. 8, 2009, p. 39.

[264] Chernow, R., *The House of Morgan*, New York: Simon and Schuster, 1990.

[265] Clark, C. S., "Labor Hoarding in Durable Goods Industries", *The American Economic Review*, Vol. 63, No. 5, 1973, pp. 811 – 824.

[266] Conrad, K. and Veall, M. R., "A Test for Strategic Excess Ca-

pacity", *Empirical Economics*, Vol. 16, No. 4, 1991, pp. 433 – 445.

[267] Cowling, K., "Excess Capacity and Degree of Collusion: Oligopoly Behaviour in the Slump", *The Manchester School*, Vol. 51, No. 4, 1983, pp. 341 – 359.

[268] Davidson, C. and Deneckere, R., "Excess Capacity and Collusion", *International Economic Review*, Vol. 31, No. 3, 1990, pp. 521 – 541.

[269] Demsetz, H., "The Nature of Equilibrium in Monopolistic Competition", *The Journal of Political Economy*, Vol. 67, No. 1, 1959, pp. 21 – 30.

[270] Dergiades, T. and Tsoulfidis, L., "A New Method for the Estimation of Capacity Utilization: Theory and Empirical Evidence from 14 EU Countries", *Bulletin of Economic Research*, Vol. 59, No. 4, 2007, pp. 361 – 381.

[271] Dixit, A. K., "The Role of Investment in Entry – Deterrence", *The Economic Journal*, Vol. 90, No. 357, 1980, pp. 95 – 106.

[272] Dixit, A. K. and Stiglitz, J. E., "Monopolistic Competition and Optimum Product Diversity", *The American Economic Review*, Vol. 67, No. 3, 1977, pp. 297 – 308.

[273] Dupont, D. P., Grafton, R. Q., Kirkley, J. and Squires, D., "Capacity Utilization Measures and Excess Capacity in Multi – Product Privatized Fisheries", *Resource and Energy Economics*, Vol. 24, No. 3, 2002, pp. 193 – 210.

[274] Engle, R. F. C. and Granger, W. J., "Co – integration and Error Correction: Representation, Estimation and Testing", *Econometrica*, Vol. 55, No. 2, 1987, pp. 251 – 276.

[275] Erturk, K. A., "Overcapacity and the Eat Asian Crisi", *Journal of Post Keynesian Economics*, Vol. 24, No. 2, 2001, pp. 253 – 275.

［276］ Fair, R., "Excess Labor and the Business Cyle", *The American Economic Reviews*, Vol. 75, No. 1, 1985, pp. 239 – 245.

［277］ Fare, R., Grosskopfand, S. and Kokkelenberg, E. C., "Measuring Plant Capacity, Utilization and Technical Change: A Nonparametric Approach", *International Economic Review*, Vol. 30, No. 3, 1989, pp. 655 – 666.

［278］ Fare, R., Grosskopfand, S. and Pasurka, C., "The Effect of Environmental Regulations on the Efficiency of Electric Utilities: 1969 Versus 1975", *Applied Economics*, Vol. 21, No. 2, 1989, pp. 225 – 235.

［279］ Fare, R. and Svensson, L., "Congestion of Production Factors", *Econometrica*, Vol. 48, No. 7, 1980, pp. 1745 – 1753.

［280］ Fare, R. and Zieschang, K. D., "Determining Output Shadow Prices for a Cost – Constrained Technology", *Journal of Economics*, Vol. 54, No. 2, 1991, pp. 143 – 155.

［281］ Federal Reserve, "Industrial Production and Capacity Utilization: The 2013 Annual Revision", Federal Reserve, 2013.

［282］ Garofalo, G. A. and Malgotra, D. M., "Regional Measures of Capacity Utilization in the 1980s", *Review of Economics and Statitcs*, Vol. 79, No. 3, 1997, pp. 415 – 421.

［283］ Ghemawat, P. and Nalebuff, B., "The Devolution of Declining Industries", *Quarterly Journal of Ecnomics*, Vol. 105, No. 1, 1990, pp. 167 – 186.

［284］ Gregoriou, G. N., *Operational Risk Toward Basel III*, New Jersey: Wiley Finance, 2009.

［285］ Hassett, K. A. and Metcalf, G. E., "Investment with Uncertain Tax Policy: Does Random Tax Policy Discourage Investment", *Social Science Electronic Publishing*, Vol. 109, No. 457, 1999, pp. 372 – 393.

［286］ Hazlitt, H., *Economics in One Lesson*, New York: Harper,

1946.

[287] Hendry, D. F., *Dynamic Econometrics*, Oxford University Press, 1995.

[288] Hogan, W. P., "Some New Results in the Measurement of Capacity Utilization", *The American Economic Review*, Vol. 59, No. 1, 1969, pp. 183 - 184.

[289] Hsu, T. C. T., *Simple Capacity Indicators for Peak to Peak and Data Envelopment Analyses of Fishing Capacity: A Preliminary Assessment*, Mexico City: FAO Technical Consultation on the Management of Fishing Capcity, 1999.

[290] Janeba, E., "Tax Competion When Governments Lack Commitment: Excess Capacity as a Countervailing Threat", *American Economic Review*, Vol. 90, No. 5, 2000, pp. 1508 - 1519.

[291] Johansen, S., *Likelihood - Based Inference in Cointegrated Vector Autoregressive Models*, Oxford University Press, 1995.

[292] Kamien, M. I. and Schwartz, N. L., "Uncertain Entry and Excess Capacity", *American Economic Review*, Vol. 62, No. 5, 1972, pp. 918 - 927.

[293] Kim, J., "Inefficiency of Subgame Optimal Entry Regulation", *Rand Journal of Economics*, Vol. 28, No. 1, 1997, pp. 25 - 36.

[294] Kirkley, J. E., Morrison, C. J. and Squires, D. E., "Capacity and Capacity Utilization in Common - Pool Resource Industries Industries: Definition, Measurement, and a Comparison of Approaches", *Environmental and Resource Economies*, Vol. 22, No. 1 - 2, 2002, pp. 71 - 97.

[295] Kirkley, J., Paul, C. J. M. and Squires, D., "Capacity and Capacity Utilization in Common - Pool Resource Industries", *Environmental and Resource Economics*, Vol. 22, No. 1 - 2, 2002, pp. 71 - 79.

[296] Kirman, W. I. and Masson, R. T., "Capacity Signals and Entry

Deterrence", *International Journal of Industrial Organization*, Vol. 4, No. 1, 1986, pp. 25 – 42.

[297] Klein, L. R., "Some Theoretical Issues in the Measurement of Capacity", *Econometrica*, Vol. 28, No. 2, 1960, pp. 272 – 286.

[298] Klein, L. R., Long, V., Greenspan, A., Greenwald, D. and Edmonson, N., "Capacity Utilization: Concept, Measurement, and Recent Estimates", *Brookings Papers on Economic Activity*, No. 3, 1973, pp. 743 – 763.

[299] Knittel, C. R. and Lepore, J. J., "Tacit Collusion in the Presence of Cyclical Demand and Endogenous Capacity Leves", *International Journal of Industrial Organization*, Vol. 28, No. 2, 2010, pp. 131 – 144.

[300] Maddison, A., "Chinese Economic Performance in the Long Run", *OECD*, Vol. 68, No. 100, 1998, pp. 279 – 311.

[301] McFarlane, B., "Price Rigidity and Excess Capacity in Socialist Economies", *Australian Economic Paper*, Vol. 12, No. 20, 1973, pp. 36 – 41.

[302] Morrison, C. J., "Primal and Dual Capacity Utilization: An Application to Productivity Measurement in the U. S. Automobile Industry", *Journal of Business and Economic Statistics*, Vol. 3, No. 4, 1985, pp. 312 – 324.

[303] Myrdal, G., "Economic Theory of Under – Developed Regions", *Economic*, Vol. 27, 1960, pp. 127 – 134.

[304] Pindyck, R. S., "Sunk Costs and Real Options in Antitrust", Cambridge: MIT Sloan Working Paper, 2005, pp. 1 – 31.

[305] Pindyck, R. S. and Rotemberg, J., "The Excess Co – Movement of Commodity Prices", *The Economic Journal*, Vol. 100, No. 403, 1987, pp. 1173 – 1189.

[306] Ross, M. H., "A Study in Excess Capacity", *Land Economics*, Vol. 35, No. 3, 1959, pp. 284 – 288.

[307] Sahay, R., "Trade Policy and Excess Capacity in Developing Countries", *Staff Papers*, Vol. 37, No. 3, 1990, pp. 486 – 508.

[308] Sarkar, S. A., "Real – Option Rationale for Investing in Excess Capacity", *Managerial and Decision Economics*, Vol. 30, No. 2, 2009, pp. 119 – 133.

[309] Shaikh, A. M. and Moudud, J. K., "Measuring Capacity Utilization in OECD Countries: A Cointegration Method", *Economics Working Paper Archive*, No. 415, 2004.

[310] Sims, C. A., "Macroeconomics and Reality", *Econometrica*, Vol. 48, No. 1, 1980, pp. 1 – 47.

[311] Smithies, A., "Economic Fluctuation and Growth", *Econometrica*, Vol. 25, No. 1, 1957, pp. 1 – 52.

[312] Spence, A. M., "Entry, Capacity, Investment and Oligopolistic Pricing", *The Bell Journal of Economic*, Vol. 8, No. 2, 1977, pp. 534 – 544.

[313] Squires, D., Jeon, Y., Grafton, R. Q. and Kirkley, J., "Controlling Excess Capacity in Common – Pool Resource Industries: The Transition from Input to Output Controls", *Australian Journal of Agricultural and Resource Economics*, Vol. 54, No. 3, 2010, pp. 361 – 377.

[314] Steel, W. F., "Import Substitution and Excess Capacity in Ghana", *Oxford Economic Papers*, Vol. 24, No. 2, 1972, pp. 212 – 240.

[315] Sumaila, U. R., The, L., Watson, R., Tyedmers, P. and Pauly, D., "Fuel Price Increase, Subsidies, Overcapacity, and Resource Sustainability", *Ices Journal of Marine Science*, Vol. 65, No. 6, 2008, pp. 832 – 840.

[316] Terada, H., "An Analysis of the Overcapacity Problem Under the Decentralized Management System of Container Ports in Japan", *Maritime Policy and Management*, Vol. 29, No. 1, 2002, pp.

3 – 15.

[317] Tobin, J., *Fiscal Policy: Its Macroeconomics in Perspective*, Cowles Foundation Discussion Papers, 2001.

[318] Ward, J. M., Mac, P. and Thunberg, E. M., "The Relationship of Fish Harvesting Capacity to Excess Capacity and Overcapacity", *Marine Resource Economics*, Vol. 19, No. 4, 2004, pp. 525 – 529.

[319] Weizsacker, C. C. V., "A Welfare Analysis of Barriers to Entry", *The Bell Journal of Economics*, Vol. 11, No. 2, 1980, pp. 399 – 420.

[320] Wenders, J. T., "Excess Capacity as a Barrier to Entry", *The Journal of Industrial Economics*, Vol. 20, No. 1, 1971, pp. 14 – 19.

[321] Wilson, J. D. and Wildasin, D. E., "Capital Tax Competition", *Journal of Public Economics*, Vol. 88, No. 6, 2004, pp. 1065 – 1091.